Redaktion: Georg Fülberth / Gabriele Dietz
Redaktionsassistentin: Inga Weise
Layout und Umschlag: Jürgen Holtfreter
Satz: VA Peter Großhaus, Berlin
Lithographie: Spönemann, Berlin (West)

EP 259

1. Auflage, Berlin (West) 1988
Printed in The Federal Republic of Germany
ISBN 3-88520-259-X

ELEFANTEN PRESS VERLAG
Postfach 303080
1000 Berlin 30

ELEFANTEN PRESS GALERIE
Zossener Str. 32
1000 Berlin 61

CIP-Titelaufnahme der Deutschen Bibliothek

Fin de siècle : 100 Jahre Jahrhundertwende / [mit Beitr. von: Gerhard Armanski ... Red.: Georg Fülberth ; Gabriele Dietz]. – 1. Aufl. – Berlin (West) : Elefanten Press, 1988
(EP ; 259 : Bilder-Lese-Buch)
ISBN 3-88520-259-X
NE: Armanski, Gerhard [Mitverf.]; GT

Bildquellenverzeichnis

August Sander: S. 34, 69
Roman Skutnik: S. 146 unten
Waldemar Titzenthaler: S. 15, 33, 35, 86, 87, 101
Ullstein Bildarchiv: S. 16, 18, 19, 136, 137, 138, 139, 140, 141, 142 (2), 143, 144/145, 157, 158, 159, 161 unten, 166, 167 unten links
Heinrich Zille: S. 5, 14 unten links u. rechts, 31
Archiv Herrad U. Bussemer: S. 71 unten, 72 (3), 74 (4), 75 (5)
Archiv Karl Clausberg: S. 58, 59 (3), 60, 61, 62 (2), 63 (2)
Archiv der Hochschule für angewandte Kunst Wien: S. 116 (5), 117, 118, 119
Archiv Wiltrud u. Joachim Petsch: S. 88 (2), 89, 90 (3), 91 (2), 92, 94, 95 (2)
Archiv Ingeborg Weber-Kellermann: S. 6, 7 (2), 8 (2), 11 (5), 13 oben

© für die Fotos von W. Titzenthaler: Landesbildstelle Berlin

Die Sander Fotos stammen aus: August Sander, Menschen des 20. Jahrhunderts © by Schirmer/Mosel GmbH München, 1980.

Die Zille-Photographien wurden entnommen: Heinrich Zille, Photographien Berlin 1890–1910, hrsg. von W. Ranke © 1875 und 1985 by Schirmer/Mosel GmbH München

Wir danken den Verlagen und Archiven für die Abdruckgenehmigungen.

Alle sonstigen Abbildungen:
ELEFANTEN PRESS ARCHIV

Bei dem Text von Anton Tschechow handelt es sich um einen Auszug aus: Anton Tschechow, Drei Schwestern © 1974 by Diogenes Verlag AG Zürich.
Der Text »Aus dem Leben meiner Mutter« wurde dem Buch »Das Leben meiner Mutter« von Oskar Maria Graf entnommen. © Süddeutscher Verlag, München 1978.
»Untertan« ist ein Auszug aus dem Roman von Heinrich Mann »Der Untertan«. © Aufbau-Verlag, Berlin und Weimar.
»Die Spinnfabrik« von Minna Kautsky stammt aus dem Roman »Victoria«. Auswahl aus ihrem Werk, herausgegeben von Cäcilie Friedrich. © Akademie Verlag, Berlin/DDR 1965.
Der Text »Gesellschaft« von Walter Benjamin ist veröffentlicht in: Walter Benjamin, Berliner Kindheit, um 1900, © Suhrkamp Verlag, Frankfurt/Main 1982, »Gesellschaft« S. 264–266.
»Amouresken« von Franziska zu Reventlow wurde entnommen dem Band »Von Paul zu Pedro / Herrn Dames Aufzeichnungen. Zwei Romane«. © Albert Langen Georg Müller Verlag GmbH München.
Die Geschichte »Im Volksgarten« von Peter Altenberg stammt aus »Expedition in den Alltag. Gesammelte Skizzen 1895–1898«. © 1987 by Löcker / S. Fischer Verlag, Wien und Frankfurt.

Wir danken den genannten Verlagen für die Genehmigungen zum Nachdruck.

Fin de siècle

Hundert Jahre Jahrhundertwende

ELEFANTEN PRESS

Inhalt

Ingeborg Weber-Kellermann

KINDHEIT IM MATROSENANZUG

Deutsche Knaben im Marineblau

Der Matrosenanzug war in der Kaiserzeit und dann noch weit bis in unser Jahrhundert ein kindliches Allgemeingut, ein Zeichen für Kindlichkeit schlechthin. Aber das betrifft nicht nur die Kostümgeschichte. Kinderkleidung, besonders von Kindern der Oberschichten, läßt sich prinzipiell als Zeichensystem dafür deuten, wie die Eltern ihre Kinder der Gesellschaft präsentieren wollten. In der Kaiserzeit, dem pompösen Zeitalter bürgerlicher Repräsentation, hatten auch die Kinder im (pflegeschweren) echten Kieler Matrosenanzug und im weißen Spitzenkleidchen ihre Rolle zu spielen für das Prestigebewußtsein ihrer Eltern, während die Proletarierkinder das tragen mußten, was eben gerade da war.

Doch beginnt die Mode der Matrosenkleidung[1] bereits zu Anfang des 19. Jahrhunderts, und es läßt sich an ihr der Wandel im sozialen Zeichenspiel der Kleidung deutlich ablesen. Schon um 1800 erfanden die sport- und naturfreudigen Engländer eine Kinderkleidung, die in der Pariser Modesprache »à la matelot« genannt wurde: eine lose Bluse mit halsfreiem Ausschnitt und großem Schulterkragen. Das war der englischen Matrosenuniform nachempfunden, bei der diese waschbaren Kragen den Zweck gehabt hatten, das blaue Uniformtuch vor dem fettigen Teer zu schützen, mit dem die Matrosen ihren Zopf, der Mode des 18. Jahrhunderts entsprechend, festdrehten. Für die Kinder der damaligen Zeit bedeutete dieser neue Kleidungstrend eine Befreiung von den Zwängen der Rokokokleidung, in die sie wie kleine Erwachsene eingeengt gewesen waren. Nun konnten sie sich in den locker geschnittenen Skeletons, die man der Arbeitskleidung abgesehen hatte, und halsfreien Blusen in kindgemäßer Weise bewegen. Hier suchte und fand also das aufsteigende Bürgertum in bewußter Absetzung von der Aristokratie eine eigene natürliche Kleidung für seine Kinder – nach dem Vorbild von Mustern der Arbeiterkleidung. Auch die damalige Pädagogik unterstützte diese neue Richtung, und so war das ganze Biedermeier erfüllt von wechselnden Formen einer bequemen und waschbaren Kinderkleidung.

Doch die kleidsame Seemannstracht verschwand bald wieder aus den Kinderzimmern. Zu neuem Leben erwachte sie erst, als Nationalismus und Militarismus das deutsche Bürgerdenken zu bestimmen begannen. Auch dieses Mal kamen die Anregungen aus England. Dort hatte der deutsche Gesellschaftsmaler Franz Xaver Winterhalter (1805–1873) schon 1846 ein berühmt gewordenes Porträt des kleinen Prince of Wales an Bord der »Victoria and Albert« in einer kindlichen Matrosenuniform gemalt. Britannia rules the waves! Und da England seit Nelson für alle Uniformen der Marine den Ton angab, so richteten sich auch die Embleme der kindlichen Matrosenkleidung danach: Kragen und Manschetten zeigten drei weiße Streifen nach den drei großen Seeschlachten Nelsons.

Die deutschen Vettern im Berliner Schloß zogen nach. Schon 1862 hatte man den dreijährigen Prinz Wilhelm in die neue Knabentracht aus England gesteckt: über die Rückseite der Bluse fiel ein großer rechteckiger Kragen, und vorne bedeckte ein zum Knoten verschlungenes schwarzes Seidentuch den spitzen Ausschnitt, unter dem Kragen mit weißen Leinenbändchen zusammengebunden: sailor-look im Geiste der englischen Großmutter. In der Wilhelminischen Zeit dann prangten auf allen offiziellen Hoffotografien sämtliche Kaisersöhne in weißer Matrosenkleidung, und es läßt sich leicht denken, welchen Einfluß solche uniformmäßige Knabenkleidung in der Hautevolee auf die kaisertreue Bevölkerung hatte. Dabei bestellte man in den »besseren Kreisen« zuerst noch die Matrosenkostüme für die Söhne in London, wo die Kinderkleidungsfirma pikanterweise den traditionsreichen Namen Nelson trug. Überhaupt war die Matrosenkleidung damals in Europa durchaus international: es gab das englische Modell, das »Kopenhagener Matrosenhabit« mit der »dänischen Matrosenmütze«, das die Knaben in den Romanen von Thomas Mann tragen: Hanno Buddenbrook *»lehnte am Flügel in seinem Kopenhagener Matrosenanzug mit dem breiten Leinwandkragen, dem weißen Halseinsatz und dem dicken Schifferknoten, der unter dem Kragen hervorquoll«*, also festlich gekleidet, um seinem Vater zum Firmenjubiläum ein Gedicht aufzusagen.[2] Aber auch den jungen Polen aus der Novelle »Tod in Venedig« beschreibt Katja Mann als einen *»bildhübschen, etwa dreizehnjährigen Knaben, der mit einem Matrosenanzug mit einem offenen Kragen und einer netten Masche gekleidet war«*.[3] Und Susanna Agnelli, die Tochter des italienischen Autofabrikanten, betitelt ihre Kindheitserinnerungen: »Wir trugen immer Matrosenkleider«.[4]

Aber das war schon die Zeit nach dem Ersten Weltkrieg. Im deutschen Kaiserreich hatte die große Beliebtheit dieser Kinderkleidung handfeste politische Hintergründe, die verstärkend und konkurrierend zu der Imitation englischer Modetendenzen hinzukamen: das war die Marinebegeisterung Wilhelms II. Mit dem Aufbau der kaiserlichen Flotte seit 1874 und der Propagierung des Kriegshafens Kiel als Symbolstadt für Deutschlands Zukunft auf den Meeren erhielt alles, was mit der Seefahrt zusammenhing, in der Bevölkerung einen gewaltigen Auftrieb. Dazu kam der Konkurrenzgeist gegenüber Großbritannien und die Aussicht auf koloniale Eroberungen. Der spätere Großadmiral Alfred von Tirpitz entwickelte Torpedobootwaffen und eine eigene Flottentaktik und baute, unterstützt von der Flottenleidenschaft des Kaisers, Deutschland zur zweitgrößten Seemacht der Welt aus. 1898 wurde unter Beteiligung von Krupp und der HAPAG der »Deutsche Flottenverein« gegründet zur Propagierung dieser kriegslüsternen Politik. Das animierte die bürgerliche Gesellschaft nachdrücklich, ihre Kinder in die hübsche, uniformmäßige Matrosentracht zu kleiden, und der »echte Kieler Matrosenanzug« gedieh zur Wertmarke bürgerlichen Nationalstolzes. In Kiel, wo es bald Textilfabriken für die Marineuniformen gab, siedelten sich auch Spezialfirmen für die kindliche Matrosenkleidung an, wie die Hoflieferanten Gnutzmann & Sebelin oder Hermann Busch. Sie garantierten für die vorschriftsmäßige Ausstattung und annoncierten: »Matrosen-Knaben-Anzüge genau nach Vorschrift der kaiserlichen Marine«. Mit ihren Preisen war für die gewünschte Exklusivität gesorgt. Nun begann der Siegeszug des »Kieler Anzugs«, der in seiner Luxusausführung aus dunkelblauem Cheviot geschneidert war, im Sommer aus weißem Leinen. Es gab ihn mit kurzen und mit langen Hosen, und ganz feine Knaben besaßen dazu ein Jackett mit Goldknöpfen. *»Mein Unwille stieg sehr, als man mir einen neuen Original-Kieler-Matrosenanzug anprobierte: weiße Bluse, weiße lange Hose, die ich besonders haßte, und eine ganz kurze blaue Überjacke mit goldenen Knöpfen. Dazu eine bebänderte Mütze mit der Goldschrift ›Kaiserliche Matrosendivision‹. Der Aff war fertig!«* schreibt Viktor Mann (1890–1949) anläßlich eines Familienfestes.[5] Aber auch Wintermäntel im Matrosenstil wurden von Hamburg bis Wien beliebt, besonders nachdem auch die Mädchen mit dunkelblauen oder weißen Faltenröcken und den entsprechenden Blusen in den Genuß der Matrosenkleidung gerieten.

Aus Wien berichtet Alice Herdan-Zuckmayer aus ihrer Schulzeit um 1900: *»Auf meine Bank zu kam eine Neue und stellte sich vor mir auf... und sagte: ›Kann ich mich zu*

Kinder der Kaiserzeit in Spitzenkleidchen und Matrosenanzug

Das dänisch-schwedische Matrosenanzug-Modell (Carl Larsson)

Aus: Spemanns Illustriertes Knaben-Jahrbuch 1887

Kommunion im Bleyle-Anzug

dir setzen?‹ Sie hieß Liesel Neumann. Zweifellos war sie eine Tochter des Kleiderhauses Neumann in unserer schönen Kärntnerstraße, und das war zu jener Zeit das Kleiderhaus der Träume für uns Kinder. Winters gab es die weichen warmen, dunkelblauen Mäntel mit goldenen Knöpfen und die dunkelblauen Matrosenanzüge, sommers die gestreiften oder ganz weißen Anzüge, die mächtigen Kragen blau eingefaßt, dazu blaue und weiße Marinekappen mit einem Band verziert, auf dem in goldenen Lettern ›Admiral Tegetthoff‹ stand. Ich wußte, daß er 1866 Sieger in der Seeschlacht von Lissa gegen die Italiener gewesen war.« [6]

Also in Preußen wie in Österreich, bei Knaben wie bei Mädchen: Matrosenkleidung bewußt oder unbewußt als Zeichen nationaler Militärgesinnung.

Im Seemannslook wurden schon die kleinsten Kinder gern gesehen und zur Erinnerung fotografiert, wie Erich Kästner (1899–1974) erzählt. Er erinnert sich *»an Herrn Patitz und an sein Atelier für künstlerische Porträt-Photographie in der Bautzener Straße: Ich trug ein Matrosenkleidchen mit weißem Pikeekragen, schwarze Strümpfe, die mich juckten, und Schnürschuhe. Ich stand an einem niedrigen Schnörkeltisch und auf dem Tisch ein buntes Segelschiff.«* [7]

Ist bisher hauptsächlich von der feinen Matrosenkleidung, dem echten Kieler, die Rede gewesen, so muß nun von der ungeheuren Popularisierung dieser Kinderkleidung gesprochen werden. Dazu trug nicht wenig die Firma Bleyle in Stuttgart bei, die bereits ein Jahr nach ihrer Gründung 1889 mit der Fabrikation gestrickter Matrosenanzüge begann und damit für die Verbreitung dieser Kindermode in der Mittelschicht sorgte. Denn Bleyleanzüge erfreuten sich (zwar weniger bei den Kindern als bei ihren Müttern) großer Beliebtheit, brauchte man sie doch nicht zu bügeln. Zudem bot die Firma das unsichtbare Ausbessern von durchgescheuerten Ellenbogen und Hosenböden an und führte Kommunions- und Konfirmationsanzüge in ihrer Kollektion.

Aber auch in die Mode- und Hausfrauenblätter fand der Matrosenanzug für Knaben und Mädchen Eintritt, und nach immer neuen Schnittmustern versuchten sich Hausschneiderinnen und Mütter an der Eigenanfertigung. Hier ließ sich manches nach dem Motto »Aus Alt mach Neu« zurechtstückeln, und es machte keinerlei Mühe, Knabenblusen an die jüngeren Schwestern zu vererben, zumeist nicht gerade zu deren Vergnügen. Ja, es gehörte oft zum Ehrgeiz der Mütter, ihre Kinder in die propre Matrosenkleidung zu stecken, einfach, weil das Mode war und sicher nicht immer nur aus vaterländischer Gesinnung. So gelangte die Matrosenkleidung durch Nachahmung und durch abgelegte Herrschaftskinderkleidung auch in die unteren Schichten. Hans Baluschek (1870–1935) hat auf seinem Arbeiterbild am

Feierabend dem kleinen Mädchen ein Matrosenkleid angezogen, und es gibt Kinderbilder von Willy Brandt im Matrosenanzug. Aber Stoffart und Schnitt ließen doch meist Rückschlüsse auf die soziale Herkunft zu, bewiesen den Klassencharakter der Kaiserzeit gerade im Bild der Schulkleidung. Klassenbewußte Arbeiterfamilien lehnten die Matrosenkleidung gänzlich ab. Der Mainzer Großbürgersohn Carl Zuckmayer (1896–1977) hat diese Situation in seinen Lebenserinnerungen beschrieben:

»Ich ging bereits als Vorschüler in das feine neue Gymnasium... Auf dem Schulweg jedoch mußte man an der Volksschule der Mainzer Neustadt vorbei, und dort hausten die ›Bittel‹. So nannte man in Mainz die Söhne der weniger begünstigten Stände, der Arbeiter, Handwerker, kleinen Leute, deren Eltern sich nicht das teure Schulgeld für eine höhere Lehranstalt leisten konnten und die in abgetragenen Anzügen, manche mit Flicken auf den Ärmeln und Hosenbeinen, umherliefen, worum ich sie heimlich beneidete. Ich hätte mich darin wohler gefühlt und freier bewegt als in dem glatt gebügelten Matrosenanzug oder gar der Samtjoppe mit Umlegekragen und Schlips. Schülermützen trugen wir nicht, aber durch die Art der Kleidung, auch die mit Seehundsfell bespannten Ranzen oder ledernen Schultaschen waren die Unterschiede deutlich gekennzeichnet, und so spielte sich unter den 6–12jährigen eine primitive, doch keineswegs harmlose Vorstufe des Klassenkampfs ab. Morgens war man verhältnismäßig sicher, denn Proletarier- und Bürgersöhne waren gleichermaßen zu spät dran und mußten laufen, während in ihren Zwingburgen schon die Klingel schrillte. Aber mittags hatten die Bittel offenbar mehr Zeit als unsereiner, der zu einem ordentlichen Familienessen pünktlich zu Hause sein mußte, und lauerten uns auf dem Heimweg auf, um uns zunächst durch Spott- und Schimpfworte aufzureizen. ... Dann schmissen sie mit Steinen oder verstellten einem, gewöhnlich in einer geschlossenen Gruppe, den Weg. Ausreißen war unmöglich, man hätte sich vor Freund und Feind, auch vor sich selbst, ewiger Verachtung ausgesetzt. So mußte man, wenn auch mit vollen Hosen, trotzig erhobenen Hauptes und mit verächtlicher Miene an ihnen vorbei oder durch ihre drohende Phalanx hindurchmarschieren. Manchmal begnügten sie sich damit, nach uns zu spucken oder uns von hinten Roßäpfel ins Genick zu werfen – manchmal aber fielen

Gemälde von Hans Baluschek, 1911

Katja Mann mit ihren Kindern Klaus, Erika, Golo und Monika, 1915

Kurt Tucholskys Einschulung 1896

sie über einen her, um einem den Schlupp am Matrosenkragen, den vornehmen Schulranzen, die Bänder an der Kappe herunterzureißen, man wehrte sich, und es kam zu einer Rauferei, bei der man recht übel zugerichtet oder, besonders bei Regenwetter und Matsch, im Dreck gewälzt werden konnte.« [8]

Matrosenkleidung als Zeichen für das Wertgefühl der Träger und ihrer Gegenspieler!

Bis zum Kriegsausbruch 1914 scheint die Kindermode nochmals einen Höhepunkt erreicht zu haben in gleichem Schritt wie der zunehmende Militarismus. Nur wenige Familien der Bürgerschicht entzogen sich diesem Modezwang, und selbst in so liberalen Kreisen wie denen der Manns in München kauften die Eltern, wie Klaus Mann (1906–1949) im »Wendepunkt« schreibt, 1914 ihren Kindern hübsche Matrosenanzüge, die dann 1917 fadenscheinig und ausgewachsen waren.[9] Aber es gab auch bewußte Verweigerungen: *»Pfeiffer war in nichts der echte deutsche Junge des Jahres 1914. Er trug auch keine Matrosenanzüge mit rot- oder goldgestickten Ankern, nur graue hochgeschlossene Wollsweater oder Joppen.«* [10]

Das Thema Matrosenanzug kann nicht mit dem Ausbruch des ersten Weltkrieges und der damaligen nationalen Hochstimmung beendet werden. Es ist sehr aufschlußreich zu erfahren, daß zumindest in Hamburg diese Kinderkleidung ab 1918 bis etwa 1921 in Mißkredit geriet, waren es doch vor allem die Matrosen, die den Kaiser stürzten, den unseligen Krieg beendeten und für eine politische Neuordnung kämpften. Diesem Matrosenvolk nun fühlten sich die Bürger so feindlich fern, daß sie nicht einmal deren stilisierte Arbeitskleidung als Kinderblusen bei ihren Söhnen dulden wollten. Welch Niedergang bürgerlicher Gesinnung, wenn man sich daran erinnert, daß 130 Jahre zuvor eine neu erwachende bürgerliche Gesellschaft ihre Kinder à la matelot gekleidet hatte als ein Zeichen für Freiheit und Natürlichkeit und doch wohl auch für Gleichheit.

Aber im allgemeinen wurde auch nach dem Krieg noch viel Matrosenkleidung getragen – in Hamburg, wo die Entwicklung anhand von Klassenfotos untersucht worden ist,[11] wohl vor allem von größeren Jungen aus besseren Familien und als Aushängeschild für nationale Gesinnung. Das mag sich in anderen Regionen weniger zeichenhaft abgespielt haben.

Die Nationalsozialisten dann verachteten diese Kinderkleidung als bürgerlich-reaktionär und steckten die Jugend in andere Uniformen. So verschwand die Matrosenkleidung allmählich aus dem Klassen- und Straßenbild.

So weit die Kostümgeschichte in ihrer Beziehung zur Zeitgeschichte: Matrosenkleidung als Zeichen politischer Denkungsart oder zumindest einer vaterländischen Gesinnung. Doch lassen sich aus der Betrachtung dieser lange währenden Kindermode auch noch andere Schlüsse ziehen, die eine Korrelation mit der Sozialgeschichte der Familie betreffen. Dabei ist der Blick weniger auf die auffälligen Kragen als vielmehr auf die Kürze der Hosen gerichtet.

Die Matrosenkleidung war das Zeichen der Kindheit – eigentlich zum ersten Mal in der Geschichte der Kindheit in dieser Ausschließlichkeit. Nur die Matrosenkleidung ganz feiner Knaben war mit langen Hosen ausgestattet, ansonsten kam der Kindheitscharakter dieser Mode besonders durch kurze Hosen zur Geltung. Die Dauer der Kindheit wurde also durch kurze Hosen signalisiert, die in der bürgerlichen Gesellschaft noch in den zwanziger Jahren bis zum 14. und 16. Lebensjahr die Knabenbeine bis zum Knie bedeckten. Aber schon die Gründerzeitknaben unterschieden sich deutlich durch die Hosenlänge von den Gleichaltrigen der unteren Schichten, die als Lehrlinge oder junge Arbeiter ganz selbstverständlich wie Erwachsene gekleidet waren. Ein 16jähriger im Matrosenanzug war also gleichbedeutend mit Gymnasiast und gehobenem Herkommen. So mag sich der Widerspruch zwischen dem natürlichen Wunsch eines jeden

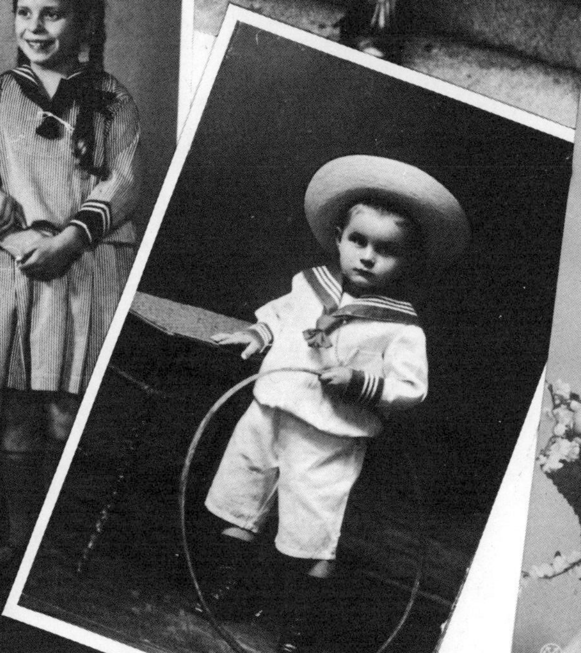

Fröhliche
OSTERN!

Jugendlichen, erwachsen zu werden, und dem langen Tragen von Matrosenkleidung dadurch auflösen, daß sich hier ein Elitedenken Ausdruck verlieh und eine Idolwirkung ausstrahlte.

Die Kindheit der Kaiserzeit war in allen Bevölkerungsschichten patriarchalisch ausgerichtet, was für die Aristokratenkinder meist eine frühe Erziehung zum Militärischen bedeutete. Bei einer Parade auf dem Kasernenhof *»standen hinter uns die Jungens in blauen Marinemänteln, Matrosenmützen auf den glatt gescheitelten Haaren – Kopf hoch, Augen geradeaus, Brust raus, Kartoffelbauch rein, die verkleinerten Ausgaben einer kaiserlichen Schiffsbesatzung –, und machten vorsichtige Versuche, uns an den Zöpfen zu ziehen, was ein unziemliches Gekicher und ein strafendes Räuspern der Kommandeuse zur Folge hatte.«* [12]

Aber nicht nur die Offizierssöhne, fast alle deutschen Knaben wurden in kurzbehoste Matrosenanzüge gesteckt und damit auch im sozialen Zusammenhang der Generationen eine scharfe Grenze zwischen Kindheits- und Erwachsenenstatus gezogen. Mit kurzen Hosen und Matrosenkragen hatte man keinen Anteil zu haben an den Geheimnissen der Erwachsenen, an ihren Gesprächen über Geld, Liebe, Kinderkriegen, und Themen wie die Arbeitswelt, wie Armut und soziales Elend sollten ebenfalls dem Kindergemüt fern bleiben.

Die schöne Verlängerung der geborgenen Kindheit, die den Söhnen in einer verlängerten Schulzeit und verkürzten Hosen begegnete, war für sie zugleich auch eine Verlängerung kindlicher Abhängigkeit in patriarchal geordnetem Familiengeist. Der Vater bestimmte Hausordnung, Tischordnung, Kleiderordnung. Es war dann die Jugendbewegung um die Jahrhundertwende, die solche Gesinnungen durchbrach, sich ihre eigenen Gesetze gab und mit ihrer Kluft und den kurzen Hosen nicht verlängerte Kindlichkeit und Abhängigkeit, sondern im Gegenteil abgehärtete Sportlichkeit und freie Natürlichkeit signalisieren wollte. Das waren neue Aufbrüche aus einer Gegenwelt.

Der Matrosenanzug hatte die Repräsentationsnormen und -zwänge der Kaiserzeit symbolisiert. Siegfried Lenz beschreibt in seinem »Heimatmuseum« aus dem 1. Weltkrieg die Absurdität dieser Kindermode, die so sehr mit dem militärischen Gehorsamsgeist der Deutschen verbunden war:

»Wenige Tage, nachdem der General (Hindenburg) auf seiner Siegesfahrt durch die befreiten Ortschaften auch Lucknow besuchte, sollte ich einen neuen Matrosenanzug bekommen; ich wusch mich also, pellte mir sauberes Unterzeug an und trottete zusammen mit meiner Mutter zu Struppek & Sausmikat, dem bedeutendsten Lucknower Textilgeschäft am Markt … Herr Struppek persönlich bediente uns… Wie der uns so durch das ganze Geschäft zu sich herankommen ließ, da brach mir schon der Angstschweiß aus, und der Sprachschatz meiner Mutter schrumpfte … Glücklicher Zufall: auch er hatte mir blaues Tuch zugedacht, und er fragte meine Mutter erst gar nicht, sondern entschied einfach: Aus unserm Stabutz hier jehert man nuscht als wie e Matrose jemacht. Da das auch unserer Absicht entsprach, nickten wir gehorsam und ließen uns von ihm in die Jugendabteilung führen, wo an einer polierten Holzstange soviel blaues Tuch hing, daß man gut und gern, wenn auch nicht die Besatzung eines Schlachtkreuzers der Städte-Klasse, so doch aber die eines Zerstörers hätte einkleiden können. Dieser Struppek also ließ mich auf einen Stuhl steigen, der von drei mannshohen Spiegeln umgeben war, holte mir, nicht ohne feine Verachtung, das zivile Zeug vom Leib, und dann zwängte er mich in ein paar Marinehosen, die bei der ersten Kniebeuge zu platzen drohten, band mir den Knoten vor, schmückte mich mit extra breitem Kragen, streifte mir das Kolani über. Dann ließ er mich zur behäbigen Freude meiner Mutter auf einer schwimmenden Einheit anmustern, er tat es mit Hilfe von drei Mützenbändern, die folgende goldgewirkte Namen trugen: Kreuzer ›Goeben‹, Torpedoboot ›Iltis‹, U-Boot 9. So wie er mich musterte, schien er tatsächlich zu erwägen, welch ein Schiff mich am nötigsten brauchte… Er versetzte mich, indem er mir das entsprechende Band um die Mütze legte, auf das Torpedoboot ›Iltis‹ und schrieb gemächlich die Rechnung aus… Ich durfte die Uniform anbehalten, meine zweite Matrosenuniform, in der sie mich beinahe erfolgreich exekutierten.« [13]

Anmerkungen

1 Ausführlich dazu bei Weber-Kellermann, Ingeborg: Der Kinder neue Kleider. Zweihundert Jahre deutsche Kindermoden. stb 1128, Frankfurt a. M. 1985, S. 105ff. und dies.: Die Kindheit. Frankfurt a. M. 1979, S. 126ff.
2 Mann, Thomas: Die Buddenbrooks. Berlin 1909, S. 464.
3 Mann, Katja: Meine ungeschriebenen Memoiren. Frankfurt a. Main 1974.
4 Agnelli, Susanna: Wir trugen immer Matrosenkleider. Frankfurt a. Main 1979.
5 Mann, Viktor: Wir waren fünf. Konstanz 1964, S. 168.
6 Herdan-Zuckmayer, Alice: Genies sind im Lehrplan nicht vorgesehen. Frankfurt a. Main 1979, S. 53f.
7 Kästner, Erich: Als ich ein kleiner Junge war. Berlin 1975, S. 60.
8 Zuckmayer, Carl: Als wär's ein Stück von mir. Frankfurt a. Main 1966, S. 119f.
9 Mann, Klaus: Wendepunkt. München 1971, S. 59.
10 Glaeser, Ernst: Jahrgang 1902. Berlin 1929, S. 249.
11 Haevernick, Walter: Kinderkleidung und Gruppengeistigkeit in volkskundlicher Sicht. In: Beiträge zur deutschen Volks- und Altertumskunde 4 (1959), S. 21–64.
12 Stockhausen, Juliana von: Auf Immerwiedersehen. Stuttgart 1977, S. 8.
13 Lenz, Siegfried: Heimatmuseum. dtv 1981, S. 144f.

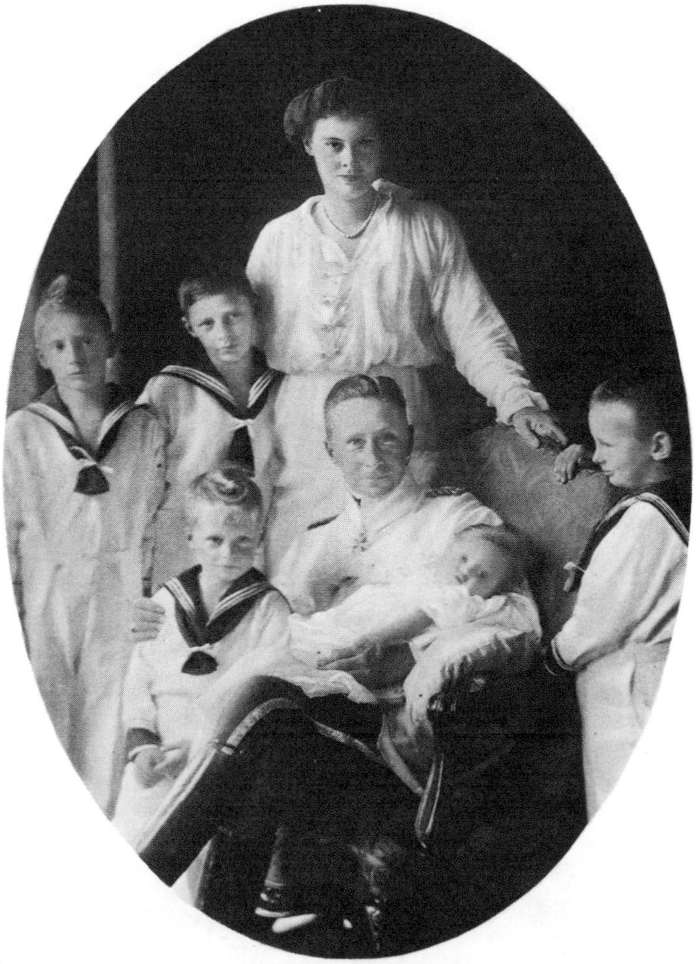

Die kronprinzliche Familie

Bergarbeiterkinder

Peter Altenberg

IM VOLKSGARTEN

Adolf Loos und Peter Altenburg, 1910

»Ich möchte einen blauen Ballon haben! Einen blauen Ballon möchte ich haben!«

»Da hast du einen blauen Ballon, Rosamunde!«

Man erklärte ihr nun, daß darinnen ein Gas sich befände, leichter als die athmosphärische Luft, infolgedessen etc. etc.

»Ich möchte ihn auslassen – – –« sagte sie einfach.

»Willst du ihn nicht lieber diesem armen Mäderl dort schenken?!?«

»Nein, ich will ihn auslassen – – –!«

Sie läßt den Ballon aus, sieht ihm nach, bis er verschwindet in den blauen Himmel.

»Thut es dir nun nicht leid, daß du ihn nicht dem armen Mäderl geschenkt hast?!?«

»Ja, ich hätte ihn lieber dem armen Mäderl geschenkt!«

»Da hast du einen andern blauen Ballon, schenke ihr diesen!«

»Nein, ich möchte den auch auslassen in den blauen Himmel!« – Sie thut es.

Man schenkt ihr einen dritten blauen Ballon.

Sie geht von selbst hin zu dem armen Mäderl, schenkt ihr diesen, sagt: »Du, lasse ihn aus!«

»Nein,« sagt das arme Mäderl, blickt den Ballon begeistert an.

Im Zimmer flog er an den Plafond, blieb drei Tage lang picken, wurde dunkler, schrumpfte ein, fiel tot herab als ein schwarzes Säckchen.

Da dachte das arme Mäderl: »Ich hätte ihn im Garten auslassen sollen, in den blauen Himmel, ich hätte ihm nachgeschaut, nachgeschaut – – –!«

Währenddessen erhielt das reiche Mäderl noch zehn Ballons und einmal kaufte ihr der Onkel Karl sogar alle dreißig Ballons auf einmal. Zwanzig ließ sie in den Himmel fliegen und zehn verschenkte sie an arme Kinder. Von da an hatten Ballons für sie überhaupt kein Interesse mehr.

»Die dummen Ballons – – –« sagte sie.

Und Tante Ida fand infolgedessen, daß sie für ihr Alter ziemlich vorgeschritten sei!

Das arme Mäderl träumte: »Ich hätte ihn auslassen sollen, in den blauen Himmel, ich hätte ihm nachgeschaut und nachgeschaut – – –!«

Volks-Park

Wilfried von Bredow

BISMARCKS LETZTE JAHRE

Bismarck auf dem Balkon seines Alterssitzes in Friedrichsruh

In einer Fußnote im dritten und letzten Band seiner »Gedanken und Erinnerungen«, in dem Band also, der eine gnadenlose Abrechnung mit seinen Nachfolgern und insbesondere mit Kaiser Wilhelm II werden sollte, bediente sich Bismarck unversehens auch eines »grünen« Arguments. *»Ich kann nicht leugnen, daß mein Vertrauen in den Charakter meines Nachfolgers einen argen Stoß erlitten hat, seit ich erfahren habe, daß er die uralten Bäume vor der Gartenseite seiner, früher meiner, Wohnung hat abhauen lassen, welche eine erst in Jahrhunderten zu regenerierende, also unersetzbare Zierde der amtlichen Reichsgrundstücke in der Residenz bildeten... Ich würde Herrn von Caprivi manche politische Meinungsverschiedenheit eher nachsehen als die ruchlose Zerstörung uralter Bäume...«.*

Bismarcks letzte Jahre, von seiner Entlassung im März 1890 bis zu seinem Tod am 30. Juli 1898, waren bitter. In zähem Ringen und begleitet von zahllosen Kränkungen entstand in diesen Jahren das Fundament jener Bismarck-Legende, die bis zur Gegenwart zum Auf- und Ausbau nationalstaatlicher Illusionen verführt hat. Das politikhandwerkliche Ungeschick von Bismarcks Gegnern und die enthusiastischen Huldigungen seiner Person aus der Bevölkerung konnten die Schatten des Scheiterns nicht vertreiben. Die Tragik dieses Scheiterns sah Max Weber in seiner Freiburger Antrittsvorlesung von 1895 darin, »daß unter ihm das Werk seiner Hände, die Nation, der er die Einheit gab, langsam und unwiderstehlich ihre ökonomische Struktur veränderte und eine andere wurde, ein Volk, das andere Ordnungen fordern mußte als solche, die er ihm geben und denen seine cäsarische Natur sich einfügen konnte.« Bismarcks letzte Jahre – hier dokumentiert sich schon die Brüchigkeit des zur politischen Wirklichkeit gewordenen Einheitstraums der Deutschen im 19. Jahrhundert.

Bitterkeit

»Na, ich bin schön 'raus«, soll er gesagt haben, als er am 29. März mit einem Sonderzug Berlin verließ. Fürderhin wohnte er in Friedrichsruh im Sachsenwald bei Hamburg, als Herzog von Lauenburg. Neun Tage zuvor hatte er dem Kaiser sein Rücktrittsschreiben geschickt. Wilhelm II las es gar nicht erst. In dem erleichternden Gefühl – »na, endlich!« – der Befreiung von einer politischen Last nahm er den Rücktritt an. Verhaltener Jubel in der politischen Klasse des wilhelminischen Deutschland; nachdenkliche Kommentare in vielen ausländischen Zeitungen. Wer kennt nicht die berühmte Karikatur aus dem »Punch« von Sir John Teniel. »Der Lotse geht von Bord« heißt die milde Übersetzung der englischen Unterzeile »The dropping of the pilot«.

Die Jahre zwischen der Entlassung Bismarcks und seinem Tod sind angefüllt von einem bitteren, im Austragungsmodus unwürdigen und politisch auf verquere Art sehr bedeutsamen Kampf zwischen dem Altkanzler und »Berlin«.

Vordergründig kommt diese Bitterkeit aus dem Persönlichen. Das Charakterprofil Wilhelms II zeigt einen für seine Regierungsaufgabe schlecht vorbereiteten, für's Dekorative begabten, fundamental ehrgeizigen Monarchen. Er wollte Deutschland »herrlichen Zeiten entgegenführen« und denjenigen »zerschmettern, der sich Mir in den Weg stellt«. Für jemanden wie ihn mußten Bismarcks starre Behutsamkeit in der Außenpolitik und gar nicht behutsame Starrheit in der Sozialpolitik geradezu ein Greuel sein. So wie die mehr und mehr unbequem gewordene Dominanzfigur Bismarck politische Begabungen in seiner Umgebung eher unter-

Der Lotse geht von Bord, Karikatur von John Teniel, 1890

drückt hatte, so schien auch der Kaiser, der sein eigener Kanzler sein wollte, nur politisches Mittelmaß um sich dulden zu können. Aus persönlichen Macken werden auf diese Weise strukturelle Defizite des politisch-administrativen Systems.

Nach seiner Entlassung fühlte sich Bismarck »gesellschaftlich geschnitten«. Sein politischer Rat wurde nicht nur nicht gesucht. Es gab sogar Erlasse seines Nachfolgers Caprivi an Deutschlands auswärtige Vertretungen, in denen die politische Irrelevanz aller Bismarck'schen Äußerungen dekretiert wurde. Es gab Interventionen aus Berlin gegen eine schon gewährte Audienz Bismarcks beim österreichischen Kaiser Franz Josef. Es gab »Versöhnungsbesuche« des Kaisers in Friedrichsruh, bei denen er es darauf anlegte, nur über unpolitische Themen wie Fischzucht und dergleichen zu reden. Schließlich gab es auch Beleidigungsprozesse, in denen Bismarcks Beteiligung an politischen Dreckwerfereien bewiesen werden sollte (aber er war auch 1896 noch zu geschickt, um sich mit derlei kompromittieren zu wollen).

Bismarck selber hat, wie einer seiner damaligen Helfer es ausdrückte, »zurückgeschlagen«. In Interviews und Artikeln, in öffentlichen Reden und – für die Nachwelt bestimmt – seinen »Gedanken und Erinnerungen« hat er die Politik seiner Nachfolger Caprivi und Hohenlohe und indirekt natürlich in der Hauptsache den Kaiser unbarmherzig kritisiert.

Diese Kritik nun, will man sie in einem Konzept zusammenfassen, war in sich widerspruchsvoll und schwer nachvollziehbar. Im Grunde wiederholte sich hier immer aufs neue die Konstellation seiner Entlassung. Im Augenmerk auf die Außenpolitik mahnte er eine Ausgleichspolitik mit Rußland an, übrigens motiviert dabei auch von altpreußischer Polenfeindschaft. Aber wenn er auch sehr klar die dilettantistischen Grundzüge der Außenpolitik seiner Nachfolger erkannte und benannte, so gelang es ihm doch kaum, eine andere, professionelle, alternative Vision für Deutschlands Außenpolitik zu formulieren. Zuviel polemisches Hick-Hack verhinderte dies, mehr noch aber der Umstand, daß Bismarck für den raschen Wandel des internationalen Systems seiner Zeit keine Antenne besaß.

In der Innen- und insbesondere der Gesellschaftspolitik fühlte sich Bismarck Positionen verpflichtet, die dabei waren, sich das Adjektiv »anachronistisch« zuzulegen. Das innenpolitische Kräfteverhältnis veränderte sich in den neunziger Jahren nachhaltig. Hier, wie in der Außenpolitik, verfolgte Bismarck nach seiner Entlassung das Ziel einer statischen Politik, die sozialen Wandel verlangsamen oder gar anhalten sollte – *das*, und nicht, wie er sagte soziale Reformen im niemals aufhörenden Kampf der Klassen, bedeutete, die Quadratur des Kreises zu finden zu versuchen.

»Schön 'raus« hat sich Bismarck in Friedrichsruh nie gefühlt.

Huldigungen

Einer der unverdrossenen publizistischen Herolde von Bismarcks staatsmännischer Größe, Paul Liman, hat in panegyrischem Überschwang die »andere Seite« von Bismarcks letzten Jahren geschildert: *»Wenn dereinst künftige Geschichtsschreiber die Ereignisse schildern an der Wende des neunzehnten Jahrhunderts, wenn sie sprechen werden von dem Materialismus, von dem Schwinden der Ideale, von den harten socialen Kämpfen und von der Not der Tausende, dann werden sie plötzlich vor einem fremd klingenden Wort stehen: ›Bismarckfahrten‹, und nur dem feinsten Kenner der Volksseele, nur dem, der da weiß, daß der deutsche Idealismus unvergänglich ist, nur ihm wird es gelingen, diese seltsam schöne Erscheinung zu ergründen.«*

Was war diese seltsam schöne Erscheinung? Ein eigenartiges politisches und nicht-politisches Phänomen, in der Tat. Wenn Bismarck auf Reisen war, zur Kur in Bad Kissingen oder auf der Durchreise in Jena zum Beispiel, wollten ihn Hunderte und Tausende von Leuten sehen. Und wenn er zu Hause in Friedrichsruh lebte, kamen in nicht abreißender Folge Deputationen, Gruppen, Vereine angereist und begehrten eine Ansprache. Die Hamburger z.B. huldigten ihm am Vorabend seines 75. Geburtstags mit einem Fackelzug. Es kamen die Beamten der Altonaer und Hamburger Eisenbahnen, Vertreter der deutschen Burschenschaft, des Charlottenburger Bürgervereins, eine Abordnung des New Yorker Schützenvereins, die Sekretäre der Handels- und Gewerbekammern, sechshundert Mitglieder des bayrischen Volksschullehrervereins, landsmannschaftliche Deputationen, der Barmer Gesangverein ›Orpheus‹, eine Abordnung des Norddeutschen Lloyds, Vertreter vieler großer und kleiner Kommunen (mit Ehrenbürgerbriefen), eine Abordnung deutscher Künstler und viele, viele mehr. Die Reden, die Bismarck bei solchen Anlässen hielt, waren in der Regel kurz und bündig, zielbewußt auf den Adressaten hin formuliert und doch abgehoben von der Tagespolitik. Letzteres aber nicht selten so, daß sich unausgesprochen die

»Bismarckfahrt«: Eine Corporation besucht Bismarck in Friedrichsruh

Verachtung Bismarcks für die Tagespolitiker in die Ohren seiner Zuhörer setzte. Und natürlich wurde jede Rede genau protokolliert und oft in den »Hamburger Nachrichten« verbreitet.

Für Bismarck waren dies alles Gelegenheiten, an seiner Legende zu weben. Aber woher kam der Stoff für diese hochbewußte public relations in eigener Sache, woher kam diese Begeisterung für Bismarck? Zunächst einmal: sie scheint sich im nationalliberalen Bürgertum konzentriert zu haben und in jenen Kreisen, welche am meisten Angst hatten vor der Malaise, die im letzten Jahrzehnt des 19. Jahrhunderts das Wirtschafts- und Gesellschaftsleben in Deutschland überschattete. Das waren die idealen Adressaten für Appelle an die Reichseinheit unter Bewahrung der landsmannschaftlichen Vielfalt. Die Huldigungen für Bismarck waren Eingeständnisse der Orientierungslosigkeit; der historische Bezugspunkt der Reichsgründung erschien Bismarck und seinen jubelnden Besuchern gleichermaßen als ein Höhepunkt nationaler Gestaltungskraft. Was sich danach zu verändern begann und immer tiefer in die Strudel sozialen Wandels gezogen wurde, wurde eher als Niedergang, als Beeinträchtigung, als Nötigung empfunden.

Historische Größe als soziale Rolle

Theodor Fontane hat einmal, Bewunderung mit leichtem Abscheu mischend, von der »kolossalen Happigkeit« Bismarcks gesprochen. Das bezog sich sowohl auf die Art, wie er das Reich »zusammengemogelt« hatte als auch auf sein Verhalten nach der Entlassung.

Es gibt ein Photo Bismarcks aus den neunziger Jahren, da sitzt er an einem runden Tisch, stützt seinen linken Arm, dessen Hand den Spazierstock hält, auf die Tischplatte; er hat sich eine schwere Joppe über den Mantel gezogen und eine Arbeitsmütze aufgesetzt, die sein rechtes Ohr ein wenig verknickt. Um den Hals trägt er ein weißes Tuch, und er blickt mit listigen Augen in die Kamera – ein rüstiger Greis, der sein Brot noch mit Kruste essen mag. Man sieht ihm an, daß er kein Bauer ist, der mit Kraut und Rüben umgeht, sondern einer, der mit Menschen zu tun hat, deren Durcheinander er kaltherzig zu ordnen gewohnt ist.

Ist diese kolossale Happigkeit Ingredienz historischer Größe oder sozusagen kontraindikativ? Die Historiker und ihre Leser haben sich seit Bismarcks Tod auf keine Antwort einigen können. Wie auch! Faßt man historische Größe machtpolitisch, kommt man zu einem anderen Ergebnis als wenn man sie moralisch zu fassen versucht. Außerdem ist die Zuweisung dieses Etiketts ihrerseits ein politischer Akt, der sehr verschiedenen Zwecken dienen kann.

Etwas anderes ist es, die soziale Rolle historischer Größe in den Blick zu nehmen. Bismarcks letzte Jahre sahen ihn als von den wirklichen Staatsgeschäften ein für allemal abgeschnittenen Einsamen, der in pathetischer Bescheidenheit (und einem hochentwickelten Sinn für Tritte unter die politische Gürtellinie) den politischen Erfolg der Reichseinheit symbolisierte. Bei aller persönlichen Bitterkeit und trotz aller Kränkungen, die zurückzugeben er selten unterließ, ging es hier eigentlich um etwas anderes. Es ist kein Zufall, daß im Zusammenhang mit den Bismarckfahrten schon von den Zeitgenossen von Wallfahrten und mit seiner Person vom Alten im Kyffhäuser gesprochen worden ist. Bismarcks letzte Jahre sind eine Periode der Verwandlung, ja der Verzauberung, wenn man so will. Unmittelbare politische Vergangenheit, die Einlösung eines kollektiven Traums der Deutschen im neunzehnten Jahrhundert, der nationalen Einheit, wird in und mit der Figur Bismarcks in den neunziger Jahren zu einem politischen Mythos. Wie schnell das geht! Dieses Tempo erklärt sich als Reaktion auf den raschen, ja schubartigen sozialen Wandel der deutschen Gesellschaft und des internationalen Systems der Zeit. Mythenbildungen gehören zu den zwiespältigsten Prozessen. Der Mythos Bismarck sollte ein Gründungsmythos sein. Aber er war, Bismarck selbst mag es ein wenig geahnt haben, ein prophylaktischer Untergangsmythos, fin de siècle... Wenn es vielleicht auch der Herr von Caprivi war, der jene uralten Bäume hat abhauen lassen; solcher Art Zerstörung, unumgänglich von den einen genannt, ruchlos von anderen, würde es noch mehr und mehr und mehr geben. Und Schlimmeres, vor dem ihm schauderte. Als Bismarck starb, war er nicht siegesgewiß.

Oskar Maria Graf

AUS DEM LEBEN MEINER MUTTER

Brotausträgerin

Wie neubelebt arbeitete wieder unsere ganze Familie einträchtig zusammen. Es dämmerte noch, wenn die Marie in scharfem Trab mit dem vollbeladenen Brotwägelchen aus dem Dorf nach Leoni fuhr. Erst am tiefen Vormittag kam sie zurück. Abwechselnd trugen Therese und Emma das Brot ans Seeufer nach Unterberg, und der Eugen, der nunmehr nachts in der Bäckerei mithalf, ging in das entferntere Kempfenhausen. Dabei durften ihn an schulfreien Tagen und während der Ferien der Maurus oder der Lenz begleiten. Zwei Gesellen standen außer Eugen in der Backstube, und vom Samstag auf den Sonntag half der Vater auch noch mit.

Unsere Mutter magerte sichtlich ab. Nimmermüd rackerte sie. Um vier Uhr früh – die Nachbarschaft schlief noch – begann ihr Tagewerk mit dem Hineinzählen der Semmeln in die Körbe, nebenher kochte sie den Kaffee und bediente die ersten Kunden, die in den Laden kamen. Zwischenhinein mußte die von der Marie übriggelassene Stallarbeit besorgt, die ›alte Resl‹ angezogen und gekämmt und das Essen für Mittag aufgestellt werden. Später ging es aufs Feld. Es gab Wäsche, und an jedem Samstag wurden die Böden gescheuert. Tausend unbeachtete, notwendige Handgriffe vermengten sich damit, und dabei behinderten die Bauleute, die bis in die Sommermitte hinein zu tun hatten, nicht wenig. Stets wenn sie sich hinsetzte – beim Mittagessen oder bei der nachmittägigen Brotzeit, während sie langsam den Löffel zum Munde führte –, stets fielen unserer Mutter die Augen zu. Erschöpft knickte ihr Kopf herab. Sie riß ihn hastig in die Höhe und lächelte ganz dünn, wie beschämt. Aber sie war zufrieden und ausgeglichen, denn das Geschäft ging gut, und die Plage war nicht umsonst. In ihrer stillen Art freute sie sich auch, als endlich der Hausbau fertig war. Unserem Vater entging das nicht. Unbemerkt und genau so verschwiegen freudig beobachtete er sie. Öfter ging sie in die der Kuchl gegenüberliegende Mehlkammer, in der jetzt viel mehr Platz war. In die neue, saubere Backstube kam sie und betrachtete sinnend den ansehnlichen, blank getäfelten Ofen. Der gutgewölbte, vergrößerte Stall schien ihr besonders zu gefallen. Er war hell und luftig, und die Schwalben nisteten bereits wieder über dem Kuhstand, was Glück und Segen bedeutete. (...)

Der Vorderteil des Hauses war unverändert geblieben. Im großen, zweifenstrigen Zimmer über der Kuchl waren Eugen, Maurus und Lenz untergebracht. Es kam ein kleiner Durchgangsraum mit drei Türen, in welchem, solange wir Kinder waren, die Gitterbettstätten für Anna und mich standen. Durch die rechte Tür gelangte man in die elterliche Ehekammer, die linke führte in die sogenannte ›gute Kammer‹, wo zufällige Besucher untergebracht wurden. Diese Kammer hatte Wände mit einer blauen Tapete, in der große Blumen prangten. Der Vater war stolz darauf und meinte oft, da könnte auch eine Fürstlichkeit übernachten. Vor dem Hause streckte eine uralte Esche ihre Äste aus, und nachts rauschten deren Blätter ganz leise...

Es war eine reiche Zeit, die von Jahr zu Jahr besser zu werden schien. Und es war eine sichtbar ›neue Zeit‹. Gleichsam von der Entwicklung übergangen und sehr schnell zur Legende geworden, war der alte Bismarck vor einigen Jahren gestorben. Dabei erinnerten sich Leute wie unser Vater noch einmal an ihn und sagten: »Wenn *der* geblieben wär', da hätt' alles noch einen richtigen Respekt.« Die aufsässigen Maurer, die ohne Nachzahlung keine Minute länger arbeiteten, als abgemacht war, und die Bäckergesellen, die jetzt bei ihrer Anstellung fast frech einen festgelegten Lohnsatz nannten, waren für ihn respektlos. Er schimpfte oft darüber, und unsere Mutter, die sich nie in solche Dispute mischte, warf gleichgültig hin: »Mein Gott, so ist's jetzt schon einmal. Da kann man nichts machen.« Sie hatte sich nie um den Bismarck gekümmert und wußte nicht einmal, wer jetzt eigentlich regierte. Es war ihr auch gleichgültig, dennoch schien es, als unterliege sie – wenn auch anfangs noch so widerstrebend und mißtrauisch – sehr schnell den ›neumodischen‹ Erscheinungen und Dingen, die sich sicher ohne Bismarck und das jetzige Regime auch durchgesetzt hätten. Und das ging auch uns Kindern so.

Das Haus war fertig. Unsere Mutter legte einen kleinen Pflanz- und Blumengarten an. Der Eugen fuhr mit dem Schubkarren den übriggebliebenen, aufgehäuften Sand in den hinteren Hof, streute ihn umher und stampfte ihn glatt. Zwei fremde Männer blieben am frischgestrichenen Gartenzaun stehen und fragten nach dem Vater.

»Drinnen in der Kuchl ist er... Was möchten Sie denn?« forschte die Mutter leicht abweisend. Fremde blieben ihr immer fremd.

»Wir kommen vom Elektrizitätswerk von Wolfsratshausen und wollten uns erkundigen, ob Sie Licht wollen?« erwiderte einer der Männer.

»Licht?... So... Ja, wir haben doch Petroleumlampen genug!« meinte die Mutter.

Sie begriff nicht, was die Menschen wollten.

Doch sie sagte endlich: »Gehts nur in die Kuchl zu ihm.« Seitdem alles mit dem Anbau gut abgelaufen war, überließ sie Neueinführungen dem Vater viel widerspruchsloser. Sie vertraute mehr auf ihn.

Der Eugen, der neugierig geworden war, folgte den Männern und kam nach einer Weile wieder aus dem Haus. Mit wichtiger Miene erzählte er, daß wir ›das Elektrische‹ bekommen würden, das auch schon die meisten Nachbarn bestellt hätten.

»Was?... Das Elektrische?« meinte die Mutter, der verzwickte Worte stets schwer von der Zunge gingen. »Was soll denn das schon wieder sein?« Mißtrauisch furchte sie die Stirn. Da aber kam auch schon der Vater und erklärte. Ungläubig hörte sie zu. Sie konnte sich Licht ohne Zündholz und Petroleum durchaus nicht vorstellen. Und sie erwartete von dem ›neumodischen Zeug‹ nicht das mindeste, wenngleich der Vater sagte, es sei billiger, praktischer und reinlicher.

Schon am anderen Tag kamen zwei Monteure in blauen, grobleinenen Arbeitskitteln zu uns, schlugen kleine Löcher in die frischen Wände und gipsten Schaltdosen ein, schraubten Knipser an und zogen Drähte, und am Abend standen wir alle verdutzt, freudig erregt in der Kuchl und starrten fast ehrfürchtig auf die kleine, weißleuchtende Glasbirne an der Decke. Der Vater war begeistert, Mutter sagte gar nichts. Wir aber rannten in die Mehlkammer, in die Backstube, an den Ofen, in den Stall und oben hinauf und knipsten wie um die Wette, so lange, bis die Birne ausgebrannt oder sonst etwas passiert war. Nichts konnte uns davon abhalten. Es gab öfter Kurzschlüsse, und das neue Licht funktionierte oft tagelang nicht. Immer wieder wurden die Petroleumlampen herbeigeholt. Langsam aber gewöhnten wir uns an das Licht, und endlich sagte die Mutter doch: »Hmhm, auf was die gescheiten Leute doch alles kommen!... Der Kramerfeicht kauft sich einen neuen Heurechen... Er sagt, da kann er den Ochs einspannen, und arbeiten tut das für drei... Hmhm, und beim Schatzl haben sie neulich gesagt, sie wollen eine Maschin', die sogar von selber mäht... Wenn das so weitergeht, da mag bald kein Mensch mehr arbeiten.«

Therese Graf um 1900 mit Kindern, Oskar in der Mitte sitzend

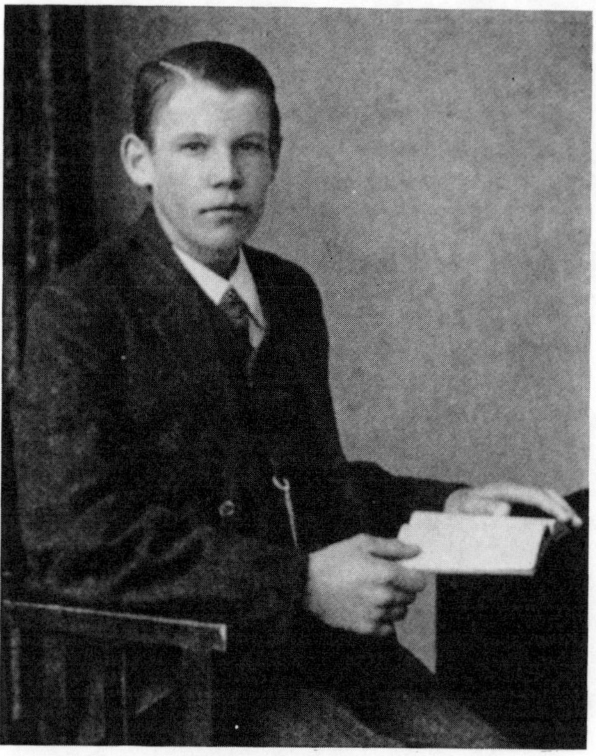

Der 18jährige Bäckersohn Oskar Maria Graf

Georg Fülberth

DAS BÖSE REICH IN DER GUTEN ALTEN ZEIT

Ein Monstrum in der Mitte Europas

Am 18. Januar 1871 wurde der preußische König Wilhelm zum »Deutschen Kaiser« ausgerufen. Das geschah in einem fremden Land, mit dem man sich im Krieg befand – im Spiegelsaal von Versailles, während des deutsch-französischen Krieges 1870/71. Zugleich entstand ein neuer Staat: aus einigen Königreichen und Großherzogtümern unter der Führung des übermächtigen Preußen wurde das Deutsche Reich.

Dieses Ereignis machte sämtliche Lehrbücher der europäischen Diplomatie, die bis dahin in Kraft waren, zur Makulatur. Vorher hatte als unverrückbarer Lehrsatz gegolten: Ein europäisches Kräftegleichgewicht ist nur möglich, wenn die Mitte des Kontinents selbst keine Großmacht ist, sondern territorial zersplittert und deshalb ohne die Chance einer Dominanz nach außen. So hatte es noch einmal der Wiener Kongreß 1815 festgeschrieben, und gerade damit war es jetzt vorbei. Das Zentrum Europas hatte sich selbst als Großmacht konstituiert, von seinen Nachbarn gefürchtet und zugleich durch ständige Angst vor Einkreisung geplagt: aggressiv und panisch.

Als dieses Deutsche Reich 1945 – nach vierundsiebzig Jahren – zusammenbrach, hatte es inzwischen nicht nur die Diplomaten das Fürchten gelehrt, sondern vor allem die Völker: es hatte zwei Weltkriege begonnen und verloren, zahlreiche Länder überfallen und sich schwerer Verbrechen schuldig gemacht. Gerade weil das so war, neigten auch nach 1945 viele Menschen dazu, die ersten vier Jahrzehnte dieses Reiches, als es in trügerischem Frieden lebte und noch nicht als der ganz große Räuber hervorgetreten war, sehr idyllisch zu sehen: als die »gute alte Zeit«. Andere allerdings argwöhnen, die späteren Ausbrüche seien ihm schon von Anfang an gleichsam als genetische Information mitgegeben worden.

Sedanfeier in Berlin 1870

Proklamation des deutschen Kaiserreiches in Versailles 1871

Bau der Villa eines Glashüttenbesitzers, 1888

Verherrlichung des »triumphalen Imperators« Wilhelm I.

Preußen erobert Deutschland

Ein zentrales Problem des Deutschen Reiches bestand im Widerspruch zwischen seiner ökonomischen, militärischen und technologischen Potenz einerseits, seiner scharf obrigkeitsstaatlichen Machtstruktur andererseits. Es war eigentlich nicht barbarischer als die anderen kapitalistischen Staaten. Die Niederlande, Frankreich und Großbritannien befanden sich schon längst in ihrer blutigen Kolonialgeschichte. Die Vereinigten Staaten hatten ihre innere Landnahme – bis zum Pazifik – durch Liquidierung und Beraubung der Indianer betrieben. Bis zu den sechziger Jahen hatte es dort noch Sklaverei gegeben. Aber dem Deutschen Reich fehlte – anders als jenen Staaten – der liberal-demokratische Gleitstoff, welcher ihrem politischen System mehr »Aktzeptanz« gegeben hätte. Ökonomische und politische Macht befanden sich in verschiedenen Händen. In den Demokratien des Westens hatte während des siebzehnten und achtzehnten Jahrhunderts die Kapitalistenklasse den Adel durch Revolutionen entmachtet und selbst die Staatsgewalt übernommen. In Deutschland war das schiefgegangen. Es war in unzählige einzelne Territorien – mit Fürsten »von Gottes Gnaden« an der Spitze – zersplittert gewesen. In der deutschen Revolution von 1848/1849 hatte die Bourgeoisie den Versuch unternommen, eine Verfassung nach ihrem Gusto sowie einen einheitlichen Nationalstaat, der zugleich ein großer Markt ohne innere Grenzen gewesen wäre, zu erkämpfen. Doch bald bekam sie es mit der Angst vor dem neuentstehenden Industrieproletariat zu tun, kämpfte nur halbherzig und war schließlich heilfroh, als das Militär die Herrschaft des grundbesitzenden Adels wieder festigte. Allerdings hatte die Industrielle Revolution schon seit den dreißiger Jahren so rapide Fortschritte gemacht, daß die alte staatliche Zersplitterung nicht beibehalten werden konnte. Die Eisenbahn konnte schließlich nicht alle paar Kilometer an einer Landesgrenze zwecks Zollkontrolle halten. 1933/34 hatte der Norddeutsche Zollverein unter Preußens Führung hier schon ein wenig Abhilfe geschaffen, doch Süddeutschland und Österreich blieben außerhalb. Nachdem die Bourgeoisie sich als unfähig erwiesen hatte, ihr Ziel der nationalen Einheit selbst zu erkämpfen, nahm der preußische Ministerpräsident, der Junker Otto von Bismarck, die Sache in die Hand: mit einer »Revolution von oben«. Indem sie die wichtigsten Wünsche des Bürgertums erfüllte, politisch aber an der Tête blieb, hoffte seine Kaste sich auch in der kapitalistischen Gesellschaft noch behaupten zu können. 1866 prügelte Preußen Österreich aus Deutschland hinaus, annektierte mehrere Territorialstaaten, deren Fürsten abgesetzt wurden, und übernahm die Führung eines neuen Staates: des Norddeutschen Bundes. Im Krieg 1870/71 schlossen sich dann auch noch die Süddeutschen Staaten an: das Deutsche Reich war entstanden. Durch die Annexion des Elsaß und Lothringens wies sich der neue Staat auch gleich als großer Hai aus.

Industrialisierung im Kaiserreich

Überdruck und Aggressivität

Das neue Gebilde hatte zumindest im Vergleich zu den angelsächsischen Staaten nicht nur ein innenpolitisches, sondern auch ein soziales Manko: Großbritannien, das den Weltmarkt beherrschte, war längst imstande, innere Klassengegensätze gleichsam zu exportieren: Durch die Ausbeutung der Kolonien verschaffte sich seine Bourgeoisie die Mittel, um der Arbeiterklasse im eigenen Land Zugeständnisse machen zu können. In den Vereinigten Staaten ließ sich soziale Unzufriedenheit noch leichter abbiegen: die Underdogs sollten, bitteschön, im Wilden Westen eine Existenz gründen. Diese Auswege gab es im Deutschen Reich nicht. In den sozialen Auseinandersetzungen spielte dort die Repression deshalb eine besonders große Rolle. Führte sie nicht zum von den Oberklassen gewünschten Ergebnis, nämlich »Befriedung« des Konflikts zu ihren Bedingungen, dann blieb auf lange Sicht allerdings nur noch der Ausbruch in die »Weltpolitik« übrig, der Versuch einer internationalen Umverteilung mit militärischen Mitteln. Bismarck mochte ab 1871 noch so sehr beteuern, das Reich sei jetzt territorial »saturiert«: die Schärfe des Klassengegensatzes zum immer zahlreicher werdenden Proletariat drängte Junker und Kapitalistenklasse dazu, sich die Chance zur kriegerischen Expansion offenzuhalten.

Reichsverfassung und Parteiensystem

Diese Widersprüche zeichneten sich deutlich in der Reichsverfassung von 1871 ab. Der neue Staat beruhte nicht auf der Volkssouveränität, er war ein Bund der Landesfürsten. Deren Vormann, der preußische König, war zugleich Deutscher Kaiser. Allerdings gab es einen nach dem allgemeinen, gleichen und geheimen Wahlrecht gewählten Reichstag. Bismarck hatte dies zugestanden, weil es in seine Kalkulation paßte: er hoffte, vor allem mit Hilfe des Stimmviehs aus den Landgebieten immer wieder eine Mehrheit für sich zusammenbringen zu können, wenn die Liberalen einmal wieder aufmüpfig werden sollten. Außerdem hatte die Volksvertretung wenig zu melden. Der Kanzler wurde nicht von ihr gewählt, sondern vom Kaiser ernannt. Der Reichstag konnte ihn nicht stürzen. Aus den jährlichen Etat-Abstimmungen war seit 1874 der größte Brocken herausgenommen: der Militär-Haushalt. Er wurde nur alle sieben Jahre verabschiedet (»Septennat«). Der Reichstag beschloß bis kurz vor dem Ersten Weltkrieg keine direkten Steuern, das taten die Landtage. Dort aber gab es kein gleiches Wahlrecht, sondern sogenannte »Pluralwahlrechte«, in Preußen zum Beispiel das Dreiklassenwahlrecht: die Wähler wurden je nach ihrem Steuerbeitrag eingeteilt. Die Reichsten, welche nur eine verschwindende Minderheit ausmachten, wählten ein Drittel der Abgeordneten. Die Mehrheit der männlichen erwachsenen Bevölkerung kam ins dritte Drittel. Frauen

hatten ohnehin kein Wahlrecht, weder im Reich, noch in den Ländern, noch in den Gemeinden.

Die Reichsverfassung und die in ihrem Rahmen errichteten politischen Strukturen waren maßgeschneidert für die junkerlichen Großgrundbesitzer und die Leute vom großen Geld. Der Adel blieb auf die wichtigsten Positionen im Militär und in der Verwaltung abonniert. Deshalb brauchte er sich um eine schlagkräftige parteipolitische Vertretung nicht sehr zu kümmern: es gab zunächst drei, dann zwei untereinander zerstrittene konservative Parteien. Die Bourgeoisie lag seit 1866 vor Bismarck auf den Knien. Ihre parlamentarische Vertretung, die Nationalliberale Partei, war ständig heiser vom Hurra-Schreien. Die wenigen Linksliberalen, welche übrigblieben, hatten nicht viel zu melden. Da war die Zentrumspartei viel gefährlicher: sie war 1870 als Organisation des politischen Katholizismus in Reaktion auf das protestantische Übergewicht in Preußen-Deutschland gegründet worden und hatte in den siebziger Jahren den Versuch Bismarcks, ihr im sogenannten »Kulturkampf« (Abschaffung der geistlichen Schulaufsicht, Einführung der Zivilehe, Ausbürgerung oppositioneller Priester, »Kanzelparagraph« im Strafgesetzbuch: Verbot der regierungsfeindlichen Agitation in Predigten) das Lebenslicht auszublasen, gut überstanden. Das Zentrum war die erste »Volkspartei« in der deutschen Geschichte, ihm gehörten Adlige, Unternehmer, kleine Selbständige an und katholische Arbeiter, die sich seit den neunziger Jahren in christlichen Gewerkschaften sammelten. Anhang besaß es auch unter den nationalen Minderheiten, die als »Reichsfeinde« galten: unter den 1871 annektierten Elsässern und Lothringern, die nach wie vor lieber Franzosen sein wollten, und unter den Polen. Seit den polnischen Teilungen des achtzehnten Jahrhunderts hatte Preußen einen polnischen Bevölkerungsanteil von inzwischen zehn Prozent. Polen fanden auch zunehmend Beschäftigung im Ruhrbergbau. Das Zentrum hat später zuweilen mit der Regierung gepackelt, aber es blieb doch ein unsicherer Kantonist. Seine Führung mußte auf diejenigen unter seinen Mitgliedern, Wählern und Sympathisanten Rücksicht nehmen, die vom preußisch-deutschen Reich nichts zu hoffen hatten, vor allem die kleinen Leute in seinen Reihen.

Völlig ausgegrenzt aber blieb bis zum Ersten Weltkrieg die Sozialdemokratie, hinter der sich wachsende Arbeitermassen sammelten. Dieser oppositionelle Block wurde trotz aller Verfolgungen und Diskriminierungen immer stärker und verfügte 1912 schließlich über 34,7 Prozent der Stimmen bei den Reichstagswahlen.

Das Deutsche Reich stand von Anfang an unter Dampf, und zugleich waren die Bremsen angezogen. Es konnte eigentlich nur eine Frage der Zeit sein, daß es entgleiste.

1871–1895: Gründerzeit und große Depression

Am Anfang stand ein großes Täterätä: der Erzfeind Frankreich wurde 1870/71 aufs Haupt geschlagen und mußte fünf Milliarden Francs Reparationen zahlen. Das heizte die Konjunktur zusätzlich an. Die Jahre 1871–1873 sind als »Gründerzeit« in die Geschichte eingegangen. Dann aber kam es zum großen Krach: nach einer schweren Wirtschaftskrise 1873 begann eine Periode der Wachstumsschwäche, welche bis 1895 anhielt. Die Aufschwünge waren flach, die Depressionen immer wieder tief. Die Antriebskräfte der Industriellen Revolution waren verbraucht, der Eisenbahnbau, welcher eine Generation lang große Nachfrage an Montanprodukten und Erzeugnissen des Maschinenbaus ausgelöst hatte, war im wesentlichen abgeschlossen. Die Unternehmer konnten nicht mehr wie bisher auf Teufel komm raus und mit der Gewißheit sicheren Absatzes produzieren, sondern mußten sich darauf einstellen, daß der Markt weniger aufnahmefähig war. Also mußte er jetzt genauer kontrolliert werden. Diesem Zweck diente die Bildung von Kartellen. Durch die zahlreichen Pleiten waren ohnehin viele kleinere Firmen verschwunden, die Bildung von Großunternehmen und Monopolen begann. Wichtig war auch, ausländische Konkurrenz vom deutschen Markt fernzuhalten. Schutzzölle waren aber nur durch Beeinflussung der Gesetzgebung durchzusetzen. Diesem Zweck diente die Gründung von Unternehmerverbänden. Die pressure groups der Industriellen fanden bald Bündnispartner in den Großgrundbesitzern: jahrzehntelang hatten diese gut vom Getreideexport gelebt. Seit 1876 aber gerieten ihre Preise zunehmend unter den Druck von Exporten aus den USA und aus Rußland. Auch sie verlangten jetzt Schutzzölle, die 1879 dann auch durchgesetzt wurden.

Die Sache hatte allerdings einen Haken. Getreidezölle verteuerten das Brot und konnten deshalb Lohnforderungen auslösen, welche dann wieder die Gewinne der Industrie gefährdeten. Um die Arbeiterbewegung lahmzulegen, wurde deshalb schon ein Jahr vor der Schutzzoll-Gesetzgebung die Sozialdemokratie verboten: durch das *»Sozialistengesetz«* (1878–1890). Damit hoffte man zugleich die Gewerkschaften zu treffen, wenngleich diese formal von diesem Gesetz nicht berührt wurden. Das Verbot traf nur Organisation und Propaganda der Sozialdemokratie. An Wahlen durfte sie allerdings nach wie vor teilnehmen. Das Wahlrecht kannte damals nämlich keine Parteien, sondern sah nur Einzelkandidaturen in den Wahlkreisen vor. Eine flankierende Maßnahme zum Sozialistengesetz war der Beginn der staatlichen Sozialpolitik (1883 Krankenversicherung; 1884 Unfallversicherung; 1889 Alters- und Invaliditätsversicherung). Indem der Staat selbst als Reformer auftrat, sollten die Sozialdemokraten von der Arbeiterschaft getrennt werden. Aber es half alles nichts: Zwischen 1878 und 1890 stieg ihr Stimmenanteil von 7,6 auf 19,7 Prozent. Die zerschlagenen Gewerkschaften bildeten sich neu, die Reallöhne stiegen. Als 1889 auch noch die frommen Bergarbeiter an der Ruhr streikten, wurde der seit 1888 amtierende Kaiser Wilhelm der Zweite nervös.

Zu den am stärksten ausgebeuteten Arbeitern gehörten die im Bergbau schuftenden

Wilhelm II. als Schotte

Bismarck stürzt

Das Jahr 1888 war ein »Dreikaiserjahr« gewesen. Wilhelm der Erste starb, sein Sohn Friedrich der Dritte überlebte ihn nur wenige Monate. Mit dessen Sohn Wilhelm II., einem nicht unbegabten, aber großmäuligen und überkandidelten Menschen, begann das sogenannte »Wilhelminische Zeitalter«. Er wollte den Reichskanzler Bismarck loswerden und lieber alleine regieren. Bismarck hatte jetzt schlechte Karten, denn sein Kampf gegen die Sozialdemokratie war gescheitert. Außerdem war inzwischen die Schutzzoll-Politik auch in der Kapitalistenklasse umstritten. Der Protektionismus war zwar gut für Agrarier, Montan- und Textil-Industrielle, nicht aber für die sogenannten neuen Industrien, für die Chemie- und Elektro-Branche. Diese waren an Produktivität und technologischem Standard längst Weltspitze, hatten internationale Konkurrenz nicht zu fürchten, drängten vielmehr selbst auf den Weltmarkt und waren von Rohstoff-Importen abhängig. Damals begann der Aufstieg von Siemens und AEG.

1890 stürzte Bismarck. Er hatte einen verschärften Kurs gegen die Sozialdemokratie gefordert, der letztlich zur Staatsstreich-Aufhebung der Verfassung von 1871 – und zu einem Blutbad hätte führen müssen. Wilhelm II. zog da nicht mit: er traute sich zu, auch auf andere Weise mit den Sozis fertig zu werden. Der Rest war Kabale. Bismarck wollte den Ministern verbieten, ohne seine Zustimmung Vortrag beim Monarchen zu halten, und er warf Wilhelm vor, das gute diplomatische Verhältnis zum besonders reaktionären zaristischen Rußland zu sabotieren. Doch das war nur Begleitmusik ganz am Ende. Das Sozialistengesetz wurde nicht erneuert. Der neue Reichskanzler, von Caprivi, versuchte es mit einem »Neuen Kurs«: liberalere Behandlung der Sozialdemokraten im Inneren, nach außen mehr Freihandel. Das mochte den Neuen Industrien passen, ging aber den Agrariern und den Montan-Kapitalisten an den Lebensnerv. 1894 mußte auch Caprivi zurücktreten.

In einem knappen Vierteljahrhundert hatten sich so zwei Herrschaftsvarianten abgenutzt: erst innenpolitische Repression plus Protektionismus, dann: moderate Innenpolitik und Freihandel.

Was nun?

Seine Majestät in weiteren Verkleidungen

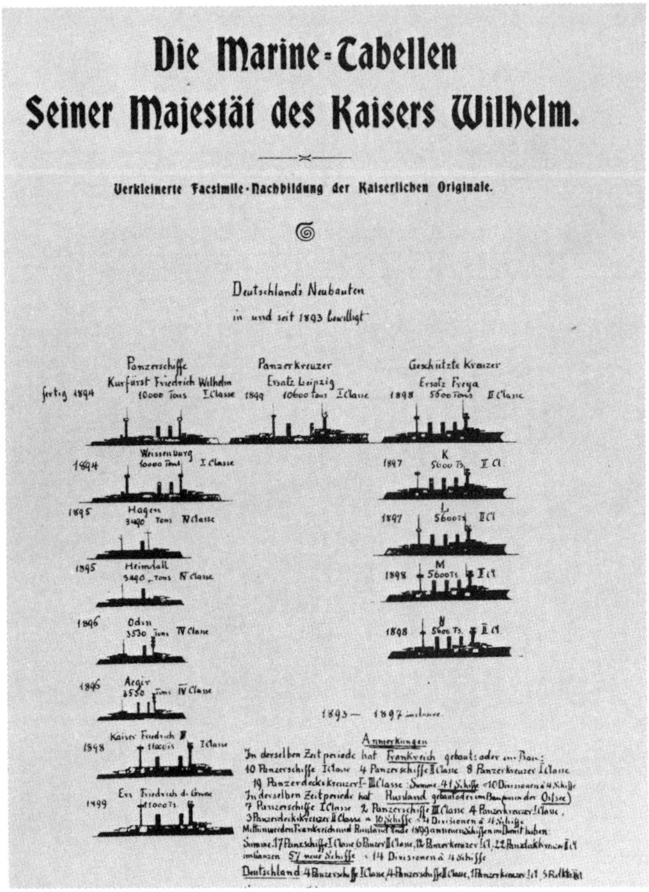

Eine von Wilhelm II. persönlich gezeichnete Flottenübersicht

Flucht in die »Weltpolitik«

Es war eben alles etwas viel auf einmal: Kampf gegen die Sozialdemokratie, Schutzzölle für Textilien, für Eisen und Getreide, Freihandel für Chemie- und Elektroindustrie. Irgendwie ging das nicht zusammen, zumal sich die Sozialdemokraten nicht nach Belieben stauchen ließen. Ein Ausweg bot sich an: Expansion, Umverteilung der Welt zu Lasten der anderen kapitalistischen Staaten. Das hieß damals »Weltpolitik« (man kann es aber auch Imperialismus nennen). Der Reichskanzler von Bülow, der seit 1900 amtierte – seinen bleichen Vorgänger Chlodwig Fürst zu Hohenlohe-Schillingsfürst können wir gleich vergessen – verkündete, Deutschland brauche »einen Platz an der Sonne«. Das bedeute unter anderem: mehr Kolonien. Unter Bismarck hatte das Reich zwar schon ein paar überseeische Besitzungen an sich gebracht, das reichte aber angeblich nicht. Die Montan-Industriellen hofften, insbesondere in Belgien weitere Erz- und Kohlenlager annektieren zu können. Vom Osten wollte man billige Arbeitskräfte, weites Land und Rohstoffe. Das mußte man eben den Russen wegnehmen.

So extensiv träumten vor allem die Magnaten von der Schwerindustrie. Ihre wendigeren Kollegen von Chemie und Elektro wollten weniger erobern, dafür aber eine wirtschaftliche Hegemonie über »Mitteleuropa« errichten. Außerdem erhofften sie sich die Eröffnung neuer Kapital- und Warenmärkte im Nahen Osten. Da mußte man allerdings zugleich mit Briten und Russen aneinandergeraten. Vorsorglich wurde schon mal eine »Bagdad«-Bahn quer durch den Balkan begonnen, aber nie fertiggestellt: der Weltkrieg kam dazwischen.

Flottenbau und Wettrüsten

Eine Umverteilung der Märkte, Kolonien, Rohstofflager konnte nur im Krieg durchgesetzt werden, gegen Rußland, Frankreich, vor allem aber gegen Großbritannien, das immer noch die führende Macht auf dem Weltmarkt war. Es besaß die größte Flotte und hatte eine Staatsdoktrin, die besagte, daß diese immer stärker sein müsse als die zweit- und die drittgrößte Konkurrenz zusammen. 1898 begann das Deutsche Reich mit dem Bau einer riesigen See-Streitmacht. Den Hauptprofit dabei machte Krupp. Ein großer Propaganda-Apparat wurde in Gang gesetzt, um den Flottenbau populär zu machen. Damit war ein Wettrüsten, das ohnehin seit der Reichsgründung nie aufgehört hatte, beschleunigt, denn die anderen Mächte zogen mit, zumal Frankreich ohnehin das Elsaß und Lothringen wiederhaben wollte.

Die Militärausgaben wurden in ersterLinie über die Verbrauchssteuern finanziert. Diese wurden vor allem auf den Verkaufspreis der Waren des Massenbedarfs aufgeschlagen. Besonders die Nahrungsmittel wurden auf diese Weise teurer. So stagnierten nach der Jahrhundertwende tatsächlich die Reallöhne. Die herrschenden Klassen sträubten sich dagegen, daß der Reichstag direkte Steuern (etwa Einkommen- und Vermögens-Steuern) beschließen durfte, denn dies hätte diesem Parlament, das nach allgemeinem Wahlrecht zustande kam, den Griff nach ihrem Gut und Geld gestattet. Ihrer Meinung nach war dies allenfalls den Landtagen, welche sie durch das Pluralwahlrecht beherrschten, gestattet. Da war ihnen schonende Behandlung sicher. In Großbritannien und Frankreich bestand ein solches Hemmnis nicht. Die Rüstung erfolgte dort also auf einer breiteren Grundlage. Die Konservativen standen nun vor folgendem Dilemma: entweder »Demokratisierung« der Finanzverfassung zwecks besserer Rüstungsfinanzierung – oder das Deutsche Reich geriet im Rüstungswettlauf ins Hintertreffen. Einen Ausweg konnte nur ein schneller Kriegsbeginn bringen: wenn es gelang, Großbritannien und Frankreich zu besiegen, bevor diese waffentechnisch überlegen waren, dann kam man vielleicht auch um eine Finanzreform herum.

Ein ähnliches Problem stellte sich auf dem Gebiet der inneren Militärorganisation. Im Deutschen Reich herrschte allgemeine Wehrpflicht. Der Staat durfte in Friedenszeiten eine Armee unter Waffen halten, die ein Prozent der Bevölkerung ausmachte, doch wurde diese Stärke bis zum ersten Weltkrieg nie erreicht. Oberst Ludendorff, immerhin ein Bürgerlicher, forderte eine massive Heeresvermehrung, um mit den potentiellen Kriegsgegnern Schritt halten zu können. Dies hätte allerdings die soziale Zusammensetzung des Offizierskorps verändert. Dort hatten nach wie vor die Adligen eine bevorzugte Stellung. (Herr Ludendorff war eine Ausnahme.) Anders war es übrigens in der Flotte. Da kamen Bürgerliche eher zum Zuge. Auf den modernen Schiffen mußte man nämlich etwas von Technik verstehen, und nicht nur von Pferden. Heeresvermehrung hätte aber die Einstellung von noch mehr Offizieren notwendig gemacht. Die Zahl der Adligen reichte für die notwendig werdenden Neubesetzungen nicht aus, also wären sie gegen die Bürgerlichen ins Hintertreffen geraten. Das durfte nicht sein, deshalb stockte die Heeresvermehrung. Auch aus diesem Grund empfahl sich ein schnelles Losschlagen, bevor Großbritannien und Frankreich auch in der Truppenstärke allzu überlegen wurden.

1914 war es dann so weit. Als serbische Nationalisten am

28. Juni 1914 den österreichischen Thronfolger erschossen, sah die k. u. k.-Monarchie die Gelegenheit gekommen, mit dem serbischen Staat aufzuräumen. Daß es dabei einen Zusammenstoß mit Rußland geben würde, war klar. Denn es ging von vornherein um mehr, nämlich um die Vorherrschaft auf dem Balkan. Das Deutsche Reich hielt den Österreichern die Stange. Schon längst waren die Eroberungsziele eines künftigen Krieges festgelegt, und jetzt benutzte man den Vorwand der »Nibelungentreue« zur k. u. k.-Monarchie, um sich in Marsch zu setzen.

Die herrschenden Klassen in Deutschland brauchten den Krieg, um ihre Weltherrschaftspläne realisieren zu können – und sie brauchten ihn schnell, falls sie eine Chance zum Sieg haben wollten. Dies erklärt, weshalb sie das Attentat so entschlossen zum Losschlagen nutzten. Diese Überlegungen bestimmten die diplomatischen Verwicklungen des Juli 1914 (»Juli-Krise«), und sie führten zum von Deutschland und Österreich verschuldeten Kriegsausbruch am 1. August 1914.

Literatur

Jürgen Kuczynski: Geschichte des Alltags des deutschen Volkes. Studien. Band 4: 1871–1918. Köln 1982.

Michael Stürmer: Das ruhelose Reich. Deutschland 1866–1918. Berlin 1983.

Hans-Ulrich Wehler: Das Deutsche Kaiserreich 1871–1918. Göttingen 1973.

Eine Talk-Show im Jahre 1913

Stellen wir uns einmal vor, am 27. Januar 1913, also an Kaisers Geburtstag, hätte in Berlin eine Talk-Show stattgefunden. Talk-Master: Der Journalist Maximilian Harden. Teilnehmer: Reichskanzler Theobald von Bethmann Hollweg (seit 1909) und August Bebel, der Führer der deutschen Sozialdemokratie. Diese Konstellation war in der Realität ausgeschlossen, denn der Reichsfeind Bebel und des Kaisers oberster Beamter verkehrten nicht gesellschaftlich miteinander. Aber erteilen wir dennoch Bethman Hollweg das Wort:

»Mein lieber Bebel, ich verstehe Sie nicht. Was wollen Sie eigentlich? Heute sind die Löhne viel höher als 1870. Damals wurde täglich mehr als zwölf Stunden gearbeitet, heute sind es im Schnitt neuneinhalb. In Ihrer Kindheit mußten Sie sich noch mit Kienspan und Petroleumlampe behelfen. Heute haben wir Gas-Beleuchtung, und selbst auf dem Lande beginnt schon die Elektrifizierung. Geht das so weiter, dann werden in zwei Generationen die Menschen nur noch vierzig Stunden pro Woche arbeiten, und die Arbeiter werden Auto fahren.«

August Bebel antwortete nicht. Er konzentrierte sich wohl schon auf seinen nahen Tod.

Aber irgendwie hat wohl Bethmann Hollweg doch recht gehabt? Oder nicht?

Deutsches Lesebuch

für die

Volksschule.

Ausgabe B in zwei Teilen.

Zweiter Teil: Oberstufe.

Bearbeitet und herausgegeben
vom
Hessischen Volksschullehrerverein.

7. Auflage.

Cassel.
Verlag von Baier & Co.
1901.

Kaiser Wilhelm II.

Wahlspruch: „Meine Kräfte gehören der Welt, dem Vaterland."

1. Kaiser Wilhelm II. besitzt eine echt deutsche, zähe und eiserne Willenskraft. Rastlos und unermüdlich arbeitet er für das Wohl des Volkes. Er begnügt sich nicht damit, seinen Willen kund zu geben, sondern er zeigt selber noch nie betretene Wege und Bahnen, auf denen dies Ziel erreicht werden soll. In seinen Regierungsgeschäften hat er Gründlichkeit und Sachlichkeit, Beharrlichkeit und Thatkraft im Bunde mit überall erkennbarer Herzensgüte bewiesen. Die glückliche Verbindung unerschrockener Kaltblütigkeit mit starker Willenskraft, unerschütterlichen Gottvertrauens mit größter körperlicher Widerstandsfähigkeit ermöglicht es ihm, in alle Gebiete der Verwaltung einzudringen und das Richtige zu finden, mag es die Erziehung der Jugend, die Gewerbthätigkeit, den Handel, den Bergbau oder die Sorge für das Wohl der arbeitenden Klassen betreffen.

2. Der Kaiser ist gerecht und mißt alle seine Unterthanen mit gleichem Maße. Den hohen Ansprüchen, die er an alle Staatsbürger und namentlich an seine Beamten stellt, verleiht er dadurch besondern Nachdruck, daß er als Vorbild die höchsten Anforderungen an sich selbst stellt und sie treu erfüllt. Vor allen Dingen will er seinem Volke den Frieden sichern und erhalten; denn das neue Reich kann nur unter dem Schutze des Friedens gedeihen und emporblühen, und allgemein gilt der Kaiser heute als Schirmherr des Friedens.

3. Wer aber den Frieden will, muß zum Kriege gerüstet sein. Um in der Stunde der Gefahr das Vaterland schützen zu können, übt Kaiser Wilhelm unablässig sein Heer. Jeden Herbst werden große Truppenübungen — Manöver — abgehalten, die der Kaiser oft selbst leitet. Häufig begleitet auch die Kaiserin ihren hohen Gemahl. Alle Klassen der Bevölkerung wetteifern dann, dem geliebten Kaiserpaare den Aufenthalt angenehm zu machen. Und überall gewinnen die Majestäten die Herzen: der Kaiser durch seine Thatkraft und Leutseligkeit, die Kaiserin durch die Liebenswürdigkeit und Anmut ihres Wesens.

4. Im engsten Zusammenhange mit der Sorge für die Kriegsflotte steht die kraftvolle Unterstützung, die Kaiser Wilhelm dem weiteren Aufblühen der wirtschaftlichen Thätigkeit Deutschlands in den erworbenen Kolonieen zu teil werden läßt. Durch ein in seinem Arbeitszimmer hängendes Bild, das eine Reihe stolzer Schiffe zeigt, den roten Adler Brandenburgs in der Flagge, läßt er sich täglich daran erinnern, wie schon der Große Kurfürst die Erkenntnis dafür hatte, daß Deutschland zur Verwertung der Erzeugnisse seines Fleißes durch seine Marine sich eine geachtete Stellung im Weltmarkt verschaffen müsse.

5. Die Lebensweise unseres Kaisers ist streng geregelt. Um 6 Uhr, im Sommer noch zeitiger, erhebt er sich, um die Arbeit zu beginnen. In den Frühstunden des Vormittags unternimmt er öfters gemeinsam mit seiner Gemahlin einen Spaziergang oder eine Fahrt durch den Tiergarten. Von 9 Uhr ab beginnen die Vorträge der Minister und Generale über Staatsgeschäfte und Heeresangelegenheiten, Meldungen von Offizieren und Beamten u. s. w. Die kaiserliche Tafel vereinigt den Kaiser mit seiner Gemahlin und seinen Kindern. In seiner Familie findet er seine liebste Erholung. Nach dem Essen pflegt ein kurzer Spaziergang zu folgen; den Rest des Tages nimmt dann wieder die Erledigung von Staatsgeschäften in Anspruch. So herrscht auf dem Kaiserthrone Gerechtigkeit, Weisheit, Frömmigkeit und im Verkehre bürgerliche Einfachheit, vor allem aber die angestammte Tugend der Hohenzollern: harte, unermüdliche Arbeit, peinliche Ordnung und Pünktlichkeit. Und von dem Throne strahlen diese Tugenden in Palast, Haus und Hütte hinein und erwecken den Trieb der Nacheiferung, den jedes edle Beispiel hervorruft, zum Segen und Heile unseres Vaterlandes.

HERRMANN GERSON

Dieter Fricke

DIE ZWEITE ARMEE IM SCHWARZEN ROCK

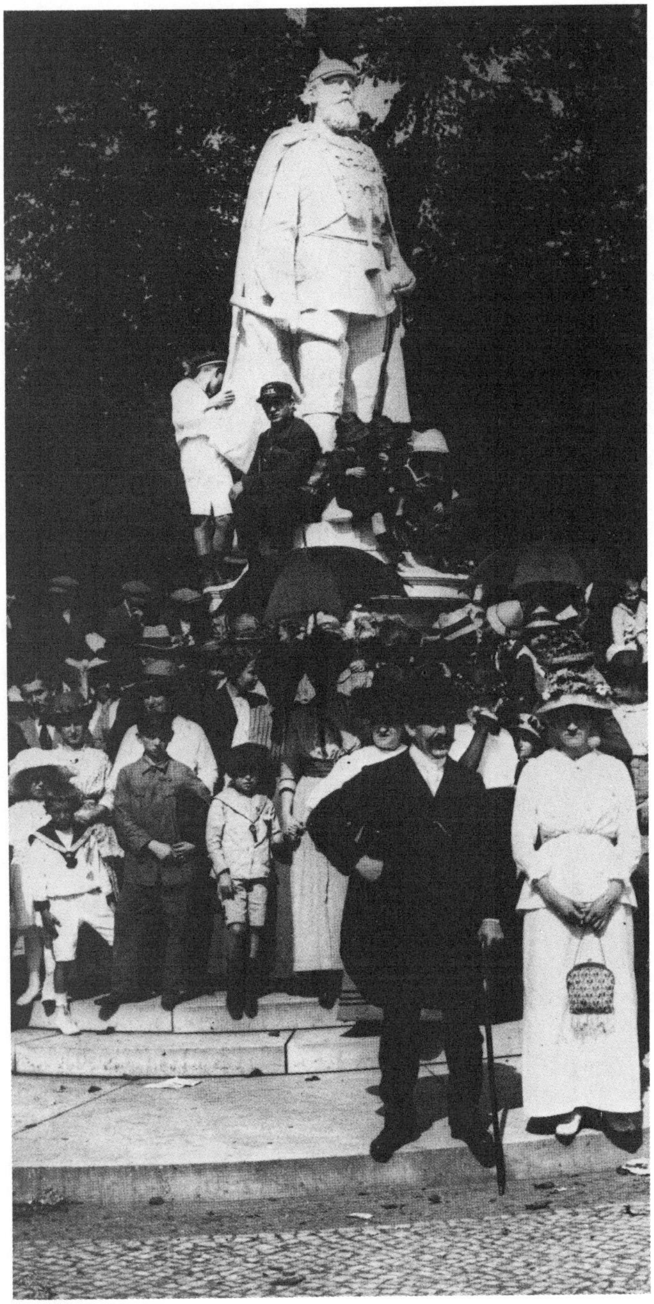

»Meine Herren, wenn der hohe Herr im Mittelalter gelebt hätte, er wäre heilig gesprochen und Pilgerzüge aus allen Ländern wären hingegangen, um an seinen Gebeinen Gebete zu verrichten. Gott sei Dank, das ist auch heute noch so! Seines Grabes Tür steht offen, alltäglich wandern die treuen Untertanen dahin und führen ihre Kinder hin, um sich des Anblicks dieses herrlichen Greises und seiner Standbilder zu erfreuen.« [1]

Der auch als »Heldenkaiser« Apostrophierte war der preußische König und Deutsche Kaiser Wilhelm I.; der ihn so verherrlichte sein Enkel, Kaiser Wilhelm II. In die Geschichte ist der Heldengreis dagegen als Kartätschenprinz und Schlächter von Rastatt des Revolutionsjahres 1849 sowie als eine Persönlichkeit eingegangen, die bei der nationalstaatlichen Einigung Deutschlands 1870/71 ganz im Schatten Bismarcks gestanden hat. Noch zu seinen Lebzeiten bescheinigte ihm Meyers Lexikon von 1878: »Hervorragende, glänzende Geistesgaben zeichnen ihn nicht aus.«

Als der 100. Geburtstag »Wilhelms des Großen« am 22. März 1897 heranrückte, wurde die Zahl der ihm gewidmeten Denkmäler um ein Erkleckliches vermehrt. Sie sollten die Deutschen, postulierte der Enkel, an seinen »Herrn Großvater« als »ausgewähltes Rüstzeug des Herrn« und das von ihm als Kleinod wieder zum Strahlen gebrachte »Königtum von Gottes Gnaden« ebenso erinnern wie an die Stunde, wenn jeder von ihnen »dereinst zum himmlischen Appell berufen wird« und mit gutem Gewissen »vor seinen Gott und alten Kaiser treten« kann und auf die Frage, ob er des Reiches Wohl gemehrt habe, »auf seine Brust schlagen und offen sagen darf: Ja!« Solange sie aber noch auf Erden wandelten, sollten sich die Deutschen, wie ihr Kaiser von ihnen verlangte, vor einem Denkmal seines Heldenopas, augapfelrollend der Strapaze folgender körperlicher Verrenkungen unterwerfen: *»Die Augen auf! Den Kopf in die Höhe! Den Blick nach oben, das Knie gebeugt vor dem großen Alliierten, der noch nie die Deutschen verlassen hat...; Hand aufs Herz, den Blick in die Weite gerichtet, und von Zeit zu Zeit einen Blick der Erinnerung zur Stärkung auf den alten Kaiser und seine Zeit.«*

Zu denen, die anläßlich des 100. Geburtstages dem Ruf ihres Kaisers folgten und ein Zeichen ihrer monarchischen Treue und Wahrhaftigkeit setzten, gehörten die deutschen Kriegervereine. Ihre bedeutendsten Landesverbände ließen auf dem Kyffhäuser ein Kaiser-Wilhelm-Denkmal errichten, das am 18. Juni 1896 eingeweiht wurde. Von diesem Tag ging zugleich die Gründung einer Dachorganisation aus, die dann 1900 in Gestalt des Kyffhäuser-Bundes der Deutschen Landeskriegerverbände erfolgte.

Vereinigungen ehemaliger Soldaten gab es in Preußen und anderen deutschen Staaten seit der Wende vom 18. zum 19. Jahrhundert. Sie dienten der Pflege militärischer Traditionen und traten besonders bei Gedenktagen und Begräbnissen hervor. Einen großen Aufschwung nahm die Kriegervereinsbewegung nach der Reichsgründung von 1871. Während dem 1873 als Sammelorganisation preußischer und norddeutscher Kriegervereine gegründeten Deutschen Kriegerbund 1878 erst 814 Vereine mit 67410 Mitgliedern angehörten, waren es 1898 bereits 11663 mit mehr als eine Million. Im Kyffhäuser-Bund zusammengeschlossen, wurden sie zur größten militaristischen Massenorganisation im Deutschen Reich, die am 1. April 1914 32179 Vereine und 2866749 Mitglieder zählte.

Nach den Satzungen hatte ein Kriegerverein die »Liebe und Treue für Kaiser und Reich, Landesfürst und Vaterland bei seinen Mitgliedern zu pflegen, zu betätigen und zu stärken, das Nationalbewußtsein zu beleben und zu stär-

ken, das Band der Kameradschaft auch im bürgerlichen Leben unter seinen Mitgliedern zu erhalten und zu pflegen«.[2] Dabei fand er eine äußerst wirksame Unterstützung durch die entsprechenden staatlichen Organe, vom Minister bis zum Landrat und dem Bürgermeister, vom Kommandierenden General seines Korpsbezirks bis zu den Bezirkskommandos.

Obwohl in den Satzungen der unpolitische Charakter der Kriegervereine nachdrücklich betont wurde, spielten diese nicht nur bei Wahlen, wo sie reaktionären Parteien Wahlhilfe leisteten, eine äußerst aktive politische Rolle.

Das ergab sich erstens aus ihrer Funktion, die aus dem aktiven Dienst entlassenen Soldaten weiterhin an die Armee zu binden und mit monarchistischen und nationalistischen Losungen den Militarismus in der Bevölkerung zu propagieren. Im Sinne einer Äußerung des Kaisers bezeichneten sich die Kriegervereinler gern als »2. Armee im schwarzen Rock..., die berufen ist, in den Stufen der Gefahr Seite an Seite mit dem stehenden Heere das Vaterland« zu schützen.[3] In der Kriegervereinspresse erschienen Artikel über die Pflege des kriegerischen Geistes, über die nationale und wirtschaftliche Bedeutung des Heeres und gegen die »Friedensschwärmer«. Unter der Parole »Es soll am Kriegervereinswesen der deutsche Volksgeist ganz genesen«[4] wurde davor gewarnt, die Waffen rosten zu lassen. Nur ein Krieg könne »die Herzen reinigen« und »das dürre, zähe Friedensunkraut der Weichherzigkeit und Halbheit« erdrücken.[5]

Angesichts der wachsenden Bedeutung der militaristischen Soldatenerziehung widmeten sich die Kriegervereine zunehmend der Vorbereitung junger Menschen auf die Rekrutenzeit. Sie wollten so mithelfen, *»aus jedem Rekruten... einen selbstlosen, königstreuen Soldaten (zu) machen, der Thron und Vaterland sowohl gegen innere als auch gegen äußere Feinde im freiwilligem Opfermut mit Leib und Leben schützt; einen Soldaten, der noch im letzten Todesröcheln begeistert ausruft und denkt (sic!): ›Hoch lebe seine Majestät der Kaiser! Hurra!‹«*[6]

Die Mitgliedschaft der Kriegervereine bestand zum großen Teil aus kleinen Handwerkern und Gewerbetreibenden, Kleinbauern und Landarbeitern, unteren Beamten und auch aus nicht wenigen Arbeitern. Inaktive Offiziere, mittlere Beamte und ehemalige Soldaten aus mittleren und höheren »Gesellschaftskreisen« waren dagegen in relativ geringer Zahl vertreten. Aus dieser sozialen Zusammensetzung und unter Berufung auf die angebliche soldatische Kameradschaft leiteten militaristische Ideologen die Behauptung ab, daß die Kriegervereine klassenversöhnlerische »Vereinigungen aus allen Ständen des Volkes« seien, die wie in der Armee »nebeneinander in Reih und Glied« stünden: »Arm und reich, vornehm und gering, alt und jung, Fürst und Arbeiter.«[7] Ganz im Sinne der »Volksgemeinschafts«-Ideologie wurden die Kriegervereine aufgefordert, insbesondere durch die ihnen angehörenden kapitalistischen Unternehmer die »beruflichen Interessen der Kameraden, die Arbeiter sind, ... tunlichst zu fördern«.[8]

Seit dem Fall des Sozialistengesetzes 1890 wurden die Kriegervereine immer stärker auf eine zweite Hauptfunktion orientiert, nämlich »Kampfstätten«, »Bollwerke«,

Felddienstübung des Jugendcorps einer Pfadfindergruppe

Kaisermanöver

»Dämme« und ähnliches gegen den »inneren Feind« zu sein. In dem Maße wie die sozialistische Arbeiterbewegung anwuchs, mehrten sich die Forderungen, die Herde von räudigen Schafen zu säubern, also jedes Mitglied auszuschließen, das Sozialdemokrat war beziehungsweise den freien Gewerkschaften oder einer proletarischen Konsumgenossenschaft angehörte. In den Verbands- und Vereinsversammlungen sollten die Kriegervereinler über die »vaterlandslosen Gesellen« aufgeklärt und an »die Betätigung ihrer Pflicht zur Bekämpfung der Sozialdemokratie« gemahnt werden.[9] Wie die Kriegervereine im Fürstentum Reuß j. L. dieser »vaterländischen Pflicht« gerecht werden wollten, geht aus ihrem Jahresbericht 1906 hervor:

»Die inneren Feinde des Reiches machten sich im Lande breit, verführten das Volk mit ihren Irrlehren und suchten ihm die Freude am Vaterlande zu nehmen. Leider fallen diese wüsten Lehren gar häufig auf fruchtbaren Boden, und es gibt kein Dorf, wo sie nicht gläubige Hörer und Anhänger finden. Aber je größer die Scharen des inneren Feindes sich sammelten, um so größer mußte der Gegensatz werden zwischen ihnen und den Mitgliedern der Kriegervereine, denen Ordnung und Zucht, Vaterlandsliebe und Herrschertreue ein Heiligtum sind. Kann man sich größere Gegensätze denken als vaterlandslose Sozialdemokraten und ihrem Landes- und Kriegsherrn treugebliebene alte Soldaten?«[10]

Im Krieger- und Militärvereins-Bund Weimar forderte ein Oberstleutnant schneidig: *»Wir dürfen nicht abwarten, bis die Sozialdemokratie heranschleicht und ihr Gift in die Reihen unserer Vereinskameraden hineinzutragen versucht; wir müssen sie vielmehr in ihrem eigenen Lager ... aufsuchen. Bei jeder Gelegenheit ... durch Wort, Tat und Schrift, in öffentlichen Versammlungen wie im Privatgespräch, der Arbeitgeber im Kreise seiner Arbeitnehmer, der Meister bei seinen Gesellen, der Arbeiter unter seinesgleichen – haben alle unsere Vereinsmitglieder die heilige Pflicht, gegen die Sozialdemokratie scharf und entschieden vorzugehen. Nicht nur die Kameraden, das ganze deutsche Volk ist durch die Kriegervereine den Fallstricken dieser Vaterlandsfeinde zu entreißen. Also vorwärts zum Angriff!«*[11]

Von den Kriegervereinen wurde jede sich ihnen bietende

Kriegerverein

Sieben Söhne in Folge: der Kaiser wird Pate

Gelegenheit genutzt, um öffentlich aufzutreten: bei den jährlichen Feiern am Sedanstag (2. September), zum Geburtstag des Kaisers (27. Januar) und zum Gedächtnis an Wilhelm I. (22. März), bei Kirchgängen, Leichenbegängnissen und »Feldgottesdiensten« oder bei der Einweihung von Bismarckeichen und Kriegerdenkmälern sowie bei Stiftungsfesten oder der Weihe der vom Monarchen direkt verliehenen Kriegervereinsfahne. – Alles noch durch die Gepflogenheit potenziert, daß der Kriegerverein nicht nur am eigenen Ort öffentlich auftrat, sondern auch bei entsprechenden Feiern und Festen in der Nachbarschaft. Gleiches galt für die besonders in ländlichen Gebieten regelmäßig veranstalteten, den ganzen Ort erfassenden Krieger- und Landwehrfeste, bei denen das von Honorationen gestiftete Freibier eine nicht unwichtige Rolle spielte.

Die Kriegervereine sind in Heinrich Manns Roman »Der Untertan« mit beißendem Spott einer vernichtenden Kritik unterzogen worden. Bot sich der erforderliche Stoff hierzu bereits dem Zeitgenossen überreichlich an, so trifft das noch mehr für den Nachgeborenen zu, der etwa von der Verwirrung liest, die um die Jahrhundertwende durch die Reihen der »2. Armee im schwarzen Rock« ging.

Von keinem Geringeren als dem Kaiser selbst war moniert worden, daß ihn die Kriegervereinler beim Abreiten der Front verschiedenartig grüßten. Der Vorsitzende des preußischen Landeskriegerverbandes, ein General z.D. von Spitz, hierzu in einer Bekanntmachung: »Die einen schwenken die Kopfbedeckung, die andern behalten sie auf, nehmen eine gerade Haltung an, legen die Hände an die Hosennaht, die dritten nehmen einfach bei strammer Haltung die Kopfbedeckung ab. Seine Majestät wünschen Einheitlichkeit im Grüßen der Kriegervereine, und zwar dahin, daß die Kopfbedeckung abgenommen wird.« Wenige Jahre später wurde diese Weisung präzisiert. Beim Herannahen von S.M. sollten die Hüte nach dem Kommando »Stillgestanden! Hut ab! Augen rechts!« nicht geschwenkt, »sondern an der rechten Seite nach unten gehalten« werden.[12]

Das berechtigte Lachen über den Klimbim der Kriegervereine bedeutet jedoch nicht, deren gefährliche Rolle zu unterschätzen, die sie bei der militaristischen Beeinflussung

Corporierte Studenten

Rekruten, 1909

großer Teile des deutschen Volkes und bei der ideologischen Kriegsvorbereitung gespielt haben. Der namhafte deutsche Pazifist Ludwig Quidde hatte die aus dem Kriegervereinsunwesen erwachsenden Gefahren richtig erkannt, wenn er bereits 1893 warnend auf die zersetzenden Einflüsse hinwies, die von diesem auf das gesellschaftliche Leben besonders auch in kleineren Orten und überhaupt auf dem Lande ausgingen. In seiner als öffentliche Anklage bezweckten Schrift »Der Militarismus im heutigen Deutschen Reich« schrieb Quidde:[13]

»Die ganze Auffassung von Disziplin, von dem Unterordnungsverhältnis, das vom Befehlenden keine Rechenschaft fordert und dem Gehorchenden das Recht zur Kritik verweigert, diese ganze Auffassung, die für das bürgerliche und öffentliche Leben nicht zu brauchen ist, wird durch dieses Soldatenspielen in den Kriegervereinen genährt …

Die ihnen angehörenden Handwerker, kleinen Kaufleute und Arbeiter … fühlen sich als Glieder einer halbmilitärischen Vereinigung in einem gewissen Gegensatz zu ihren rein zivilen Standesgenossen, und ihr Auftreten erhält einen Zug von jener seltsamen Anmaßung, wodurch das Auftreten manches ›schneidigen‹ Offiziers gegenüber dem Zivil gekennzeichnet ist …

Diese Fahne (des Kriegervereins, D.F.) *erfüllt gewiß gar manche mit dem heiligen Schauer militärischen Subordinationsgefühls, und wenn der Verein sich dann hinter ihr im Zuge ordnet, in Reih und Glied aufmarschiert, in ganz anders straffer Haltung, als das schlampige Zivil, die älteren Mitglieder mit einigen Kriegsdenkmünzen auf der Brust, da mag man sich wohl vorkommen als etwas, was berufen ist, in der bürgerlichen Gesellschaft eine ganz besondere Rolle zu spielen, während man in Wirklichkeit mit seiner kindlichen Freude an den Äußerlichkeiten des Soldatenspielens sich nur dazu hergibt, einem System, das im Grunde genommen hochmütig auf die bürgerlichen Kreise herabsieht, ergebenst die Schleppe zu tragen.«*

Kaiser Wilhelms Soldaten

Friedens- und Kriegsstärke (ohne Kolonialtruppe)

	1898	1910	1913/14
Gesamtfriedensstärke	594453	635665	808280
Zahl der Divisionen	44	49	51
Gesamtkriegsstärke	3100000	3479000	3823300

Es herrschte allgemeine Wehrpflicht, wonach jeder wehrpflichtige Deutsche vom vollendeten 20. bis zum begonnenen 28. Lebensjahr dem stehenden Heer angehörte, und zwar bei Kavallerie und reitender Artillerie: drei Jahre bei der Fahne und vier Jahre Reserve; bei der Flotte: drei Jahre bei der Fahne und vier Jahre Reserve. Alle anderen Waffengattungen: zwei Jahre bei der Fahne und fünf Jahre Reserve.

Es folgten je fünf Jahre bei der Landwehr ersten und bis zum 39. Lebensjahr zweiten Aufgebots. Dann Übertritt zum Landsturm, dem *alle* Wehrpflichtigen vom vollendeten 17. bis zum vollendeten 45. Lebensjahr angehörten.

Anmerkungen

1 Siehe die folgenden Zitate Wilhelms II. In: Das persönliche Regiment. Reden und sonstige Äußerungen Wilhelms II. Zusammengestellt von Wilhelm Schröder, München 1907, S. 180ff. und 185f.
2 Alfred Westphal: Das Deutsche Kriegervereinswesen, seine Ziele und seine Bedeutung für den Staat, Berlin 1903, S. 6.
3 Kyffhäuser-Bund der Deutschen Landeskriegerverbände. 8. Geschäftsbericht 1907, Berlin 1908, S. 67.
4 Ebenda. 10. Geschäftsbericht 1909, Berlin 1910, S. 77.
5 Die Parole (Berlin), 10. September 1911.
6 Oberst Spohn: Militärische Jugenderziehung … In: Jahrbücher für die deutsche Armee und Marine, Bd. 132 (Januar bis Juni 1908) (Berlin), S. 9.
7 8. Geschäftsbericht 1907, S. 42. – Die Parole, 24. April 1910.
8 Siehe Vorwärts (Berlin), 6. August 1908.
9 Ebenda.
10 Sozialdemokratische Partei-Correspondenz, 3. Jg. 1908, S. 108.
11 Ebenda, S. 476
12 Siehe Das persönliche Regiment, S. 22f.
13 Ludwig Quidde: Caligula. Schriften über Militarismus und Pazifismus, Hrsg. Hans-Ulrich Wehler, Frankfurt (Main) 1977, S. 103f.

Hans Hautmann

BLUTGEMÜTLICHES ETWAS

Straßencafé in Prag 1907

Die Habsburgermonarchie

Österreich-Ungarn, das versunkene Großreich an der mittleren Donau, zieht seit einigen Jahren die Kulturhistoriker mehr und mehr in seinen Bann. Das hat vielschichtige Ursachen. Eine, und wohl die wichtigste, ist darin zu suchen, daß sich unsere dem Jahrhundertende zustrebende spätbürgerliche Gesellschaft in manchem in diesem seltsamen Staatsgebilde wiedererkennt, daß viele seiner kulturellen und geistigen Schöpfungen, sowohl progressiven wie reaktionären Charakters, zum ehernen Bestandteil eben dieser spätbürgerlichen Gesellschaft geworden sind. Überdies eignet sich kein anderer Staat besser für die Diagnose des Fin de siècle als das Habsburgerreich, weil sich hier Dekadenz, Morbidität und Marasmus der herrschenden Klassen Europas am Vorabend des Ersten Weltkrieges in der reinsten Form äußerten, gleichsam wie hinter einem Brennglas bündelten. Ist doch für die Donaumonarchie das Fin de siècle, ganz im Unterschied zu anderen Ländern, kein bloßes Durchgangsstadium gewesen, sondern eine Endzeit im vollen Sinne des Wortes, keine Überleitung zu einem Fortleben auf erneuerter Grundlage, sondern der letzte Schritt in den Abgrund. Ein jahrhundertealtes Reich, für die meisten seiner Bürger Symbol der Unterschütterlichkeit alles Bestehenden, zerbrach im November 1918 buchstäblich von einem Tag auf den anderen und verschwand spurlos, unwiderruflich aus der Staatenwelt – ein in der jüngeren Geschichte einzigartiger Vorgang.

Österreich-Ungarn, die »Monarchie der Gegensätze«,[1] ist schon von den Zeitgenossen divergierend beurteilt worden; eine Gegebenheit, an der sich bis heute nichts geändert hat. Für die einen war es die bewunderungswürdige »Schöpfung des übernationalen Staates«, das bunte Mosaik von elf friedlich koexistierenden, prosperierenden Nationen, die große, wohlgeordnete »Völkergemeinschaft«, der »vorbildliche Rechtsstaat«, die »kleine Welt, in der die große ihre Probe hält« (Friedrich Hebbel), die Vorwegnahme der europäischen Einigung. Gegenwärtig findet das im Schlagwort von der »Heimat Mitteleuropa« seine Fortsetzung, dessen Motive unschwer zu durchschauen sind: So wie sich einst die Deutschsprechenden als das führende, kulturell höchststehende Volk des Reiches fühlten, so glauben sich gewisse Kreise in Österreich gegenüber den östlichen Nachbarländern noch immer als Vormund, »Kulturbringer« und Sendbote »westlicher Werte« gerieren zu müssen, was durch die Tatsache, daß alle Nachfolgestaaten der einstigen Monarchie, Österreich ausgenommen, heute kommunistisch sind, eine zusätzliche ideologiekämpferische, auf »Systemaufweichung« abzielende Stoßrichtung gewinnt. Für Leute solcher Couleur gilt der Zusammenbruch der Donaumonarchie als traurige Katastrophe, als frivole Zerreißung, die die Landkarte der von Österreich zusammengehaltenen europäischen Mitte Makulatur werden ließ, die zum Chaos und in weiterer Folge zur Auffüllung des hinterlassenen Machtvakuums durch die beiden »totalitären Extreme« des Faschismus und Bolschewismus führte. Dieses Geschichtsbild wird nicht etwa von bloß einer Handvoll Nostalgikern des Habsburgerreiches vertreten, sondern dominiert in Österreich, in Einzelheiten gewiß schon differenziert, im Grundtenor aber unangefochten, nach wie vor.

Es sollte aber daran erinnert werden, daß Österreich-Ungarn, ganz abgesehen von den einstigen Protagonisten der nationalen Unabhängigkeitsbestrebungen der beherrschten

Mehrsprachige Ladenschilder kennzeichnen den Vielvölkerstaat

Völkerschaften, auch von Österreichern völlig anders eingeschätzt wurde. Die Skala reicht vom Ausspruch Andrian-Werburgs vom »Europäisch-China«, dem Bonmot Victor Adlers vom »Absolutismus, gemildert durch Schlamperei« und vom Staat, dessen A und O der Regierungskunst im »Fortwursteln« bestanden habe, über den »Völkerkerker« bis hin zu den Flüchen, die Karl Kraus der Monarchie ins Grab nachschleuderte: »Elender Staat«, »budgetprovisorisches Gebilde«, »alter Staatsfallot, der stets mehr Kaiserwetter als Verstand gehabt hat«, »greiser Gewohnheitsverbrecher der Weltgeschichte, dessen Dasein allen Anforderungen physischer und sittlicher Reinheit widersprach«, »Hundsgemeinwesen«, »blutgemütliches Etwas, dem nichts erspart blieb und das darum der Welt nichts ersparen wollte«.[2]

Solche weit auseinanderstrebenden Meinungen sind nicht allein aus den unterschiedlichen weltanschaulichen Positionen der Beobachter erklärbar. Sie wurzeln im Objekt selbst, das ein Phänomen voll von Widersprüchen war und dessen Existenz im Zeitalter der Bildung bürgerlicher Nationalstaaten an sich schon eine Widersprüchlichkeit darstellte.

Großmacht zweiten Ranges

Was war also Österreich-Ungarn im Fin de siècle? Seiner territorialen Ausdehnung nach (mit 676 000 km^2 im Jahr 1913 an zweiter Stelle in Europa stehend) und seiner Bevölkerungszahl nach (mit 52 Millionen Einwohnern im Jahr 1913 an dritter Stelle in Europa stehend) zweifellos eine Großmacht. Es umfaßte das gesamte Gebiet dreier Staaten der Gegenwart, Österreichs, der Tschechoslowakei und Ungarns, überdies beträchtliche Teile Jugoslawiens, Rumäniens und Polens sowie kleinere Gebiete des heutigen Italien und der Sowjetunion.

Zudem war Österreich-Ungarn eine imperialistische Großmacht, weil sich auch hier seit der Jahrhundertwende die Strukturveränderungen des Kapitalismus – Herausbildung der Monopole, Entstehen des Finanzkapitals, vorrangige Bedeutung des Kapitalexports – durchgesetzt hatten. Der k.u.k.-Imperialismus stand jedoch auf einem labilen und unausgereiften ökonomischen Unterbau. Die Mehrheit der Bevölkerung war nach wie vor in der Landwirtschaft tätig, in der gewerblichen Erzeugung überwogen mangelhaft ausgerüstete und maschinell-technisch vielfach überalterte Klein- und Mittelbetriebe. Die Produktionsziffern der industriellen Leitsektoren Kohle/Eisen/Stahl beziehungsweise Chemie/Elektro hinkten der territorialen und bevölkerungsmäßigen Großmachtstellung permanent nach: bei der Eisen- und Stahlerzeugung besetzte Österreich-Ungarn 1913 im Weltmaßstab den sechsten Platz und produzierte nur geringfügig mehr als das kleine Belgien.[3]

Bestimmendes Merkmal war die krasse Ungleichheit im ökonomischen und sozialen Niveau der verschiedenen Teile des Habsburgerreiches. Galizien, die Bukowina, die Slowakei, Siebenbürgen, Kroatien, Bosnien und weite Gebiete der ungarischen Tiefebene waren völlig unterentwickelt, während man Teile Böhmens, Mährens und Schlesiens, die Obersteiermark sowie Wien und das Wiener Becken mit Recht als hochindustrialisierte Regionen bezeichnen konnte, die den Anschluß an den westeuropäischen Standard gefunden hatten. Ein größerer Unterschied als der zwischen den dröhnenden Werkhallen der Daimler-Motoren-Werke in Wiener Neustadt (einem weltweiten Spitzenunternehmen hinsichtlich der Qualität seiner Produkte und seiner Leistungsfähigkeit) und der entsetzlichen Primitivität, in der die analphabetischen ruthenischen Bauern in Ostgalizien (»Halbasien«) arbeiteten und lebten, ist kaum denkbar.

Österreich-Ungarn war somit nur eine Großmacht zweiten Ranges, die zweitschwächste imperialistische Macht; schwächer war lediglich Italien. Das machte hochfliegende imperialistische Pläne illusorisch. Man erkor deshalb eine relativ bescheidene Einflußsphäre, die Balkanhalbinsel, zum Expansionsobjekt und suchte sich hier schadlos zu halten.

Eskaliert wurden die Probleme der Donaumonarchie durch ihren Charakter als Vielvölkerstaat, durch die Existenz schärfster nationaler Widersprüche. Sie waren in der Entstehungsgeschichte dieses Staates angelegt, der sich nicht organisch entwickelte, nicht die Verwirklichung des Einheitsgedankens eines großen Volkes war, sondern das Produkt dynastischer Hausmachtpolitik. Seit dem Hochmittelalter durch Erbverträge, Testamente, Schenkungen, Kriege zustandegekommen, sahen sich eines schönen Tages die heterogensten Völker in einem Reich vereinigt, obwohl sie weder eine gemeinsame Sprache, noch eine gemeinsame Kultur, noch eine gemeinsame Geschichte, noch ein gemeinsames nationales Empfinden besaßen. Der Habsburgerstaat ist sowohl in seiner äußeren Gestalt wie in seiner inneren Struktur primär eine künstliche Schöpfung der höchsten Obrigkeit gewesen, die jahrhundertelang danach trachtete, die Völker durch bürokratische Zentralisation, Absolutismus und Jesuitismus aneinander zu fügen, anstatt sie durch Achtung ihrer Eigenart, liberale Urbanität und Kultur zu einem Ganzen zu verbinden.

Kaiser Wilhelm II. und Kaiser Franz Joseph I. im Manöver, 1909

»Ausgleich« und »Gleichberechtigung«

Auch der 1867 erfolgte »Ausgleich« bewegte sich auf dieser Linie, denn er war nichts anderes als ein Übereinkommen der österreichischen Aristokratie und Großbourgeoisie mit den ungarischen Magnaten zu dem Zweck, deren gemeinsame Herrschaft über die anderen Völker des Reiches auch fernerhin zu sichern. Zwar war die nationale Unterdrükkung in Österreich-Ungarn nicht so stark wie in dem zweiten großen Vielvölkerstaat Europas, dem zaristischen Rußland, aber von der in der Verfassung feierlich verkündeten nationalen Gleichberechtigung war realiter nichts zu bemerken, genossen die beiden herrschenden Nationen, das deutsche und das magyarische »Staatsvolk«, ökonomische wie politische Privilegien und hielten die nationalen Bestrebungen der anderen Völkerschaften nieder.

Subtil versteckt war die einseitige Hegemonie im berühmten Artikel 19 des Staatsgrundgesetzes vom 21. Dezember 1867 über die allgemeinen Rechte der Staatsbürger, der zwar die »Gleichberechtigung aller landesüblichen Sprachen in Schule, Amt und öffentlichem Leben vom Staate« anerkannte, diese Gleichheit aber im letzten Absatz indirekt wieder aufhob, wonach »in den Ländern, in welchen mehrere Volksstämme wohnen, die öffentlichen Unterrichtsanstalten derart eingerichtet sein (sollen), daß ohne Anwendung eines Zwanges zur Erlernung einer zweiten Landessprache jeder dieser Volksstämme die erforderlichen Mittel zur Ausbildung in seiner Sprache erhält.«[4] Nur wenn in national gemischten Gebieten von jedem Kind verlangt worden wäre, zwei Sprachen zu lernen, hätte eine echte Gleichheit herbeigeführt werden können. Tatsächlich aber wurden die Deutschen weder dazu angehalten, die Sprache eines solchen, von ihnen über die Achsel angeblickten »Bedienstetenvolkes« wie der Tschechen zu lernen, noch waren sie dazu bereit. Die nichtdeutschen Nationalitäten hatten jedoch keine Aussicht, sich im öffentlichen Leben durchzusetzen, wenn sie nicht die deutsche Sprache beherrschten. So trug der Artikel 19 auf seine Weise dazu bei, die Vormachtstellung der Deutsch-Österreicher zu stärken.

Unter diesen Umständen war es nur folgerichtig, daß scheinbare Bagatellen und Selbstverständlichkeiten wie die

1914: Deutsche umjubeln das Bild des österreichischen Kaisers

Einrichtung slowenischer Parallelklassen am Untergymnasium in Cilli, einer Kleinstadt im slowenischen Teil der damaligen Südsteiermark, oder die Badeni-Verordnung über die Zweisprachigkeit der Beamten in den Ländern der böhmischen Krone sich durch die Intoleranz und Intransigenz, mit der die deutschbürgerlichen Parteien dagegen Sturm liefen, zu staatspolitischen Affären ausweiteten und an den Rand bürgerkriegsähnlicher Zustände führten.

Überhaupt kann von einem »Gesamtreich« gar nicht gesprochen werden. Der Ausgleich von 1867 schuf zwei selbständige Staatsgebilde, das Königreich Ungarn (ungarische Reichshälfte, Transleithanien) und »die im Reichsrate vertretenen Königreiche und Länder« (österreichische Reichshälfte, Cisleithanien), die nur durch die Person des Herrschers (Personalunion) und gewisse gemeinsame Einrichtungen (Realunion) verbunden waren. Zu den gemeinsamen (»pragmatischen«) Angelegenheiten zählten die Außenpolitik, das Kriegswesen und die Finanzen, soweit es sich um gemeinschaftlich zu bestreitende Auslagen handelte. Daneben gab es noch »paktiert gemeinsame Angelegenheiten«, die nach gleichen, periodisch zu vereinbarenden Grundsätzen zu behandeln waren wie die Zollgesetzgebung, die Gesetzgebung über die direkten Steuern, die Währung und der Geldfluß sowie Verfügungen über jene Eisenbahnlinien, die das Interesse beider Reichshälften berührten. Die Ausgleichsquoten waren alle zehn Jahre in Verhandlungen neu festzulegen, was die bissige Sentenz von der »Monarchie auf Kündigung« entstehen ließ.

In allen anderen Fragen waren die zwei Staaten voneinander völlig unabhängig: in Wien und Budapest tagte jeweils ein Parlament, regierte ein eigener Ministerpräsident, verwalteten eigene Ministerien die Ressorts Inneres, Justiz, Finanzen, Ackerbau, Landesverteidigung, Handel und Gewerbe, Kultus und Unterricht. Während die Österreicher immer noch mit dem Fortbestand eines über beiden Staaten schwebenden »Oberstaates« liebäugelten, lehnten die Ungarn eine solche Auslegung der Ausgleichsgesetze strikt ab. Für sie war der »apostolische König von Ungarn« Franz Joseph als Kaiser von Österreich, König von Böhmen, Galizien, Dalmatien usw. nur ein geduldeter Ausländer. Dieser komplizierte staatsrechtliche Kompromiß machte das Regieren und Verwalten in »Kakanien« zu einer Wissenschaft sui generis, mit der nur einige wenige Eingeweihte mehr schlecht als recht zu hantieren verstanden.

Nonchalanter Despotismus

Die Doppelmonarchie war schließlich ein Staat, in dem die Dynastie und Hocharistokratie, gestützt auf vier traditionelle Grundpfeiler, »ein stehendes Heer von Soldaten, ein sitzendes Heer von Beamten, ein knieendes Heer von Priestern und ein schleichendes Heer von Denunzianten« (Adolf Fischhof), die bürgerlich-demokratische Revolution von 1848 blutig niedergeworfen hatte. Die durch die verlorenen Kriege von 1859 und 1866 erzwungenen Zugeständnisse an die aufstrebende Bourgeoisie, die eine Reihe liberaler Reformen nach sich zogen und den Konstitutionalismus begründeten, änderten nichts daran, daß sich hartnäckig autoritäre, obrigkeitsstaatliche Strukturen behaupteten, die im Zeitalter des Imperialismus und der damit verbundenen Wendung der herrschenden Klassen hin zur Reaktion verschärfte Dimensionen gewannen. Denn abgesehen von dynastischen Interessen profitierten eigentlich nur der magyarische Feudaladel und die deutschösterreichische Finanzoligarchie von dem merkwürdigen Staatsgebilde, während alle übrigen Klassen und Schichten, im besonderen die junge Arbeiterbewegung, gewöhnlich nur das andere Antlitz seines Januskopfes zu Gesicht bekamen: einen bürokratisch verbrämten, durch nonchalante Umgangsformen gelinderten, bisweilen aber auch offen brutalen Despotismus.

Letzteres ist keine Übertreibung, wenn man bedenkt, wie oft die Regierung und die kaiserlichen Statthalter in den Kronländern Unruhen, Streiks, Demonstrationen mit Feuerbefehlen an das Militär, Standrecht und Verhängung des Ausnahmezustandes begegneten – Dinge, die die etablierte, die Monarchie in verklärendes Licht tauchende Geschichtsschreibung gewöhnlich nobel unter den Tisch fallen läßt. Und was sich hier im Ersten Weltkrieg an Verfolgungen wirklich oder vermeintlich illoyaler Untertanen abspielte, an Todesurteilen über des Hochverrats Beschuldigte, an Zwangsverschickungen »politisch Verdächtiger« in Anhaltelager, wo sie zu Tausenden an Seuchen zugrunde gingen, an Kujonierungen der Arbeiterschaft in den kriegswichtigen Betrieben, die man der militärischen Straf- und Disziplinargewalt unterwarf, stellt die Repressivmaßnahmen aller anderen kriegführenden Länder weit in den Schatten.

Die unterdrückten Nationalitäten antworteten darauf seit

Ausbildung von Frauen am Gewehr in Serbien, August 1914

den neunziger Jahren in der Regel mit Obstruktion seitens ihrer Abgeordneten im Reichsrat, um auf diese Weise ihr Bedürfnis nach Selbständigkeit, Entscheidungsfreiheit und Unabhängigkeit zur Geltung zu bringen. Die Replik der kaiserlichen Regierung war der immer häufigere Rückgriff auf den § 14, den »Diktaturparagraphen« der Dezemberverfassung von 1867,[5] der dem Kabinett das Recht verlieh, »provisorische Gesetze« zu erlassen und ohne Parlament zu regieren. So wurde der Habsburgerstaat in den beiden letzten Dezennien seines Bestandes mehr und mehr paralysiert, degenerierte zu einem manövrierunfähigen, morschen Gebilde mit chronischen gesellschaftlichen Krankheitssymptomen, das nur deshalb nicht auseinanderfiel, weil sich seine Gegner wechselseitig blockierten und ihrer Opposition die Wirkung nahmen.

In himmelweitem Gegensatz zum überlebten politischen Überbau stand das grandiose Aufblühen der Architektur, Malerei, Plastik, Literatur, Musik, des Kunsthandwerks und der Wissenschaften um die Jahrhundertwende. Hier scheinen gerade die Spannungen, Bruchlinien und Widersprüche der unendlich facettenreichen Gesellschaft der Donaumonarchie befruchtend gewirkt zu haben. Aber auch hier ist beim Taxieren nüchterne Vorsicht am Platze. Nicht alles war fortschrittlich, zukunftsweisend, ein bleibendes Kleinod unserer Menschheitskultur wie die Bauten Otto Wagners, die Sinfonien Gustav Mahlers, die Gemälde Oskar Kokoschkas oder die entlarvende Kritik eines Karl Kraus am Sumpertum und der Doppelbödigkeit der zwischen wählerischster Überempfindlichkeit und hysterischer Brutalität pendelnden, verlogenen Bürgerwelt. Ein erklecklicher Teil der vielbewunderten Schöpfungen des k.u.k.-Fin de siècle entpuppt sich bei näherem Hinsehen als ästhetizistische Maskerade einer reaktionären Geisteshaltung, und deutschtümelnd-rassistische Ideen wie die eines Schönerer und Lanz von Liebenfels, dieser waschechten Eingeborenen aus dem tiefsten Inneren Mitteleuropas, haben im Nationalsozialismus – nach dem Ausspruch von August M. Knoll jene Bewegung, »die das preußische Schwert der österreichischen Narretei zur Verfügung gestellt hat«[6] – mörderische Konsequenzen gezeitigt.

Das als »gemütlich«, »schlampig«, »phäakisch« apostrophierte, dem angeblichen Motto »leben und leben lassen« folgende alte Habsburgerreich war also in Wahrheit der schlummernde Vulkan eines von nationalen und sozialen Gegensätzen berstenden Staatsgebildes, das die erste große Kraftprobe des imperialistischen Zeitalters, den Ersten Weltkrieg, nicht überstand. Es ist Geschichte geworden, und niemand hat Anlaß zu betrauern, daß es Geschichte geworden ist.

Anmerkungen

1 So der Titel eines Buches von Heinrich Benedikt, Wien 1947.
2 Karl Kraus, Nachruf, in: Die Fackel, Nr. 501–507, 25. Januar 1919, passim.
3 Richard Riedl, Die Industrie Österreichs während des Krieges, Wien 1932, S. 269.
4 Die österreichischen Verfassungsgesetze. Hrsg. von Dr. Edmund Bernatzik, Leipzig 1906, S. 370.
5 Joseph Redlich, Österreichische Regierung und Verwaltung im Weltkriege, Wien 1925, S. 113.
6 Wilfried Daim, Der Mann, der Hitler die Ideen gab, München 1958, S. 5.

Literatur

Eva Priester: Kurze Geschichte Österreichs, Wien 1949
Die Habsburgermonarchie 1848–1918: hrsg. von Adam Wandruszka und Peter Urbanitsch, Band I, Wien 1973 bis Band IV, Wien 1985
William M. Johnston: Österreichische Kultur- und Geistesgeschichte, Wien – Graz – Köln 1974
Robert A. Kann: Geschichte des Habsburgerreiches 1526–1918, Wien – Graz – Köln 1977
Albert Fuchs: Geistige Strömungen in Österreich 1867–1918, Wien 1978 (Neudruck der Erstausgabe Wien 1949)
Carl E. Schorske: Wien. Geist und Gesellschaft im Fin de siècle, Frankfurt am Main 1982

Kellner und Pikkolo in einem Wiener Caféhaus, um 1890

Michael Springer

ALLES IST RELATIV

Physik im Fin de siècle

Allegorie der Elektrizität, Abbildung aus einem Physikbuch, 1891

Eine sehr anschauliche, wenn auch museale Ahnung von Physik im Fin de Siècle bekommt ein Student der theoretischen Physik an der Universität Wien. Die Institutsgebäude an der Währingerstraße sind in der österreichisch-ungarischen Monarchie errichtet worden und haben sich seither kaum verändert. Nur wer beim Eintreten zufällig den Blick hebt, erkennt über den Eingangstüren zwischen eisernen Lettern die blassen Leerstellen, wo nach dem Ersten Weltkrieg die Buchstaben »k.u.k.« abgenommen wurden. Durch die graubraunen, halbdunklen Gänge könnte einem noch heute ein bärtiger Herr mit großem Krawattenknoten und im schwarzen, kreidegefleckten Arbeitsmantel entgegenkommen, um Ernst Mach oder Ludwig Boltzmann in einem historischen Fernsehstück über die Physik der Jahrhundertwende darzustellen.

Vor fast hundert Jahren waren die stillen Räume der k.u.k. Institute für Physik der Schauplatz einer Auseinandersetzung um das Fundament der modernen Physik. Sie fand im Grenzbereich von Philosophie und Physik statt, und es ging um die Realität des Atoms.

Das alte Weltbild der Physik

Der Ehrgeiz der Physik galt immer einer »Theorie von Allem«, der Vereinheitlichung all ihrer Gegenstandsbereiche – Mechanik, Optik, Wärmelehre, Elektrik, Magnetismus – in *einer* großen Theorie. Am Ende des 19. Jahrhunderts schien die Physik knapp vor diesem Ziel zu stehen. Als Konvergenzpunkt der großen Vereinigung hatte von jeher die Mechanik gegolten; sie war *die* Basiswissenschaft in dem Sinn, daß eine Erklärung eines Phänomens erst vollständig war, wenn das Phänomen auf mechanische Vorgänge reduziert werden konnte, also letztlich auf Kräfte und Stöße zwischen Atomen.

Der erste Vereinigungsschritt war Newton gelungen, als er den Umlauf der Planeten, die Gezeiten und den Fall eines Apfels aus den Gesetzen für Trägheit und Schwerkraft ableiten konnte: Alle Bewegungen der unbelebten Natur – der Sternenhimmel, Ebbe und Flut, der freie Fall irdischer Gegenstände – folgten diesen Gesetzen. Dieser unerhörte Erfolg blieb das Musterbeispiel, das Paradigma, physikalischer Welterklärung.

Freilich: Die Newtonsche Mechanik war noch lange keine Theorie von allem; Newtons Versuch, die Optik auf Mechanik zu reduzieren, indem das Licht als Strom von Teilchen, von Atomen des Lichts, beschrieben wurde, unterlag gegen die Theorie, das Licht sei die Ausbreitung einer Welle, ähnlich dem Schall. Aber anders als beim Schall, der letztlich nichts ist als schwingende Luftatome, war beim Licht unklar, welches sonderbare Medium da eigentlich schwang; es mußte einerseits hart und elastisch sein, andererseits durfte es dem Lauf der Gestirne keinerlei Widerstand entgegensetzen; man konnte dem hypothetischen Medium des Lichts vorerst nur einen poetischen Namen geben und taufte es »Äther«.

Und auch die Phänomene der Elektrik und des Magnetismus widerstanden einer mechanischen Erklärung vom Newtonschen Typ (was übrigens die Phantasie deutscher und englischer Romantiker ungeheuer anregte: Da Magnetismus und elektrische Blitze ebenso unerklärlich schienen wie der riesige Gegenstandsbereich der belebten Natur: waren da vielleicht die geheimnisvollen Lebenskräfte zu finden, die nicht nur Froschschenkel zucken lassen, sondern auch den Kunstmenschen des Dr. Frankenstein zum Leben erwecken?).

Dennoch machte die Vereinigung der Physik im 19. Jahrhundert große Fortschritte. Dem Engländer Maxwell gelang es, Elektrik und Magnetismus in der Theorie des Elektromagnetismus zu vereinen, und dabei erwies sich, daß die gesamte Optik nur ein Spezialfall davon ist: Licht ist eine Wellenbewegung im elektromagnetischen Feld. Und von der Theorie der elektromagnetischen Wellen ging außerdem die Technik des Radios aus, einer Basistechnologie für die Schaffung des kapitalistischen Weltmarktes in seiner modernen Form: Durch den Funk bekam dieser Markt – gleich einem primitiven Organismus, dem plötzlich Nerven wachsen – ein augenblickliches Bewußtsein seiner selbst und konnte unverzögert seine entferntesten Muskeln spielen lassen.

Auch eine zweite Basistechnologie, die Dampfmaschine für Fabrikmotoren, Eisenbahnen und Dampfschiffe, hängt mit einem physikalischen Vereinigungsschritt zusammen: Die Wärmelehre, unter anderem ja die Theorie für Dampfmaschinen, wurde in die Mechanik integriert. Und die Probleme dieser Vereinigung hängen nun eng mit dem oben erwähnten Wiener Streit um die Realität des Atoms zusammen.

Ernst Mach

Atome – gibt's die?

Als Hypothese war das Atom unbestritten von Wert: Es erklärte chemische Reaktionen als das Wirken atomarer Bindungen, so als bestünde jedes chemische Element aus Kügelchen mit einer bestimmten Anzahl von Haken und Ösen, die sich binden oder lösen. Und die Atomhypothese erklärte auch das Verhalten von Gasen – in der Ära der Dampfmaschine ein nicht nur theoretisch interessantes Gebiet. Jedes Gas in einem Druckkolben besteht demnach aus einer riesigen Menge von Atomen, die – ähnlich wie viele Kugeln auf einem ideal glatten Billardtisch – immerfort zusammen- und gegen die Wände stoßen. Die statistische Beschreibung dieser zahllosen Stoßbewegungen erklärt tatsächlich das Verhalten von Gasen unter Druck und Hitze recht gut; die Temperatur des Gases ist dabei nichts anderes als die mittlere Bewegungsenergie der Atome: Je mehr Energie man dem Gas durch eine Wärmequelle zuführt, um so hektischer rasen die Atome im Gefäß umher, das heißt: um so heißer ist das Gas.

In der zweiten Hälfte des 19. Jahrhunderts hatte der deutsche Physiker Rudolf Clausius den Zweiten Hauptsatz der Wärmelehre formuliert. Er verbietet, daß Wärme von einem kühleren zu einem heißeren Körper übergeht; oder umgekehrt ausgedrückt: Wärme fließt immer vom wärmeren zum kälteren Körper. Das ist einerseits eine eher beruhigende Aussage, die im Einklang mit der Alltagserfahrung steht; denn flösse Wärme spontan aus der kühlen Luft in den Dampfkessel einer Lokomotive, dann brauchte man keine Kohlen mehr nachzulegen und hätte ein sogenanntes Perpetuum mobile der zweiten Art: Die Dampfmaschine bediente sich gleichsam aus der Luft und führe beliebig lange dahin, indem sie hinter sich eine Schleppe unterkühlter Luft zurückließe. – Doch andererseits ist Wärme nichts als die Bewegung von Atomen, die immerfort zusammenstoßen, also ein rein mechanischer Vorgang; gerade die Reduktion der Wärmelehre auf Mechanik war ja das Schöne an dieser »kinetischen Gastheorie«, die der Österreicher Ludwig Boltzmann gegen Ende des 19. Jahrhunderts vollendete. Aber die Mechanik kennt ein Verbot von der Art des Zweiten Hauptsatzes nicht: Alles was in einer Zeitrichtung erlaubt ist, geht auch umgekehrt. Auf einem Billardtisch herumrasende Kugeln gehorchen auch dann noch allen Regeln der Mechanik, wenn man gleichsam den Billard-Film verkehrt herum abspielt: Man sieht nichts Unmögliches.

Anders nach dem Zweiten Hauptsatz. Ein Schiff, das durchs Meer fährt, verliert durch Reibung Energie an das Wasser, und das Kielwasser ist nachher ein wenig erwärmt. Aber wenn man diesen Film umkehrt, sieht man etwas Unmögliches. Das Wasser hinter dem Heck des Schiffes kühlt sich spontan ab, schenkt seine Wärme gewissermaßen dem Schiff und schleppt es gratis und franko rückwärts durchs Meer. Das geht natürlich nicht – aber warum? All das sind letztlich Atombewegungen, und deren jede ist doch umkehrbar!

Dieser Widerspruch schien unaufhebbar. Die Wärmelehre galt erst als vollständig erklärt, wenn sie auf mechanische Vorgänge reduziert werden konnte, also letztlich auf Kräfte und Stöße zwischen Atomen. Und genau das schien Boltzmanns kinetische Gastheorie nicht zu schaffen: Statt alle Wärmetausch-Prozesse auf umkehrbare Atombewegungen zu reduzieren, fügte sie etwas hinzu: Unumkehrbarkeit.

Aber durfte die statistische Beschreibung von lauter umkehrbaren Einzelprozessen zu einem unumkehrbaren Ergebnis führen? Durfte die Statistik von Naturvorgängen deren *Qualität* verändern? Steckte am Ende in den Naturprozessen selbst etwas wesentlich Statistisches? Das ist eine schlaue Frage, die man heute im Wissen um den in der Tat wesentlich statistischen Charakter der Naturgesetze – ein Wissen, das wir der modernen Quantenphysik verdanken – leicht stellen kann; ähnlich wie man laut Marx auch den Affen erst so recht im Lichte des Wissens begreift, daß sich der Mensch aus ihm entwickelt hat. Kurz, nachher ist man klüger, aber zu Boltzmanns Zeiten galt die Statistik bloß als eine Krücke für mangelndes Wissen über die Gesamtheit aller Einzelschicksale der Gasatome; und mangelndes Wissen ist etwas Subjektives, also darf es den objektiven Prozessen und ihren Gesetzen nichts wegnehmen und nichts hinzutun.

Das Haupt der physikalisch-philosophischen Gegner der Atomisten um Boltzmann war Ernst Mach. Als Physiker hatte Mach in der k.u.k. Monarchie Luftströmungen bei Überschallgeschwindigkeit untersucht, und seither sagt man, ein Düsenflugzeug durchstößt bei »Mach 1« die Schallmauer. Als Philosoph ist Mach der Begründer einer Form des Positivismus, deren umständlicher Name vor allem durch Lenins zornige Polemik »Materialismus und Empiriokritizismus« zumindest Marxisten im Gedächtnis geblieben ist.

Als Positivist stand Mach auf dem Standpunkt, Atome gebe es nicht wirklich, und an ihre Existenz zu glauben wie Boltzmann, erzeuge erst die soeben skizzierten Probleme. Nun konnte Mach natürlich nicht leugnen, daß die Atomhypothese in Chemie und Wärmephysik sehr erfolgreich war; aber Mach zufolge war es metaphysisch, also höchst unphysikalisch, an die Existenz von etwas zu glauben, was man nach seiner festen Überzeugung niemals würde direkt nachweisen können: Dafür seien die angenommenen Atome halt einfach zu klein. Mach behauptete, die Wissenschaft mache überhaupt keine Aussagen über eine Wirklichkeit, die außerhalb und unabhängig von unserem Bewußtsein existiere; Aufgabe der Physik sei es bloß, unsere Sinnesdaten übersichtlich (»denkökonomisch«) zu ordnen, und dazu seien Bilder oder Hypothesen wie etwa das Atom sehr praktisch, so lange man nicht glaube, sie seien mehr als das.

Man kann an dieser Stelle darüber spekulieren, wie weit der Geist des Fin de Siècle zur Popularität des Mach'schen Positivismus beitrug. Denn obwohl die Physiker gegen Ende des 19. Jahrhunderts trotz der genannten Probleme mehrheitlich dem Atomismus Boltzmanns zuneigten, ging Boltzmann in den Freitod, weil er sich isoliert und verkannt fühlte. Auch wenn die Physiker letzten Endes mit dem erkenntnistheoretischen »Unernst« des Positivismus nichts anfangen konnten – es entspricht einfach nicht der praktischen Erfahrung mit physikalischer Theoriebildung, sie bloß als übersichtliches Archivieren von Sinnesdaten anzusehen; da ist mehr im Spiel: ein *wirklicher* Gegenstand! – Nicht-Physikern kam das gewissermaßen Impressionistische der Mach'schen Lehre dem Zeitgeist vielleicht mehr entgegen als Boltzmanns Atomstatistik, in der zahllose Atome, individuell von keinerlei Interesse, durcheinanderschwirren wie Menschen in den Städten des Industriezeitalters.

Illustration aus: Ernst Mach, Analyse der Empfindungen, 1902

Herrschte nicht unter den Intellektuellen des Fin de Siècle eine Vorliebe für das Schwebende, Unwirkliche? Zieht man sich nicht in jeder Endzeitstimmung – wie auch heute – aus der ebenso harten wie paradoxen Realität gern in das Spiel mit gleichwertigen Interpretationen zurück, deren Material das private Eigentum an Empfindungen stellt?

Wärmetod oder Wiederkehr des Immergleichen?

Weniger bestreitbar ist die Wirkung des Zweiten Hauptsatzes der Wärmelehre von Clausius auf den damaligen Zeitgeist gewesen. Clausius hatte ja – im Einklang mit aller Erfahrung – postuliert, Wärme fließe stets vom Warmen zum Kalten. Das bedeutet aber, alle Prozesse tendieren dazu, die Wärmeunterschiede zu nivellieren; mit der Zeit verschwinden durch Wärmeausgleich gleichsam die Wärmeberge und -täler, zurück bleibt am Ende ein Wärmeplateau, in dem sich nichts mehr regt. Diese Aussage auf das Weltall als Ganzes ausdehnend – und damit den Bereich der nachprüfbaren Erfahrung verlassend –, hatte Clausius vom »Wärmetod des Weltalls« gesprochen, der irgendwann eintreten würde, wenn alle Sonnen erloschen sind, auf der Erde kein Wind mehr zwischen warmer und kalter Luft weht und das Leben sich nach Verbrauch aller Wärmeunterschiede aufgezehrt hat. Ohne Zweifel ist das Bild vom Wärmetod des Alls am Ende des 19. Jahrhunderts bereitwillig aufgenommen worden, als die wissenschaftliche Legitimation für ein Lebensgefühl des Niedergangs, der »Dekadenz«, des müden Vergehens.

Denn die damalige Physik stellte den Menschen – der sich ja aus abstrakten wissenschaftlichen Theoremen immer wieder anschauliche Bilder und mangels anderer Gewißheit eine Lebensmoral ableiten möchte – vor die unangenehme Wahl zwischen den folgenden zwei Möglichkeiten: Entweder die ganze Welt gehorcht letztendlich nur der klassischen Mechanik; dann ist sie umkehrbar, entwicklungslos; letztlich herrscht Geschichtslosigkeit und Nietzsches »ewige Wiederkehr«. Oder der Zweite Hauptsatz der Wärmelehre ist eine wesentliche, zusätzliche, die klassische Mechanik erweiternde Aussage; dann gibt es zwar eine Richtung der Zeit, eine Entwicklung: Etwas wie Geschichte findet als Naturgeschichte im Großen statt. Doch diese ist dann eine Abwärtsentwicklung, ein Niedergang, ein Ermüden. Das Weltall als Uhr, die nicht aufgezogen werden muß, sondern ewige ihre Zeiger im Kreis dreht, oder als eine Uhr, deren Feder allmählich erlahmt – wahrlich eine bedrückende Alternative.

Dieses düstere Bild bezog seine enorme Überzeugungskraft von dem Anschein, die Physik stehe am Ende des 19. Jahrhunderts knapp vor der Vereinheitlichung zu *einer* großen Theorie: Die Wärmelehre war, wenn auch mit den erwähnten Problemen, im Prinzip auf Mechanik reduziert worden; und Elektrik, Magnetismus, Optik und die neue Radiotechnik waren als verschiedene Erscheinungformen *einer* Realität erklärbar: des elektromagnetischen Feldes (auch dies nicht ohne das bereits erwähnte große Problem, was es mit dem Träger dieses Feldes, dem Äther, auf sich habe und wie er mechanisch beschaffen sei).

So blieb zu einer endgültigen großen physikalischen

»Theorie von Allem« noch die Aufgabe, den Elektromagnetismus und die Mechanik zu vereinigen. Man erwartete um die Jahrhundertwende, das würde auf eine Reduktion der elektromagnetischen Theorie auf die Mechanik hinauslaufen: Der Träger der elektromagnetischen Kräfte war, anders als bei der Schwerkraft, ein Feld; seine Form wird etwa sichtbar, wenn man Eisenfeilspäne um einen Magneten streut. Es galt also, dieses Feld mechanisch zu beschreiben: als Spannungszustände eines allerdings höchst eigenartigen Mediums, des »Äthers«, der das ganze Weltall erfüllt und den elektromagnetischen Wellen als Trägersubstanz dient, ähnlich wie die Luft dem Schall.

Blick in das Kältelaboratorium der Universität Leiden, in dem 1908 Helium verflüssigt wurde

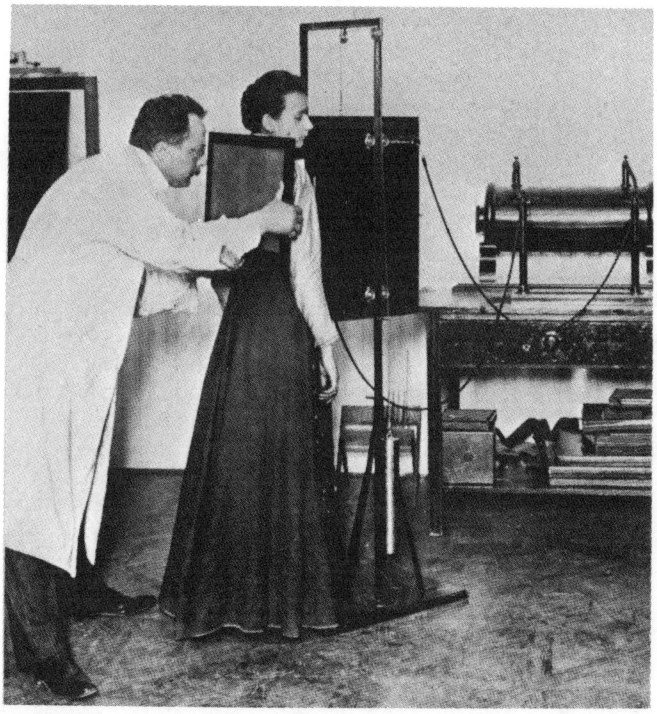

Durchleuchtung, 1904

Albert Einstein 1914

Einstein

Es kam anders. In der Tat sollte es ab dem Jahre 1905 dem Genie Albert Einstein gelingen, in seiner Speziellen und Allgemeinen Relativitätstheorie Mechanik und Elektromagnetismus, Schwerkraft und Licht zu vereinen – aber um einen hohen Preis: Die Mechanik, bislang das Paradigma einer anschaulichen Theorie der bekannten Welt, auf die alle andere Physik sich reduzieren lassen sollte, war nachher kaum noch wiederzuerkennen; mit ihrem Status als Basiswissenschaft und Musterbeispiel der Physik war Schluß.

Einstein hat seine Relativitätstheorie mehrfach vorbildlich dargestellt, unter anderem hielt er einmal darüber einen populärwissenschaftlichen Abendvortrag in der Marxistischen Arbeiterschule (MASCH) – hier müssen Stichworte genügen. Nach Einstein können wir nicht mehr einfach sagen, zwei Ereignisse fänden gleichzeitig statt: In bewegten Bezugssystemen gehen die Uhren für einen ruhenden Betrachter verlangsamt (»Zeitdilatation«). Auch die andere elementare Messung, die Bestimmung einer Länge, ist nicht mehr vom Bewegungszustand unabhängig: Bewegte Metermaße erscheinen dem ruhenden Beobachter verkürzt (»Längenkontraktion«). Es gibt also, anders als in Newtons Universum, keine absolute Zeit, keinen absoluten Raum mehr.

Der Zeitgeist verdaute das Relativitätsprinzip mit der typischen Fin de Siècle-Phrase »Alles ist relativ«. Wo alle Werte ins Wanken gerieten und auf nichts mehr Verlaß war, schien nun sogar die Natur selbst der Beliebigkeit zu frönen. Nichts ist weniger wahr: In Einsteins Theorie herrschten strenge Gesetze, deren Abweichungen von der Newtonschen Mechanik experimentell immer wieder mit größter Genauigkeit bestätigt worden sind. Erschüttert wurde nicht die, wenn man so will, »absolute« Geltung von Naturgesetzen in den Bereichen, wo sie gelten. Erschüttert wurde aber das Zutrauen, die endgültige Physik, die »Theorie von allem«, werde eine anschauliche, der alltäglichen Erfahrung nahe Theorie nach dem Muster der Newtonschen Mechanik sein.

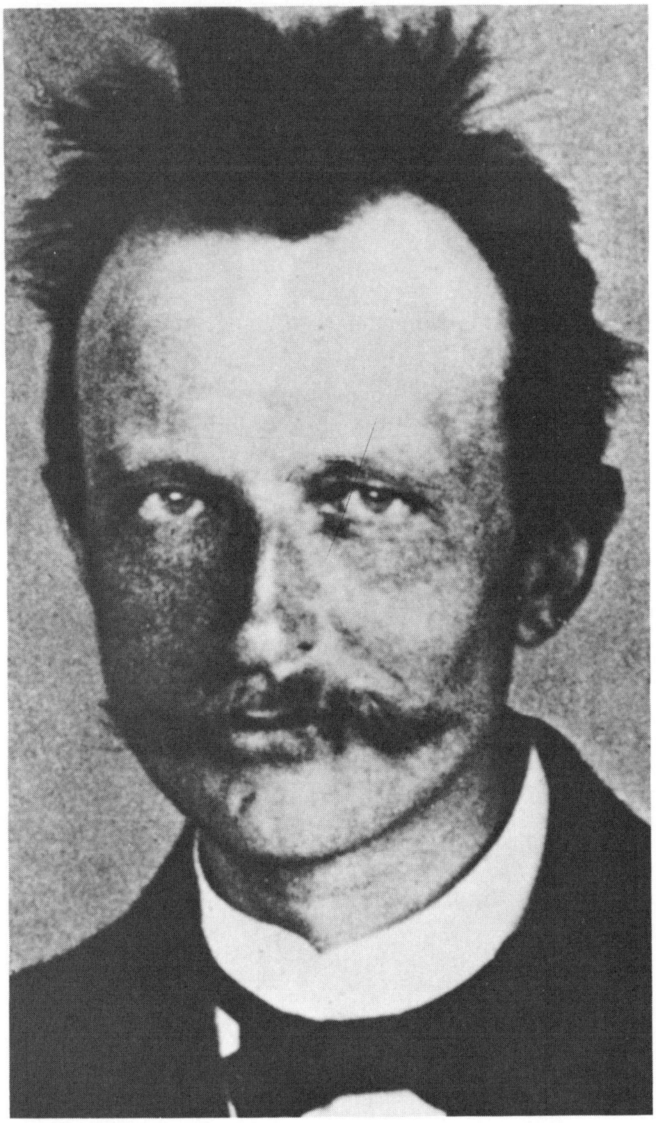

Max Planck

Der Umsturz: Die ›moderne‹ Physik der Quantensprünge

Dennoch: Einsteins Theorie stellt von heute aus den Abschluß und die Krönung der sogenannten klassischen Physik dar. »Klassisch« nennt man etwas immer, wenn nach einer, im Rückblick eher guten, alten Zeit eine Menge Neues kommt – in diesem Fall die »moderne« Physik der Quantensprünge. Auch ihre Ursprünge reichen ins Ende des 19. Jahrhunderts, aber sie springt mit der gewohnten Anschauung noch ganz anders um als Einstein – weswegen er sich auch bis an sein Ende gesträubt hat, diesen Umsturz im Weltbild der Physik zu akzeptieren.

Der Umsturz ging von einem auf den ersten Blick unscheinbaren Teilproblem aus, der Theorie der Wärmestrahlung. Wenn man einem schwarzen Eisenofen ordentlich einheizt, gibt er erst nur langwellige Wärmestrahlen ab, dann glüht er rot und wird im Extremfall sogar weißglühend: Je heißer der Ofen, um so kurzwelliger das Gros der von ihm abgegebenen elektromagnetischen Strahlung. Die Theorie dieser Wärmestrahlung interessierte die Physiker der Jahrhundertwende, weil sie an der Nahtstelle zwischen Wärmelehre – also einem Teil der Mechanik – und Strahlungsphysik – also einem Teil des Elektromagnetismus – lag: Vielleicht würde gerade hier die große Vereinigung von Mechanik und Elektromagnetismus gelingen?

Ludwig Boltzmann hatte schon im Jahr 1884 mithilfe der statistischen Thermodynamik ein nach ihm benanntes Strahlungsgesetz aufgestellt; aber keine Theorie der Wärmestrahlung stand im Einklang mit den Messungen. Da gelang es Max Planck im Jahr 1900, ein Strahlungsgesetz zu formulieren, das bestens mit der Erfahrung übereinstimmte. Doch dieser schöne Erfolg hatte einen Preis, dessen Höhe den Entdecker am meisten entsetzte. Planck mußte einsehen, daß sein Gesetz, physikalisch interpretiert, bedeutete: Ein erhitzter Körper gibt die Wärmestrahlung nicht kontinuierlich ab, sondern portionsweise, in Energiequanten.

Während Planck, ein in jeder Hinsicht recht konservativer Kopf, noch vor den Konsequenzen seiner Entdeckung zurückscheute, die dem bislang in der Physik gültigen Satz *natura non facit saltus* widersprach, zog der junge Albert Einstein die radikale Schlußfolgerung: Nicht nur wird die Strahlung eines heißen Körpers quantisiert abgegeben, sondern *jede* elektromagnetische Strahlung ist quantisiert, das heißt, sie besteht aus Strahlungspartikeln, die mit Lichtgeschwindigkeit durch den Raum fliegen. Im Jahr 1905 gelang Einstein damit die Theorie des photolektrischen Effekts, auf dem zum Beispiel die modernen Solarzellen in Taschenrechnern beruhen: Das Licht wirkt wie ein Lichtteilchen-Bombardement und schlägt aus geeignetem Material Elektronen heraus, die Elementarteilchen des elektrischen Stroms: Licht erzeugt Strom.

Plötzlich kam da, im Widerspruch zur klassischen Optik, die Teilchentheorie des Lichts wieder zu Ehren, mit der doch schon Newton Schiffbruch erlitten hatte! Was also war das Licht nun: Welle oder Teilchen? Wie sich zeigte, beides: Welle *und* Teilchen! So etwas aber konnte es in der klassischen Physik nicht geben.

Das Ende der klassischen Physik

Damit war – eine Einsicht, gegen die Einstein sich später sträubte – die klassische Physik aus den Angeln gehoben: Sie war eine Physik gewesen, in der es einerseits kontinuierliche Felder und Wellen gab, etwa das Licht und die Radiowellen, andererseits diskontinuierliche Teilchen, wie die Atome oder die Elektronen, die Teilchen des elektrischen Stroms. Doch nun hatte plötzlich das Licht *zugleich* den Charakter der Welle und des Teilchens, und das war unerhört. So sehr es mathematisch-physikalisch stimmen mochte, so unbegreiflich war es dem Alltags-, aber auch dem Physikerverstand. Wie sich zeigte, hatte die physikalische Koexistenz von Welle und Teilchen in ein und denselben Phänomenen zur Folge, daß die Naturgesetze einen statistischen Charakter und eine gewisse – allerdings streng umschriebene – »Unschärfe« annahmen: In der klassischen Physik hatte die statistische Beschreibung, etwa die Statistik unzähliger Gasatome, noch als Ausdruck unserer subjektiven Unkenntnis über »an sich« streng determinierte Prozesse gegolten, denn »im Prinzip« könne man ja die Bahn jedes Atoms genau verfolgen. Nun aber steckt in jedem einzelnen Prozeß selbst eine nur statistisch zu beschreibende Unschärfe. Das geht so sehr ans Ein- und Ausgemachte unseres Weltverständnisses, daß die Diskussionen über die scheinbaren oder echten Paradoxien der Quantenphysik noch heute andauern.

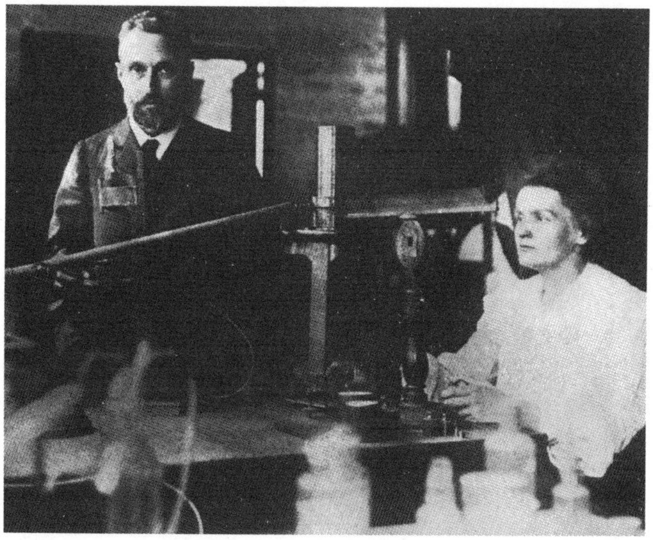

Pierre und Marie Curie erhielten 1910 den Nobelpreis für Physik

Lise Meitner und Otto Hahn in Berlin, 1909

Praktische Konsequenz: Das Atom ist teilbar

Während die Theoretiker gleich zögernden Revolutionären begannen, die unheimlich-schöne Welt dieser neuen Physik zu betreten, hatten die Praktiker den Streit zwischen Boltzmann und Mach um die Wirklichkeit des Atoms längst links liegen gelassen und mit Atomen zu experimentieren begonnen. In Frankreich hatten Bequerel und Madame Curie die Radioaktivität entdeckt: Das Atom konnte zerfallen, also war es entgegen seinem Namen nicht unteilbar, sondern bestand aus noch elementareren Teilchen. 1911 zog der Engländer Rutherford aus dem kontrollierten Beschuß von Atomen mit radioaktiven Strahlen den Schluß, in jedem Atom liege um einen winzigen schweren Kern eine Wolke von Elektronen. 1913 schloß der Däne Niels Bohr aus dem diskontinuierlichen Linienspektrum des Lichts, das ein angeregtes Wasserstoff-Atom aussendet, die Elektronen müßten den Atomkern wie Planeten umkreisen. Doch Bohrs Modell warf neue Fragen auf: Ein kreisendes Elektron muß nach den Gesetzen der Physik kontinuierlich Licht abstrahlen; dadurch verliert es Energie, wird langsamer und stürzt schließlich in den Kern. Wieso kann es dann überhaupt über längere Zeit stabile Atome auf der Welt geben?

Die Antwort führte im Jahr 1925 zur Quantenmechanik und somit endgültig in ein neues Jahrhundert der Physik. Die Quantenmechanik radikalisierte Einsteins Einsicht von 1905, das Licht sei nicht nur eine Welle, sondern habe auch Teilchencharakter, noch mehr. Der Spieß des Dualismus von Welle und Teilchen wurde umgedreht: Nicht nur (Licht-)Wellen haben Teilchencharakter, Teilchen haben auch Wellencharakter. Allen Teilchen ist eine Welle zugeordnet, die – mit der für Quantenphänomene charakteristischen Unschärfe – beschreibt, wo das Teilchen gerade ist. Im Fall geschlossener Umlaufbahnen von Elektronen um ein Atom sind diese Wellen nur als stehende Wellen stabil, und das wiederum klappt nur bei ganz bestimmten Bahngrößen, in den Zwischenräumen kann sich kein Elektron halten – die Bahnen sind quantisiert, und das führt zur Quantisierung der Strahlungsenergie, die ein Atom abgeben kann; und das ist die (für die Anschauung sehr unbefriedigende) Lösung des Rätsels, warum erhitzte Körper zu Plancks Entsetzen ihre Strahlung in Quanten abgeben...

Physik ohne »Weltbild«

Diese Physik hat seither die subatomare Welt immer tiefer erforscht und sich dabei von unserem Alltagsverstand so sehr entfernt, daß die Versuchung, aus ihr wenigstens Schlagworte für ein physikalisch begründetes »Weltbild« zu gewinnen, eigentlich mit moderner Physik überhaupt nichts mehr zu tun hat, sondern höchstens mit der Sehnsucht, anderswoher bezogene Weltbilder mit dem Nimbus der modernen Physik zu adeln.

Diese Physik erprobt heute Theorien in elf-dimensionalen Räumen und spielt darin mit subelementaren Teilchen, die nicht mehr Kügelchen gleichen, sondern kurzen, unendlich dünnen Fäden. Dagegen mag die Physik des Fin de Siècle erscheinen wie ein nachdenkliches Billardspiel in einem halbdunklen Hinterzimmer. Doch die zögernden Stöße dieses Spiels zertrümmerten die Welt, in der unsere fünf Sinne sich noch halbwegs heimisch fühlen konnten; die Physik liefert keine Bilder mehr, mit denen wir verstehen oder wenigstens illustrieren könnten, was uns umgibt, was uns zustößt. Diese typisch moderne Enttäuschung wirft uns auf uns selbst zurück, indem sie die Täuschung wegnimmt, aus der Physik sei ein Sinn für unsere Zeit ablesbar.

Die Physik liefert kein Weltbild, ersetzt weder Politik noch Philosophie. Sie ist bloß ein mathematisch-theoretisches Mittel zur technischen Praxis, und zwar das mächtigste überhaupt. Es zeigt uns nichts, es sagt uns nichts über seinen Gebrauch, höchstens das eine: Wir müssen ihn erst lernen. Dazu muß der Nichtphysiker eine Ahnung von diesem eleganten Werkzeug erwerben, und der Physiker muß sich angewöhnen, die Frage nach seinem Gebrauch zu stellen.

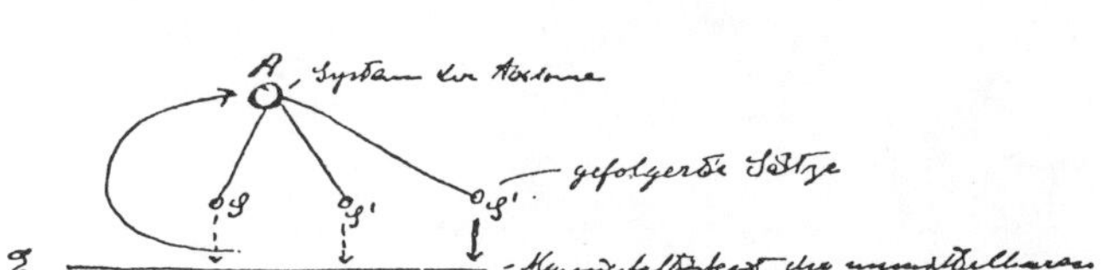

Eine Skizze Albert Einsteins

Gerhard Armanski

FRÜHLING DER AUTOKULTUR

Vor hundert Jahren schien sie endlich erreicht, die uralte Utopie der von Menschen- und Tierkraft emanzipierten automobilen Fortbewegung. Ein Blick auf die Vorgeschichte des Straßenfahrzeugbaus zeigt, daß erst der geeignete soziale und technische Boden den alten Wunschtraum vom selbstlaufenden Wagen in Erfüllung gehen lassen konnte. Entwicklungssprünge fanden immer dann statt, wenn das gesellschaftliche Transportbedürfnis so gewachsen war, daß es nach neuen Lösungen suchte. Der Hintergrund für den letzten und entscheidenden Durchbruch war die industrielle Revolution, die das überlieferte Verhältnis von Mensch und Materie, von Raum und Zeit dramatisch umwälzte und auf eine neue soziale und technische Basis stellte. In der Dampfmaschine wurde eine gewaltige mechanische Kraftquelle gefunden, die der Stoffgewinnung und -verarbeitung diente. Sie bildete auch den Ausgangspunkt für die tastende Suche nach neuen technischen Transportmitteln, die den sich schnell ausdehnenden Markt versorgen konnten. Der Dampfwagen von Cugnot fuhr (nur einmal) 1770, in England gab es ab 1830 Dampfomnibusse. Während die Dampfmaschine sich für den Straßentransport als zu voluminös und unhandlich erwies, hingegen in der Eisenbahn ihr technisch adäquates Verkehrsmittel fand, reifte in den Labors, in der Industrie und Schiffahrt die Antriebskraft heran, die den Straßenverkehr umwälzen sollte: der Verbrennungsmotor. Nach jahrhundertelangen Verbesserungen von Gefährten, die eine wie auch immer rationell genutzte Menschen- oder Tierkraft nicht hatte entbehren können, stand man nun an der Schwelle der Selbstbewegung. Die Emanzipation hatte die Utopie eingeholt. 1807 wurde das erste Kraftfahrzeug-Patent der Welt in Paris an Isaac de *Rivaz* für seinen einfachen Explosionsmotor erteilt.

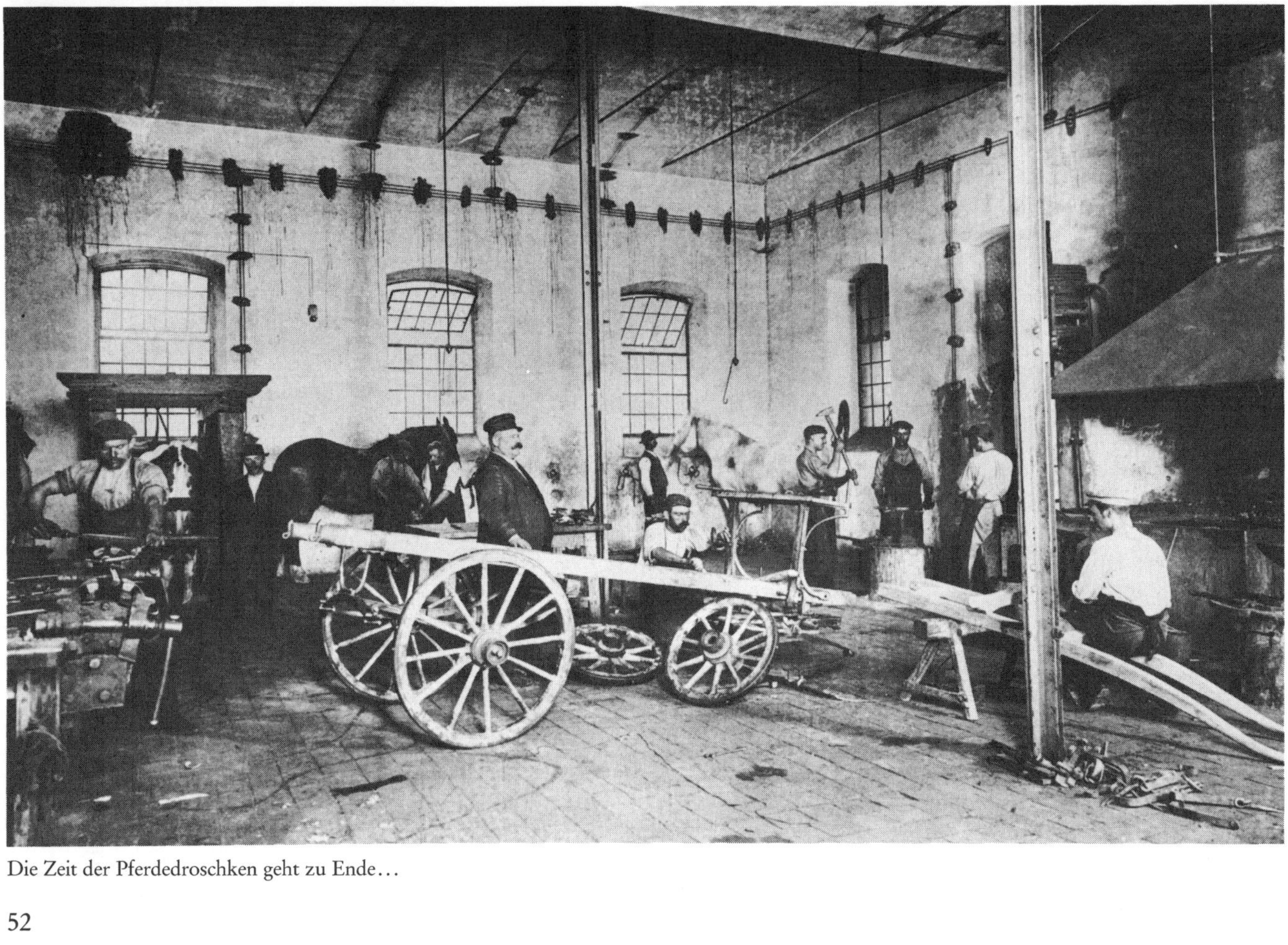

Die Zeit der Pferdedroschken geht zu Ende…

Der neue Motor

1860 stellte Lenoir seinen Gasmotor vor und 1876 Otto den nach ihm benannten benzingetriebenen Viertaktmotor. Schon die Erfinder und ihre Zeitgenossen wußten oder ahnten zumindest, daß sie hier vor einer durch mitgeführten flüssigen Treibstoff ubiquitären und mobilen, kurzum revolutionären Transportmaschine standen. So notierte Carl Benz über den ersten erfolgreichen Probelauf des Motors am 31.12.1879: *»In schönem regelmäßigem Rhythmus lösen die Takte der Zukunftsmusik einander ab. Über eine Stunde lauschten wir tief ergriffen dem einförmigen Gesang... Auf einmal fingen auch die Glocken zu läuten an, Silvesterglokken! Uns war es, als läuteten sie nicht nur ein neues Jahr, sondern eine neue Zeit ein, jene Zeit, die vom Motor den neuen Pulsschlag empfangen sollte«.* Ein rauschhaftes Gefühl, am endgültigen Siegeszug des Menschen über die Natur – immer höher, immer schneller, immer stärker – beteiligt zu sein, erfüllte die bürgerliche Welt. Die Vermehrung des vorgeschossenen Kapitalwerts als Prinzip der industriellen Produktion kehrte in der Kultur wieder als Maxime unbegrenzter Steigerung technisch vermittelten Lebensgenusses.

In solchem materiellen und geistigen Lebenszusammenhang kam das Automobil zur Welt. Die Liste der Erfindungen allein in den Jahren seines unmittelbaren Geburtsakts zeigt ausschnitthaft das Patenensemble unserer modernen Welt. 1885–1887 wurden unter anderem patentiert: Gasglühlicht, Druckknopf, Kunstseide, rauchloses Schießpulver, Lochscheibe für Bildabtastung und -übertragung, U-Boot, autogenes Schweißen, elektrische Lochkartenapparatur für schnelle Datenauswertung, Platten-Grammophon, Elektroschmelzofen, Drehstrommotor. Inmitten dieser Umwälzung der Produktions- und Alltagstechnik kam das Auto wie gerufen. Es sollte und wollte die Geschwindigkeit aus den Fesseln der körperlichen Natur, erschöpflicher Tierkraft und geographischer Laune befreien.

Henri de Toulouse-Lautrec, Automobilist, 1896

...das Automobilzeitalter beginnt

Das Auto

1886 traten die ersten Motorkutschen auf den Plan. Die gesamte technische Phantasie hatte sich gewissermaßen im Ersinnen des neuen Antriebs verbraucht, so daß für die Neugestaltung des Gefährts nichts übrigblieb. Die ersten Autos sahen aus wie Kutschen ohne Pferde. Als neue technische Erfindung trugen sie noch lange die Spuren der vorhergegangenen Transportweise, materiell wie ideell. Die Maschine als lebendiges Wesen zu betrachten, was nur die Kehrseite der Maschinisierung des Lebendigen bedeutet, ist ja auch heute noch weit verbreitet, beim Auto zumal. Umsomehr am Ausgang einer jahrtausendealten engen Partnerschaft des Menschen mit dem Pferd, das ihm bislang seine Transporte erledigt hatte. Zwischen Nostalgie und Ökonomie schwankend, wurden Vierbeiner und vierrädriger Motorwagen miteinander verglichen. Während im rationalen Nutzenkalkül das Pferd schon bald nichts mehr zu bestellen hatte, haftete die feudale und abenteuerliche Aura desselben seinem technischen Gegenspieler und Nachfolger noch lange an.

Schon die Weltausstellung von 1889 in Paris brachte dem neuen Motorwagen den entscheidenden Durchbruch vom lokalen zum internationalen Ereignis. Das Auto war die Sensation, derer man sogleich in allen industriell entwickelten Ländern habhaft werden wollte. Mit dem Stahlradwagen von Maybach/Daimler von 1889 fanden der mehrzylindrige Benzinmotor und das Zahnrad-Wechselgetriebe Eingang in den Autobau. Gleichzeitig begann man sich mit Stahlrohrrahmen, Drahtspeichenrädern und Einzelradlenkung vom Kutschenbau abzuheben. Schon zwei Jahre später hatte eine französische Pionierfirma Form und Aussehen künftiger Autos vorweggenommen: der Motor vorn unter einer Verkleidung, das Getriebe in der Fahrzeugmitte und schließlich der auf die Hinterachsen wirkende Antrieb. Mit luftgefüllten Reifen, Spritzdüsenvergaser, Röhrenkühler und Abreißzündung war das Auto gegen 1900 bereits weitgehend technisch ausgereift. Zur gleichen Zeit trat es mit dem vierzylindrigen Mercedes in einer äußeren Erscheinungsform auf, die sich endgültig von der Kutschenform gelöst hatte. Nun war das Auto zur Eroberung der Welt gerüstet.

Wenn auch die ökonomische Bedeutung der Automobilindustrie in Europa vor dem ersten Weltkrieg höchst bescheiden war und ihre technische Stufe noch vorwiegend handwerklich-manufakturell aussah, regten sich im Zuge zunehmender imperialistischer Konkurrenz auf dem Weltmarkt deutlich bürgerliche Stimmen, die den Automobilbau im (eigenen) wohlverstandenen nationalen Interesse zum Pilotprojekt einheimischen Werkfleißes und internationaler Durchsetzung machen wollten. In diesem Zusammenhang meldete sich natürlich auch das Militär zu Wort, das schon Jahre vor dem ersten Weltkrieg von den unerhörten logistischen und operativen Möglichkeiten feldgrauer Autokolonnen schwärmte. Im Wettbewerb der Nationen erfuhr die technische und soziale Autokultur eine weitere starke Schubkraft.

Werkhalle der Daimler-Motoren-Gesellschaft in Untertürkheim, um 1900

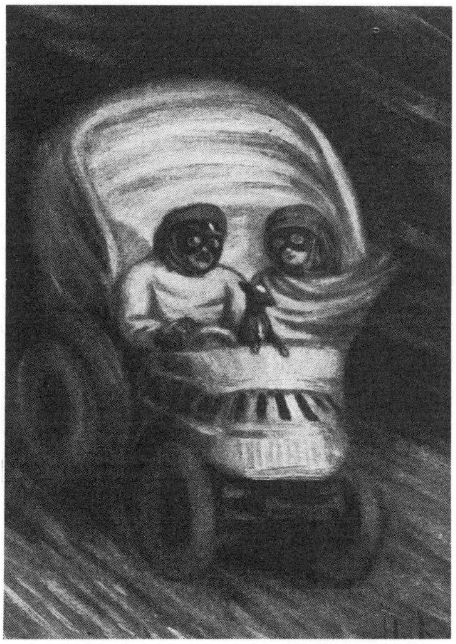

Preußen-Prinz im Tretauto und das rollende Totenkopf-Automobil: so gefährlich sah es ein Künstler schon 1906

Luxus und Abenteuer

Schon ein knappes Jahrzehnt nach der patentierten Erfindung des Motorwagens ging das erste Autorennen Paris – Rouen ab. Hatte die Renngeschwindigkeit 1894 noch circa 20 km pro Stunde betragen, jagten 1911, am Ende des ersten Jahrzehnts des neuen Jahrhunderts, die Gefährte schon mit einer Spitzengeschwindigkeit von 228 km pro Stunde über die Piste. Sehr früh löste der Geschwindigkeitkult vorherige Bedeutungen von Zuverlässigkeit, Materialleistung und so fort ab und fügte sich in den Geist unbegrenzten linearen Wachstums von Technik und Fortschritt: Das Auto avancierte rasch zum kulturellen Leitsymbol und zahlreiche automobilistische Vereine und Zeitschriften umkreisten es; der Kaiser war ihm verfallen.

Zu Beginn der Kraftfahrzeug-Kultur galt das Auto als Paradepferd des technischen Fortschritts, als Mittel von Prestige und Herrschaft. Die mechanische Geschwindigkeit und Macht, die Erfahrung selbstbeweglicher Individualität, welche es – im Gegensatz zur nun in der herrschenden kulturellen Wertskala sinkenden Eisenbahn – verlieh, war erhebliche Zeit nur den oberen aristokratischen und (groß)-bürgerlichen Klassen vorbehalten. 1907 gab es in ganz Deutschland erst 10 000 Personenkraftwagen. Das exklusive Gefährt half der wilhelminischen Führungsschicht, den Einbruch der plebejischen Eisenbahn und überhaupt der modernden Zeiten besser zu verschmerzen. Das Automobil verhieß soziales Ansehen, Behaglichkeit und gesteigerten Lebensgenuß. Da es in Anschaffung und Nutzung noch exorbitant teuer war, eignete es sich auch bestens als Mittel sozialer Differenzierung. Ein Mittelklassewagen kostete um die Jahrhundertwende 3–5 000 Mark; Betrieb und Unterhaltung fraßen etwa 1400 Mark pro Jahr, das entsprach dem durchschnittlichen Jahresverdienst in Handwerk und Industrie. Ohne Chauffeur war das kostspielige Gerät meist nicht zu warten und zu fahren. In ihm erwuchs den alten feudalen Dienstboten ein neuer technischer Abkömmling, der sich auf Grund seiner einzigartigen Kenntnisse einigermaßen selbstbewußt aufführte und dennoch in seiner Livree zunächst oft nur eine Fortsetzung des früheren Kutschers war.

Die ersten Modelle: Gefährt aus dem Jahre 1897

Die ersten Rallyes: Ferdinand Porsche auf Daimler, 1910

Aus der »Traumwagen-Serie« von 1907: Das Phänomobil-Dreirad

Das erste Wiener Taxi

Deutsches Feldpost Auto durchquert einen Fluss.

Klassenstreit auf der Straße

Der expansive Autofrühling der Jahrhundertwende fand allerdings keineswegs ungeteilte Zustimmung. Die Agenten der alten pferdegestützten Transportweise sahen sich in ihrem Lebensunterhalt bedroht: Was sollte aus Kutschenbauern und -lenkern, Schmieden und Wagnern, Lederherstellern und Pferdezüchtern werden, wenn die zunächst eher belächelten Automobile überhand nahmen? Es gab daher nicht wenige heftige Lobbygefechte und auch einige bürokratische Verbote des neuen Verkehrsmittels, aber gegen die allgemeine sozial, ideologisch und kommerziell potente Modernisierungs- und Fortschrittsfreude konnte sie sich nicht halten. Gerade aus dem Zwiespalt der heraufziehenden technisch-industriellen Sozialformen und der noch nachhängenden Wirkung des feudal-monarchisch begrenzten 19. Jahrhunderts erwuchs bisweilen ein tragisches Lebensgefühl, das ohnehin dem Fin de siècle eigen war. Für die Menschen auf den Straßen nahm dieser Zwiespalt allerdings sehr handfeste Formen an. Sie, die bisher mit ihresgleichen, mit Kind und Kegel, mit Handkarren, Pferdewagen und zu Fuß, mit Hausrat und -vieh den öffentlichen Transportraum mit mannigfachen Verrichtungen, Bedürfnissen und Genüssen durchsetzten, sahen sich nun in Gestalt des lärmenden, stinkenden und gefährlichen Automobils in ihrer Sphäre bedroht. Mindestens so stark wie bei der Eisenbahn zwei Generationen zuvor, mischten sich in die Faszination des Neuen aktuelle Schrecken und Grauen vor der Zukunft. Die Klagen und Leiden der im Siegeszug des Autos unter die Räder Gekommenen begleiteten ihn fortan wie einen Schatten. Sie waren von Technikfurcht, Abneigung gegen die Privilegierten und ländlichem Ressentiment gegen die dahersausenden Städter genährt. Mit der nun einsetzenden Privatisierung des öffentlichen Verkehrs ging eine Beschlagnahme der Straße für das Auto einher. Im Kampf um die Hegemonie zwischen Motor und menschlichem Körper, Lebens- und Verkehrsfunktion verbuchte das Auto schon früh entscheidende Erfolge. 1896 wurde beispielsweise in England der sogenannte »Red Flag Act« von 1865 aufgehoben, der bestimmte, daß vor jedem Motorstraßenfahrzeug zur Warnung ein Mann mit einer roten Flagge zu gehen habe. Auf der anderen Seite begann man schon damals das Zauberwort im Munde zu führen, das die sozialen Kosten der Autokultur bannen sollte: Verkehrserziehung. Der technisch ungeordnete vorindustrielle Mensch hatte sich den Imperativen des neuen Verkehrsmittels anzupassen, das herrisch über die Straßen fegte; im Zweifelsfall waren diese freizugeben. Dabei war schon den Zeitgenossen damals nicht immer wohl. Der radikale Bruch mit der Vergangenheit ängstigte auch. 1899 soll der erste Fußgänger durch ein Auto zu Tode gekommen sein. So sind Unbehagen, Sozialkritik und Protest von Anfang an in der Erfolgsgeschichte des Autos mitgelaufen. Sie haben bereits schon damals wenig bewirkt. Das neue automobile Lebensmodell bestach selbst die noch von ihm ausgeschlossenen Massen. Während in Reisebeschreibungen, futuristischen Programmen und in der Literatur (zum Beispiel in Thomas Manns »Königliche Hoheit«) ein automobilfreundlicher kultureller Diskurs einsetzte, vollzog sich an der Basis ein langsamer Umschwung vom Volkszorn zum Volkswunsch.

Mit der Ära Mercedes begann sich um 1900 die technische Zweck- von der aristokratischen Kunstform zu lösen. Ästhetisch und ideologisch bemächtigten sich Jugendstil (Rundung; Ornament), Funktionalismus (Geometrie) und Futurismus

Da sich die meisten ein Automobil nicht leisten konnten, bestieg man im Fotoatelier eine Attrappe

(Diagonale) des Autos; so wurde die ursprüngliche (und spätere) funktionelle Produktsprache immer wieder ästhetisch überformt, wie denn auch von vornherein das Auto als technisches Gerät von einer sozialkulturellen Bedeutungshaut überzogen war. Gegen 1910 trat der geschwindigkeits-, dampfer- und weltmarktorientierte »Bootsstil« auf. Kühlerfiguren und Firmenzeichen als Insignien der Macht und Schönheit wurden immer wichtiger; in reichem Maße verwendete man dafür weibliche, göttliche, tierhafte und kosmische Symbolik. In großen Fernfahrten zu Renn- und Reisezwecken stellte das Auto seine Leistungskraft unter Beweis und wurde gebührend bewundert. »Es wird«, schrieb Otto Julius Bierbaum schon 1903 in seiner Laudatio des Autoreisens, »nicht mehr lange dauern, und das Reisen im Automobil ist etwas Gewöhnliches.«

Etwas Gewöhnliches wurde das Autoreisen zunächst in gewissem Umfang für die Massen im ersten Weltkrieg. Das Militär ist fortan aus der Entwicklungsgeschichte des Automobils nicht mehr wegzudenken. Aber für die große Umwälzung sorgte das Kapital selbst: 1913 führte Ford die Fließbandproduktion ein, die zur ungeheuren Verbilligung der Produkte, aber auch zur Aufspaltung und Intensivierung der industriellen Arbeit führte. Während in Europa ein Jahr später »die Lichter ausgingen« und die Welt des 19. Jahrhunderts zusammenbrach, trat das Auto seinen Siegeszug an.

Totalschaden anno 1907

Literatur

Gerhard Armanski: Wir Geisterfahrer e. V. Lust und Last am Automobil, Bielefeld 1986
Hermann Glaser: Das Automobil. Eine Kulturgeschichte in Bildern, München 1986
Joachim Petsch: Geschichte des Auto-Design, Köln 1982
Wolfgang Sachs: Die Liebe zum Automobil. Ein Rückblick in die Geschichte unserer Wünsche, Reinbek 1984

Karl Clausberg

ORGAN-PROJEKTIONEN

Der »ekstatische Flug« und der »technische Flug«

»…(Man) hat nachgewiesen, daß unsere Mechanismen »Organprojektionen« sind, d.h. unbewußt organischen Mustern nachgebildet sind. Die Technik der Zukunft wird also, wenn es ein mechanisches Problem zu lösen gilt, sich nach organischen Mustern umsehen und dieselben in bewußter Weise nachbilden. Wenn wir nun aber voraussetzen, daß alle sogenannten Wunder durch unbekannte Naturwissenschaft zu stande kommen, so ergiebt sich daraus,… die technische Organprojektion auszudehnen auf alle jene Funktionen des Menschen, vermöge welcher die sogenannten Wunder gewirkt werden. Der ekstatische Flug wäre also das natürliche Muster des technischen Fluges, und die… Erklärung des ekstatischen Fluges aus der Umkehrung der Pole (der Schwerkraftwirkung) wäre zugleich der Wegweiser für die Einrichtung des technischen Fluges. Wir wissen, daß leblose Tische und menschliche Körper levitiert werden können; also ergiebt sich für den Naturforscher, der das Problem des Fluges lösen will,… entweder den Menschen, oder einen ihn tragenden Apparat zu levitieren. Die Natur löst ihre Probleme immer in der einfachsten Weise; wenn also eine menschliche Erfindung k e i n e Organprojektion in sich enthält, wie z.B. der Ballon, so liegt darin der Beweis, daß die größtmögliche Einfachheit noch nicht erreicht ist… Der technische Flügel ist eine Organprojektion, also sind wir auf dem richtigen Wege, das Flugproblem zu lösen; aber es besteht kein Grund, an diesem Punkt Halt zu machen; denn auch der ekstatische Flug kommt durch Naturgesetze zu stande, also muß es auch für ihn eine Organprojektion geben, die vielleicht mit dem technischen Flügel kombiniert werden wird.«

Freiherr Carl du Prel (1839–1904), philosophierender Hauptmann a.D. der Bayerischen Armee aus altem lothringischen Geschlecht, publizierte diese Flugorgan-Prognose 1899 in seinem letzten zweibändigen Werk über ›Die Magie als Naturwissenschaft‹. Bei ihm, dem wohl disipliniertesten Durchdenker und wichtigsten Vertreter okkulter Grenzwissenschaften vor der Jahrhundertwende, finden sich in Kapitelüberschriften wenn nicht Buchtiteln all jene spiritistisch-technoiden Themen und Reizworte versammelt, die damals öffentlich/heimliche Interessen fesselten und beflügelten: wissenschaftliche Bedeutung des Traums, Schlafwandeln und Doppelgängerei, Fernsehen und Hellsehen in Zeit und Raum, ekstatischer Flug und technischer Flug. Wenn es einen charakteristischen Wunschtraum des Fin de Siècle gab, so war es die Erringung des menschlichen Flugvermögens – und sei es auch nur (oder: vor allem) mit spirituellen Organen.

Während die horizontal gesteuerte Ballonfahrt nach wie vor unerreichbar schien, war 1896, vier Jahre vor den ersten Versuchen der Gebrüder Wright, Otto Lilienthal bei seinen richtungweisenden Gleitflügeln ums Leben gekommen. Doch das neue Jahrhundert brachte den Durchbruch: vor Friedrichshafen am Bodensee unternahm Graf Zeppelin am 2. August 1900 die Jungfernfahrt mit dem ersten seiner lenkbaren Luftschiffe (deren fabelhafte Erscheinung das wilhelminische Kaiserreich schließlich 1908, nach der Katastrophe von Echterdingen, in einem hysterischen Nationalrausch vereinigen sollte). Und wenig später, im Jahr 1903, folgten die Wrights mit motorisierten Luftsprüngen.

Aber ob nun »leichter oder schwerer als Luft«, die unmittelbare Zukunft des menschlichen Kunstfluges war zunächst auf die Hilfe von knatternden und stinkenden Motoren angewiesen; das lautlose Kreisen und Steigen der Segelflugzeuge oder der traumhaft-hautnahe Drachenflug lagen mangels aerodynamischer Finesse noch in

weiter Ferne. Ganz zu schweigen von du Prels Wunschtraum, daß eventuell eine Kombination von technischen Flügeln und ekstatischem Flug erreichbar sein würde.

Hundert Jahre danach scheinen du Prels akribische, kulturhistorisch-untermauerte Forschungen und Ausführungen nicht so sehr der Luftfahrt den Weg gewiesen zu haben, sondern eher psychische Dimensionen des menschlichen »Fliegenwollens« anzusprechen. Im Jahre 1900 starteten nicht nur Zeppelin und die Gebrüder Wright, auch Sigmund Freud veröffentlichte seine ›Traumdeutung‹, mit der er den Grundstein zu seiner so folgenreichen Seelenlehre legte.

Das Thema Traum war aktuell. Auch du Prel hatte seine wissenschaftliche Laufbahn mit Traumproblemen begonnen; er promovierte 1868 an der Universität Tübingen mit einer Schrift über den ›Traum vom Standpunkt des transzendentalen Idealismus‹. Im Literaturverzeichnis zu Freuds ›Traumdeutung‹ ist er mit nicht weniger als vier Titeln vertreten: neben der schon genannten Doktorarbeit mit einer ›Psychologie der Lyrik‹ (1880), einem Aufsatz über ›Künstliche Träume‹ (1889) sowie der ›Philosophie der Mystik‹ (1887), in der die wissenschaftliche Behandlung wie auch die Dramaturgie der Träume eine hervorragende Rolle spielten.

Freudianern werden die Ohren klingen, wenn sie in du Prels Vorwort zur ›Philosophie der Mystik‹ die programmatische Frage aufgeworfen finden, „ob unser Ich im Selbstbewußtsein ganz enthalten ist"; und dazu die Antwort, daß die Analyse des Traumlebens dazu führe, die Frage zu verneinen: die Analyse zeige, „daß das Selbstbewußtsein hinter seinem Objekt zurückbleibt, daß das Ich über das Selbstbewußtsein hinausragt." – Kein Wunder, daß Freud du Prel mit Respekt zitiert hat.

Bei der so freudianisch anmutenden, vertikalen Stufenkonstruktion des »Ich« in außerbewußt-bestimmte Verhaltensregionen hinein benutzte du Prel auch jenen schillernden Begriff „Traumorgan", den Schopenhauer in seinem ›Versuch über Geistersehn und was damit zusammenhängt‹ als generelle Kennzeichnung des „von äußeren Sinneseindrücken unabhängigen Anschauungsvermögens" in die erkenntnistheoretischen Debatten des 19. Jahrhunderts geworfen hatte. Man kann also voraussetzen, daß ein derart weitgefächerter Organbegriff für du Prel mehr als nur physiologisch-technische Analogien oder Homologien in Aussicht stellte, als er ihn schließlich auch zur projektiven Bewältigung des Flugproblems heranzog.

Es mag im Nachhinein fast wie ein schulmäßiger Lapsus erscheinen, daß du Prel in seiner eingangs zitierten, ekstatischen Flugvorschau ausgerechnet dem Ballon die Qualität der »Organprojektion« absprach, obwohl sich doch im nächstliegenden Medium Wasser genug lebende Beispiele der statischen Auftriebserzeugung finden. Um so mehr, als du Prel ausdrücklich Darwins Prinzipien der Artenentwicklung, nämlich »die Entstehung des Zweckmäßigen durch Auslese«, auch in kosmische Dimensionen übertragen wissen wollte, wie der Titel seiner Schrift über den ›Kampf um's Dasein am Himmel‹ belegt. – Zum tiefenpsychologischen Treppenwitz der Wissenschaftsgeschichte wurde du Prels Ballon-Diskreditierung jedenfalls in dem Moment, als Sigmund Freud ein Jahr später im Zuge der ›Traumdeutung‹ die berühmt-berüchtigte Flug/Maschinen-Interpretation in die Welt setzte.

Nun ist zwar evident, daß Flugzeuge, Ballonschwellkörper und vor allem der permanent steife Zeppelin bei ihrem Erscheinen geradezu massenhaft zu mehr oder minder grobsinnlichen Assoziationen Anlaß geboten haben. Insofern mag das Ausmaß der neuen Phallus-Symbole den einseitig überbetonten Sexualtheorien entsprechen, als deren Urheber Sigmund Freud und auch C. G. Jung regelmäßig verantwortlich gemacht worden sind.

Aber die einschlägig projizierten Wahrnehmungen von gigantischen fliegenden Genitalien etc. und die Interpretation traumhafter oder realer Flugerlebnisse im Sinne von Erektionen und Orgasmen unterscheiden sich nicht nur hinsichtlich der Perspektive; zwischen dem Sehen der Dinge am Himmel und dem Selbstfliegen liegen buchstäblich Welten.

Die Freudianische Lehre von den Phasen der Triebbesetzung lieferte schließlich auch differenzierte Ansichten der langgezogenen Startbahnen menschlichen ›Fliegenwollens‹. An einer ›charakteranalytischen Studie‹ von H. Argelander (1972) ist das exemplarisch nachzuvollziehen: Jene »freundlichen objektlosen Weiten«, die ›Der Flieger‹ – Argelanders flugbegeisterter Patient und Titelheld – so auffällig allen anderen, personen- oder dingorientierter Situationen seines durchaus erfolgreichen Berufslebens vorzog, bedeuteten ihm offenbar vorübergehende Rückkehr in die Geborgenheit einer vorgeburtlichen Umwelt. Aus dieser flugtechnisch realisierten und bewältigten Regression ließ sich die komplexe – und gerade *nicht* sexuell übermäßig angetriebene – ›Flieger‹-Persönlichkeit erschließen.

Auch die vortechnischen Fluggeschichten sind keineswegs durchgängig von penetranten Manifestationen oder Sublimierungen/Verdrängungen der Sexualität geprägt, wie entsprechende Forschungen im Fahrwasser der Galionsfiguren Freud & Jung nach und nach ergeben haben. Nehmen wir den sagenhaften ›ersten Flieger‹, Daidalos, und sein Hauptwerk, das Labyrinth: Zwar könnte der dort hausende Minotauros, jener schaurige Zwitter aus (S)Tier & Mensch(enfrau), immerhin als Kern/Produkt ungebändigter Triebe verstanden werden, die erst durch zivilisierte (architektonische) Kunstbeherrschung im Zaum zu halten waren. Aber weder die anschließende Flucht des Baumeisters mit künstlichen Flügeln noch der Todessturz seines Sohnes Ikaros eignen sich in der klassischen Sagenversion so recht als libidinöses Triebwerk dieses ersten Menschenfluges. Dennoch scheinen das Flucht/Flug-Motiv und der »Labyrinthos« aufs engste miteinander verbunden.

Wie Karl Kerényi in seinen ›Labyrinth-Studien‹ (1941) gezeigt hat, sind die in allen Kulturen anzutreffenden Darstellungen des in sich verschlungenen Vorstellungsgebildes kaum als mythische Einkleidungen einer auf den Sexualakt konzentrierten Phantasie erklärbar. Die meist vorkommende

doppelte Spirale verweise vielmehr – so Kerényi – auf die ursprüngliche Bedeutung des Labyrinth als Bewegungsgestalt: in kultischen Tänzen sei mit ihr der Weg vom Leben zum Tod und zurück pantomimisch nachgezeichnet worden; es handle sich also nicht um ein bildhaftes Symbol, sondern um den ›Linienreflex einer mythologischen Idee‹. Das Wort Labyrinth habe nicht von Anfang an ein künstliches Gebäude gemeint, in dem das abschreckende Mischprodukt ungezügelter Leidenschaften eingeschlossen war. Stattdessen deuteten ältere Schichten des Mythos auf ein natürliches, unterirdisches Höhlensystem, das wie der griechische Hades nicht nur Straf- und Schreckensorte, sondern auch den Durchgang zu den glückseligen Inseln bot.

Tänzerisch-ekstatische »Levitation« beim Nach(er)leben der bedeutsamen Spiralfigur war allem Anschein nach das ursprüngliche emotionale Bindeglied zwischen »kultischem Flug« (rituellem Todessturz) und Höhlenreisen ins Jenseits. Umgekehrt konnte folgerichtig nur der »Linienreflex« des Ariadnefadens Helden wie Theseus wieder aus dem Labyrinth ins Leben zurückführen; Ariadne aber wurde auf den griechischen Inseln auch in bezeichnender synkretistischer Einheit mit Aphrodite verehrt. – So fügten sich in der Logik mythischen Denkens die scheinbar paradoxen Verbindungen von Flug und Fall, Höhle und Himmel zu einem Vorstellungskomplex, in dem die sexuelle Symbolik allenfalls funktional beteiligt war. Daß mit den Labyrinth-Spiralen vorwiegend oder ausschließlich ein urmütterliches Reproduktionsorgan gemeint gewesen sein sollte, hielt Kerényi für eine typisch neuzeitliche Vorstellung.

In christlicher Anschauung wurden die ambivalent-›erhebenden‹ Ab- und Einstiege in labyrinthische Unterwelten definitiv zur Höllenfahrt. Der gefallene Erzengel Luzifer wandelte sich zum minotaurischen Teufel, aus dessen Reich der Finsternis die (neue) Lichtgestalt Christi in antiker Herkulesmanier die verdammten Ureltern herausreißen mußte. Oben

und Unten, Aufwärts und Abwärts erhielten nun jene theologisch-moralisch eindeutigen Qualitäten, die schließlich auch den technischen Himmelfahrtssehnsüchten des fortschreitenden 19. Jahrhunderts geradezu religiöse Dringlichkeit verliehen – man denke nur an Böcklins jahrzehntelange Flugstudien, die eine merkwürdige Begleiterscheinung seiner von mythischen Themen durchtränkten Bildwelt, bis hin zur notorisch beliebten ›Toteninsel‹, gewesen sind.

An der religiös-emotionalen Vereindeutigung schwerkraftgeprägter Richtungen war natürlich die physikalisch-topographische Präzisierung des modernen Weltbildes maßgeblich beteiligt. Nichtsdestoweniger wuchsen mit der zunehmenden Gestaltprägnanz der Erdkugel auch die leibmetaphorischen Qualitäten weiter, wie H. Bredekamp in einer Schrift über ›Die Erde als Lebewesen‹ (in: Kritische Berichte 4/5, 1981) ausführlich dargelegt hat. Angesichts der neuzeitlich-eindeutigen Himmelsrichtung(en) ist es um so auf (und nicht ab)-fälliger, daß die mythisch-traumatische Verkehrung der Flugrichtungen, wie sie im Ikaros-Fall, aber auch in Argelanders psychoanalytischem ›Flieger‹-Fall durch die Rationalisierungen hindurchschimmert, ein häufig wiederkehrendes Antimotiv des astronomischen Weltblicks geworden und/oder geblieben ist.

Daß der ›MUNDUS SUBTERRANEUS‹ tiefere Geheimnisse barg als der oberflächliche Glaube vermittelte oder gestattete, gehört zu den traditionellen Vorstellungen magisch-alchemistischer Esoterik, aber auch zu den Antimotiven literarischer Fiktion. Eine womöglich noch lehrreichere Welt als Thomas Morus' Insel ›Utopia‹ fand Ludwig Holbergs ›Niels Klim‹ (1741) bei seinen ›unterirdischen Reisen‹. Der Held des satirisch-utopischen Romans, ein frustrierter Gelegenheitsarbeiter mit Doppelstudienabschluß in Philosophie und Theologie, stürzt bei einer von ihm organisierten Höhlenexpedition in die Tiefe; das von seinen Gehilfen gehaltene Seil zerreißt und Klims unerwartet freier Fall setzt sich so lange fort, bis er den lichterfüllten Hohlraum der Erde erreicht. Vor der weichen Landung auf dem von einer subterranen Zentralsonne beschienenen Planeten »Nazur«, der im Erdinneren seine Bahn zieht, hat Niels Klim Gelegenheit, sich selbst als Miniaturweltkörper zu erleben, denn sein weggeworfener Proviant beginnt ihn in vorbildlicher Satellitenmanier zu umkreisen. – Das war Holbergs ironische Reverenz an die neue Himmelsmechanik.

Nach mannigfachen Reisen im Dienst der Nazurischen Obrigkeit fällt Klim in Ungnade, wird zur »Verbannung nach dem Firmamente« verurteilt und von riesigen »Postvögeln« zur Innenoberfläche der Erdhohlkugel zurückgeflogen, wo ihn weitere satirisch-lehrreiche Abenteuer inklusive Aufstieg zum »Kaiser der unterirdischen Welt« erwarteten. Im Verlauf katastrophaler Kriegsereignisse muß sich das gekrönte Haupt Klim von seinen Verfolgern in eine Höhle verkriechen und stürzt schließlich – dank wunderbarer Schwerkraftumkehrung – an den Ausgangspunkt seiner unterirdischen Reisen zurück, wo er »wie aus dem Wasser hervorschwamm.«

Während für den weitgereisten dänischen Gelehrten Holberg die verkehrte »Vielfalt der Welten« innerhalb der Erdhohlkugel vor allem das unglaublich phantastische Szenario zu einer sarkastisch funkelnden Gesellschaftskritik lieferte, sind entsprechende Reisebeschreibungen des 19. Jahrhunderts stärker von der Magie der Örtlichkeit selbst geprägt. Jules Vernes ›Reise zum Mittelpunkt der Erde‹ (1865) beginnt als wissenschaftliches Husarenstück eines Hamburger Geologie-Professors – geschildert aus der Perspektive seines Neffen – mit dem Einstieg in einen erloschenen isländischen Vulkan.

Die Wahrscheinlichkeit hat Verne schnell zurückgelassen zugunsten einer zunächst gelehrten und dann tiefgründig-symptomatischen Rekapitulation universeller und individueller Lebensläufe: Einer schriftstellerischen Variante des »biogenetischen Grundgesetzes« folgend müssen die beiden Hamburger und ihr schweigsamer isländischer Führer zunächst, an diversen lebenden Bildern aus der Erdgeschichte vorbei, einen galvanisch beleuchteten, unterirdischen Ozean überqueren, bevor sie selbst vorzeitig – lange vor Erreichen des Erdmittelpunktes – durch einen selbstverschuldeten vulkanischen Abort mit eruptivem Lavenfluß im Stromboli (wieder) zur Welt gebracht werden.

Noch tiefgründigere, kindliches Vorstellungsvermögen weit überfordernde Phantasien und Paradoxien finden sich im gleichzeitig erschienen Bestseller ›Alice's Adventures in Wonderland‹, den ein Oxforder Mathematiker unter dem Pseudonym Lewis Carroll verfaßte; auch hier beginnt die wundersame Reise mit einem Sturz in die Tiefe (wenn auch ‚nur' eines Kaninchenlochs), um sich zum Schluß als Traum herauszustellen. Daß Sturzflug und traumhafte Bilderflut geschickt an kindlichen Fall- und Geburtskanal-Träumen ausgerichtet sind, können vermutlich viele anhand eigener Kindheitserinnerungen nachvollziehen.

Gegen Jahrhundertwende sind die nach Innen gerichteten Phantasien, genährt durch Spekulationen über vierte Dimensionen, Hypnose, Doppelgängerei etc., mit den immer gezielter vorangetriebenen technischen Fluganstrengungen zu neuartigen Mythen verschmolzen, wie an den wenig bekannten Schriften du Prels und am so populären Werk Freuds und seines Umkreises abzulesen ist. Daß auch die Psychoanalyse selbst als wissenschaftliche Eisbergspitze von breiteren Science-Fiction-Strömungen des Fin de Siècle begleitet, wenn nicht getragen wurde, mag hier die Kurzfassung eines im nordamerikanischen Spiritismusmilieu spielenden, esoterischen Enthüllungsromans nebst einer Auswahl der Illustrationen erhellen.

Gegen Jahrhundertwende sind die nach Innen gerichteten Phantasien, genährt durch Spekulationen über vierte Dimensionen, Hypnose, Doppelgängerei etc., mit den immer gezielter vorangetriebenen technischen Fluganstrengungen zu neuartigen Mythen verschmolzen, wie an den wenig bekannten Schriften du Prels und am so populären Werk Freuds und seines Umkreises abzulesen ist. Daß auch die Psychoanalyse selbst als wissenschaftliche Eisbergspitze von breiteren Science-Fiction-Strömungen des Fin de Siècle begleitet, wenn nicht getragen wurde, mag hier die Kurzfassung eines im nordamerikanischen Spiritismusmilieu spielenden, esoterischen Enthüllungsromans nebst einer Auswahl der Illustrationen erhellen.

Kurz vor 1900 wurde in Leipzig ›Etidorhpa oder das Ende der Erde‹ in »Autorisierter deutscher Ausgabe« von einem gewissen John Uri Lloyd »mit vielen (1894 datierten) Illustrationen von J. Augustus Knapp« gedruckt. Als Kernstück und Botschaft an die verblendete Menschheit offerierte die zweibändige Edition den Erfahrungsbericht eines geisterhaften Propheten, der einem kleinen Angestellten in »Queen-City«/USA erscheint und ihm das Manuskript zur Veröffentlichung übergibt. Nach einer geheimniskrämerisch-verschlungenen Vorgeschichte, in deren Verlauf der aus dramaturgischen Gründen stets wankelmütige Auserwählte zunächst Mitglied einer geheimen Gesellschaft und dann einem künstlichen Alterungsprozeß unterworfen wird, beginnt für den noch unwissenden Adepten die Einweihungsreise. Das erste Etappenziel, zu dem ihn ein brüderlicher Aufpasser geleitet, ist die Höhlenregion im Staate Kentucky.

Dort wird er von einem plötzlich auftauchenden zweiten Führer, einer wassertriefenden, nackten Gestalt ohne Augen und Augenhöhlen übernommen und durch eine Quellmündung in die finstere Tiefe geleitet. Nach und nach bemerkt der zunächst in Apathie verfallene Wanderer jedoch einen diffusen Lichtschein, und bald hat sich die unterirdische Beleuchtung derart verstärkt, daß der bislang blind Geführte nun die zunehmend phantastischen Szenerien seines weiteren Weges würdigen und beschreiben kann. In den Grotten und Höhlen dieser »Lichtzone tief im Inneren der Erde« durchqueren der Berufene und sein seltsamer Begleiter Prospekte, für die offensichtlich Jules Verne Pate gestanden hat und die sich in den beigefügten Illustrationen wie szenisch belebte naturhistorische Schautafeln ausnehmen: Von Vorzeitlebewesen bevölkerte Schachtelhalm- und Pilzwälder, Riesenkristalle und Basaltformationen sind vermischt mit symbolträchtigeren Dante- und vielleicht auch Holberg-Anleihen; man begegnet einem Panoptikum deformierter Unterweltbewohner, zum Beispiel Zwergen mit riesenhaften Händen und anderen Organübertreibungen.

Mit fortschreitendem Tiefgang des unterirdischen Fußmarsches stellen sich Veränderungen der Schwerkraft in bedeutungsvoller Anschaulichkeit ein: mit dem Abstieg von der Oberfläche verringert sich zusehends die Stärke der Erdanziehung. Der zunächst noch furchtsame Wanderer erfährt zu seiner Überraschung, daß er gefahrlos über Felswände hinabspringen und sich tänzerisch leicht im lunaren Astronauten-Laufschritt fortbewegen kann.

Doch die Euphorie bescheiden-bodennaher Levitation verkehrt sich in Schrecken, als sich der Berufene auf dem Weg zum zentralen Hohlraum der Erde immer gewaltigeren Felsabstürzen, spiegelglasartig unbewegten Meeresflächen und schließlich einem bodenlosen Abgrund gegenüber sieht. Eine eindrucksvolle Text- und Illustrations-Folge schildert die albtraumhafte Höhenangst, bevor der am Boden kriechende Prophetenanwärter sich trotz seiner Phobie zur Fortsetzung der Reise entschlossen erklärt. Daraufhin umklammert ihn

sein Führer und stürzt sich mit ihm von der Klippe in die irritierend-lichterfüllte Tiefe und in absolute Schwerelosigkeit.

Im freien Fall durch den leuchtenden Erdäther endet der vorläufige Unterricht des Berufenen, der damit seine letzte Aufnahmeprüfung bestanden hat. Waren zuvor schon Atmung und Herzschlag zurückgegangen und endlich ausgeblieben, so wird der aus der Körperwelt Erlöste jetzt von seinem Begleiter belehrt, daß er sich durch reine Willenskraft fortbewegen kann. Und auf diesem Wege erreichen die beiden schließlich das »ruhige Land« auf der Innenseite der hohlen Erde, das Reich der »Etidorhpa«, wo den erfolgreichen Probanden jenseitige Geheimnisse erwarten – die er aber in seinem für die oberflächliche Menschenwelt bestimmten Bericht nicht enthüllen darf.

Im hier skizzierten Zusammenhang entfalten die zunächst absonderlich-trivial anmutenden Züge dieses bilderreichen Romans tieferen Sinn: Die labyrinthische Reise ins Reich der rückwärts buchstabierten »Aphrodite« umschreibt – gewollt oder ungewollt – einen angstvoll ersehnten Rückflug/fall in die ozeanisch-grandiose Welt vor der Geburt. In der zurückgespielten Individualentwicklung verliert der Heimkehrende zunehmend seine autonomen Körperfunktionen. Deshalb erscheint auch der Führer durch die Höhlenzone als frühembryonal-gesichtsloser Doppelgänger des vergreisten Auserwählten, und darum ist für den Endanflug zum umgekehrten Ursprungsort schließlich nur noch ein vergeistigter Willensantrieb nötig.

Man mag sich wundern, welchen Anteil solche Bildphantasien an der Ausbildung der analytischen Seelenwissenschaften, an deren Modellen und Theorien gehabt haben mögen. Auf jeden Fall ist festzuhalten, daß in den Flugwünschen um die Jahrhundertwende ganz unterschiedliche Organprojektionen beteiligt waren: neben der aggressiven Verkörperung in militärischen Organen – der Zeppelin diente zeitwilig geradezu als »Staatsphallus der verspäteten deutschen Nation« – eben auch jene regressiven Auflösungsbedürfnisse, die ebenfalls auf dem Wege des technischen Fortschritts gesucht worden sind.

Obwohl auch die neuere Geschichte des »menschlichen Fliegenwollens« gesättigt war mit mythisch-tiefsinnigen Motiven, wurde die einschlägige Fach- und Populärliteratur, die mittlerweile Spezialbibliotheken füllt, vorwiegend in den Abteilungen ›Verkehr, Technik & Militaria‹ einsortiert. Vielfach handelt es sich in der Tat nur um die Anhäufung spröder physikalischer Daten; aber vor allem ältere Darstellungen des Flugwesens sind in kulturhistorischen Perspektiven angelegt. Die Flugforschergeneration des ausgehenden 19. Jahrhunderts hat mit großem Ernst die Imaginationswelten der Mythen und Kunstgeschichte auf ihre Glaubwürdigkeit hin untersucht und diskutiert. Mitglieder des preußischen Luftschifferbataillons zum Beispiel publizierten in technischen Zeitschriften ›Alte Darstellungen fliegender Menschen‹ und wiesen darauf hin, welche gewichtigen Gründe dafür sprächen, daß der mythischen Erzählung von der Flucht des Daidalos mit seinem Sohne Ikaros ein tatsächlicher Vorgang sehr wohl zugrunde gelegen haben könne.

Angesichts der heutigen Vorbehalte und Ängste gegenüber der Technik wird immer deutlicher, daß die ekstatische Flugbegeisterung der Jahrhundertwende eine massenpsychologische Erscheinung mit ganz anderem Erwartungshorizont gewesen ist. Die Geschichte der Fliegerei in diesem Moment des technischen und emotionalen Aufbruchs zu beschreiben heißt also vor allem, ihren tieferen Beweggründen nachzuspüren. Der Stoff, der auch die reine Flugtechnikentwicklung als Gerippe der Bewußtseinsgeschichte ausweist, wartet allenthalben auf seine aufmerksamen Leser – dazu noch ein illustrer Zeuge:

»Mein »wahres« Leben begann nicht im Dreikaiserjahr 1888, ... es begann vielmehr am 5. August 1908 auf den Feldern von Echterdingen bei Stuttgart.« So der einleitende Rückblick des Flugzeugkonstrukteurs Ernst Heinkel auf sein ›Stürmisches Leben‹, das im Fin de siècle seinen Anfang nahm. *»Es begann angesichts des unheimlich grellen Feuerscheins, in dem das Zeppelin-Luftschiff LZ 4 vor meinen Augen verbrannte. Mir Zwanzigjährigem war die Zunge gelähmt vor Entsetzen, während das Zeppelin-Luftschiff – eben noch die strahlend schöne, so lange bezweifelte und jetzt doch Wirklichkeit gewordene Verkörperung des uralten Traumes vom Menschenflug – von einer Gewitterböe emporgerissen wurde... Mit unfaßbarer Schnelligkeit ging es in einer riesigen bläulichen Flamme auf... Das Gerippe verbog sich knirschend in der sengenden Glut. Es nahm bizarre Formen an und stürzte mit einem schauerlich berstenden Krachen auf die Erde herab, während die Zehntausende der Zuschauer auf eine so unbeschreiblich entsetzte Weise aufschrien, wie sie mir niemals wieder begegnen sollte – auch im Sturm der Luftangriffe des zweiten Weltkrieges nicht.«*

Heinkels rationale Schlußfolgerung aus dem Echterdingen-Erlebnis war, daß nur mit weniger explosiven Geräten, die seiner Meinung nach eben »schwerer als Luft« sein mußten, das Flugproblem sicher zu bewältigen sein würde. Hinter diese Einsicht haben die Nationalsozialisten nach der zweiten, internationalen Feuerkatastrophe von Lakehurst im Jahr 1937 den militärtechnischen Schlußpunkt gesetzt: die schon für Heliumbetrieb eingerichteten Luftschiffe ›Graf Zeppelin‹ und ›Hindenburg‹ (Nr. 2) wurden bei Kriegsbeginn abgewrackt. Letzten Endes ist also der Aufstieg und das Ende des ›Zeppelin die Geschichte eines unwahrscheinlichen Erfolges‹ im umgangssprachlich-doppelten Sinn gewesen.

An Heinkels Jugenderinnerung beeindruckt vor allem die irrationale, fast religiöse Betroffenheit, mit der er sich angesichts der Explosionskatastrophe von 1908 zum Flugzeugkonstrukteur berufen, ja wahrhaft erst geboren fühlte; in der ersten Kapitelüberschrift ist seine atemberaubende Feuertaufe als ›Das Geschenk von Echterdingen‹ verklärt. Heinkel stand mit solch widersprüchlichen Gefühlen nicht allein. In der blauweißen Wasserstoff-Flammensäule des verglühenden Luftschiffs sind die Emotionen, Vorbehalte und Geldbörsen der ganzen wilhelminischen Nation spontan aufgegangen; innerhalb weniger Wochen verfügte Graf Zeppelin über die außerordentliche Spendensumme von mehr als sechs Millionen Goldmark. – Noch zwei Jahrzehnte später hat Hugo Eckener, der populäre Nachfolger des Grafen, diese Erinnerung beschworen, um ein neues Lauffeuer der Spendenfreude künstlich wieder anzufachen.

Doch die überraschende, schmerzlich-orgiastische Gemeinschafts- & Selbsterfahrung der kaiserlichen Untertanen ist eben so unwiederholbar geblieben wie jene eigenartige Mischung aus Ekstase und Technik, mit der sich die frühen Pioniere ins Luftmeer und oft genug in den Tod gestürzt haben. Mit der Vervollkommnung der Flugzeuge und dem Beginn des kommerziellen Luftverkehrs stellte sich neben der Selbstverständlichkeit auch ein wachsendes Gefühl von nicht verwirklichten Illusionen ein: Im Wunsch, die Anfänge des Flugzeitalters zu verherrlichen und mit allen Eigenschaften erfüllter Traumsehnsucht zu schmücken, seien ihre Lobredner oft ein wenig zu weit gegangen, schrieb Peter Supf, einer der unermüdlichen Verkünder des Fluggedankens, 1932 über ›Das neue Welterlebnis‹. *»Erleben wir im Flugzeug die Beseeligung des Fliegens? Auch nur einen Bruchteil jener Seligkeit, die wir genießen, wenn wir im Traum über Dächer, Bäume und Menschen fliegen? ... Ich glaube, daß es verneinen muß, wer ehrlich ist.«* – *»Darum ist der Traum vom Fliegen noch nicht zu Ende geträumt und wird nicht zu Ende geträumt werden, solange noch ein Mensch nach schrankenloser Freiheit begehrt. Flugsehnsucht zieht in das All.«* – Damit war dem ekstatischen Flug und dem technischen Flug sein neues außerirdisches Ziel in Aussicht gestellt. –

Hermann Glaser

IM LAND DER SEELEN

Sigmund Freud in Wien

Sigmund Freud mit seiner Verlobten Martha Bernays, 1885

Sigmund Freuds Deutungsmuster der soziokulturellen Krise der Jahrhundertwende war keineswegs seiner Zeit so fremd, wie es, da er viele Diffamierungen und Ächtungen in Kauf nehmen mußte, zunächst erscheint. War doch die Kultur der Epoche insgesamt vom Prinzip der Ambivalenz stark geprägt, voller wagemutiger »Unschlüssigkeiten«. Was Freuds Denken abgeht, die Stringenz eines Systems, hat gerade diesem Denken zu einer heuristischen Kompetenz verholfen, die ihresgleichen sucht. Was Freud erforschte, war ihm in vielem eingegeben. Sein Bewußtsein durchdrang das geschichtliche Sein; dieses Sein bestimmte aber auch sein Bewußtsein. Er war ein Bürger seiner Zeit; er deutete seine Zeit als Bürger. Aber in dieser bürgerlichen Deutung der Zeitphänomene transzendierte er den bürgerlichen Horizont. Er war Nietzsche ähnlich, wenn auch vom Naturell her von ihm völlig verschieden. Er war ein großer Umwerter, der sich allerdings in langer Selbstanalyse erst selber von den Werten, die er der Umwertung wegen »wegzuräumen« den Auftrag empfand, befreien mußte. Er war ein Zerrissener, der jedoch heroisch seine Zerrissenheit bewältigte, so daß sie nicht – wie bei Nietzsche – ihn zerstörte. Ecce homo!

Freuds Analyse der Individual- wie Gesellschafts-Seele entwickelte sich aus dem Psychodrom des Kapitalismus und Materialismus. Jörg Bopps Charakterisierung allgemeiner kollektiver Bewußtseins- und Unterbewußtseinszustände kann zur Beschreibung der damaligen Zeitsituation ohne große Veränderung übernommen werden: »In seinem rituellen Charakter hat der Psychodrom Ähnlichkeit mit einem Hippodrom. Gibt es dort die Show der Tiere und Athleten, so hier die Revue der Seelen und derer, die sie trainieren. Dort das Dressurreiten, hier die hohe Schule psychischer Selbstdarstellung. Die Akteure zeigen eingeübte Bewegungen und äußern sich in einer einstudierten Sprache, beides in einem festgelegten Programm. Es vollzieht sich ein profaner Kult, nach dem Rhythmus einer ausgearbeiteten Liturgie. Hoffnung und Ängste, Kräfte und Bedürfnisse, Leidenschaften und Phantasien können sich nicht frei äußern, sondern werden durch eine Regie domestiziert.«[1]

Im Psychodrom parterrer Macht- und Besitzgier wie des ständigen Bemühens um »Versicherung« wird leicht übersehen, daß der Mensch voller schillernder, mehrdeutiger, »vermischter« pathodynamischer Gefühle ist. Die Kultur dieser Zeit erweist sich als ein großer Ausbruchsversuch, der weitgehend auch die Trivialkunst bestimmt: Man versucht, dem Psychodrom zu entkommen. Zwischen Richard Wagner und Karl May, mit Wien als besonderem Psychotopos ästhetischer Fluchtbewegungen, finden wir die Legion jener, die ihren Weg aus Ardistan nach Dschinnistan suchen (so hat Karl May in einem seiner Romane, allegorisch-symbolisch verschlüsselt, den Siegeszug des Menschen von »drunten nach droben«, aus den Niederungen zum Gipfel, aus der Finsternis ins Licht beschrieben). Die dem Gefühl der Ambivalenz zugeordnete Nervosität verhinderte bei den künstlerisch Sensiblen, daß aus solchem Weg eine eindimensionale mythische Befreiung, eine neue ideologische Gefangenschaft (durch Verabsolutierung »heilender Kräfte«) wurde. Freuds Ausbruch aus dem Psychodrom des Materialismus ist ein solcher der Desillusion, der Skepsis, des Pessimismus.

Freuds analytische Seelenkunst wie die Kunst des Wiener Fin de siècle ist eine solche des entbergenden Schleiers; aus »Fehlendem«, aus Aussparungen, aus »Gedankenstrichen« Wahrheit ablesend.

In Übereinstimmung mit der Kultur seiner Zeit wußte Freud, daß im Land der Seelen Oberflächenreize zu Tiefen

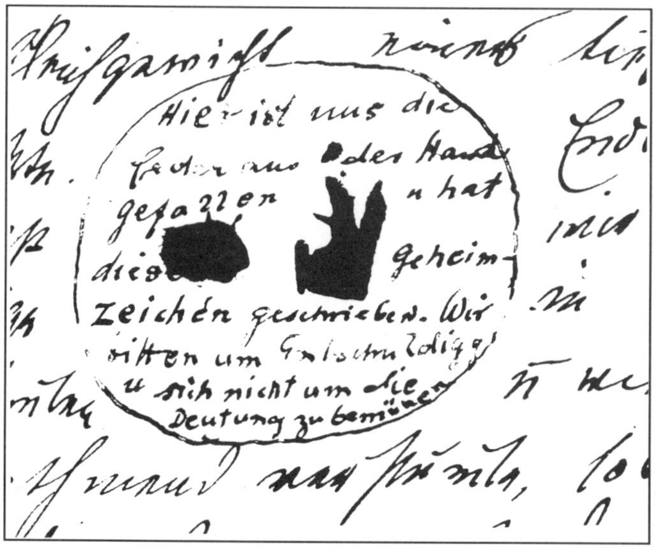

Docent Dr. Sigm. Freud

beehrt sich anzuzeigen, dass er von Mitte September 1891 an

IX. Berggasse 19,

wohnen und daselbst von 5–7 Uhr (auch 8–9 Uhr Früh) ordiniren wird.

WIEN, Datum des Poststempels.

hinführen und vieles vom Sein der Welt in ihrem Schein enthalten ist. Der Schein, das war der Schleier, der über allem lag; er wurde aufgelockert, damit er Einblicke ins Psychogramm freigab. Das Verborgene reizte. Die Kunst der Epoche lebt aus solchem Reiz; sie war obszön: Versuch, unter Verletzung konventioneller Scham erotische Wahrheit aufzuzeigen; diese war zwischen Leben und Tod angesiedelt, zwischen Libido und Todestrieb. Das latente Todesbewußtsein der Zeit floß ständig ins Liebes-Spiel ein. Mit dem Leben spielen, das Leben spielerisch hinwerfen und warten, ob der Einsatz sich auszahlt oder nicht, erwies sich als Zeit-Vertreib. Eros als Spiel-Ball des Todestriebs! Bei Freud freilich wird solch ästhetisch-dekadentes »Rokoko« auf die »barocke« Grundstruktur, den ernsthaften Gegensatz von Liebe und Tod, zurückgeführt. Den entbergenden Schleier zerreißt er schließlich, duldet keine Verbrämung mehr. Und doch ist dann die Verbrämung wieder da, diese eigentümliche Unklarheit im Denken – bei luzider Darstellungsweise; diese Unschlüssigkeit etwa bei der Deutung des Kulturbegriffs – hin- und hergezogen zwischen Triebnähe und Geistferne, Triebangst und Geistessehnsucht.

Die Zeit vor und nach der Jahrhundertwende war ein solche des Umbruchs, schwerwiegender Verwerfungen, bedeutsamer sozialpsychischer Eruptionen. Es vollzog sich der Aufstieg der Modernität; und Wien war eines der wichtigsten Laboratorien solcher Modernität.

Zentraler Punkt der Irritationen, der gerade das Tiefenbewußtsein aufwühlenden Erfahrungen: das »Weib«. Darwins Formel vom Kampf ums Dasein erfuhr eine Variation von gleicher Schärfe und Dringlichkeit im »Kampf der Geschlechter«.[2] Zur sozialen Frage kam die sexuelle Frage; die Probleme, die das Aufkommen des Industrieproletariats aufwarf, haben ihr Pendant in den Problemen, die die Forderung der Frau nach Gleichberechtigung in Liebe, Ehe, Beruf und Gesellschaft bewirkte. Die Frauentypen, die in den Mittelpunkt des Interesses rücken, erweisen sich als »Hinwegprojektionen«, mit denen vom Aufstand des »anderen Geschlechts« abgelenkt werden sollte:

Die femme fragile, oft genug Aristokratin, steht der Häßlichkeit des Daseins fern; sie ist Produkt der männlichen Sehnsucht, die eigene Stärke in Beschützung und Verehrung des Weiblich-Schönen zum Ausdruck zu bringen.

Die femme fatale ist die Frau, die, meist dem Milieu der Bohème verhaftet, weibliche Kraft als erotische Gewalt

Das Behandlungszimmer

Oben links: Auszug aus einem Brief des Studenten Freud an Martha Bernays von 1882. Die Bitte, sich nicht um die »Deutung« des »Geheimzeichens« zu bemühen, ist der erste Hinweis auf das Erkennen verborgener Motivationen beim Zustandekommen einer Fehlleistung:
»Hier ist uns die Feder aus der Hand gefallen u hat dies Geheimzeichen geschrieben. Wir bitten um Entschuldigung u sich nicht um die Deutung zu bemühen.«

»vorführt«, mit ihrem Geschlecht eine gewaltige und gewaltsame Sogwirkung ausübt; gerät der Mann in ihren Bann – dann »nur« aufgrund seiner Triebhaftigkeit; sein Geist bleibt unberührt.

Das süße Mädel sorgt für sexuellen Zeitvertreib. Als hingebungsvolle Geliebte erfüllt es die patriarchalischen Wunschträume; seine Libertinage und naive Laszivität beruhigen das schlechte Gewissen des »verantwortungsvollen« Mannes.

Die Prostituierte macht das »männliche Recht« noch eindeutiger; ihre Leistung wird bezahlt; die Dinge sind, kapitalistisch gesehen, in Ordnung. Die Frauen bringen ihren Körper als Ware ein und erhalten, dem bejahten ökonomischen Konkurrenzkampf entsprechend, den ihnen gebührenden Preis.

Ohne die vielen anderen Aspekte des Syndroms, das die Krankheit der Zeit zum Ausdruck bringt, verkennen zu wollen, wird man dem Phallokratismus größte Bedeutung für den grassierenden Imperialismus und Chauvinismus der Zeit zuordnen müssen. Das männliche Prinzip versuchte noch einmal, kulminierend im Amoklauf des Ersten Weltkrieges, sich vor der weiblichen Revolte, die der Gleichberechtigung (oft nur unbewußt, oft nur auf verführerischen und »reizvollen« Umwegen) zustrebte, zu retten. So wie bei Freud selbst die ungelöste Vaterbindung eine wichtige Rolle bei der Entstehung der Psychoanalyse spielte, erwies sich die »Aktion Vatermord« als eine der nachdrücklichsten Irritationen des Männlichkeitswahnes, der durch nochmalige Übersteigerung des patriarchalischen Prinzips dieses zu erhalten suchte. Die »Aktion Vatermord« war nämlich vor allem eine Aktion des »Weiblichen«, vertreten auch von all jenen Weiblich-Männlichen, deren Sensibilität die Notwendigkeit des Abbaus patriarchalischer Einseitigkeit erkannte oder erspürte, und die sich damit, in ihrer Schwäche Stärke

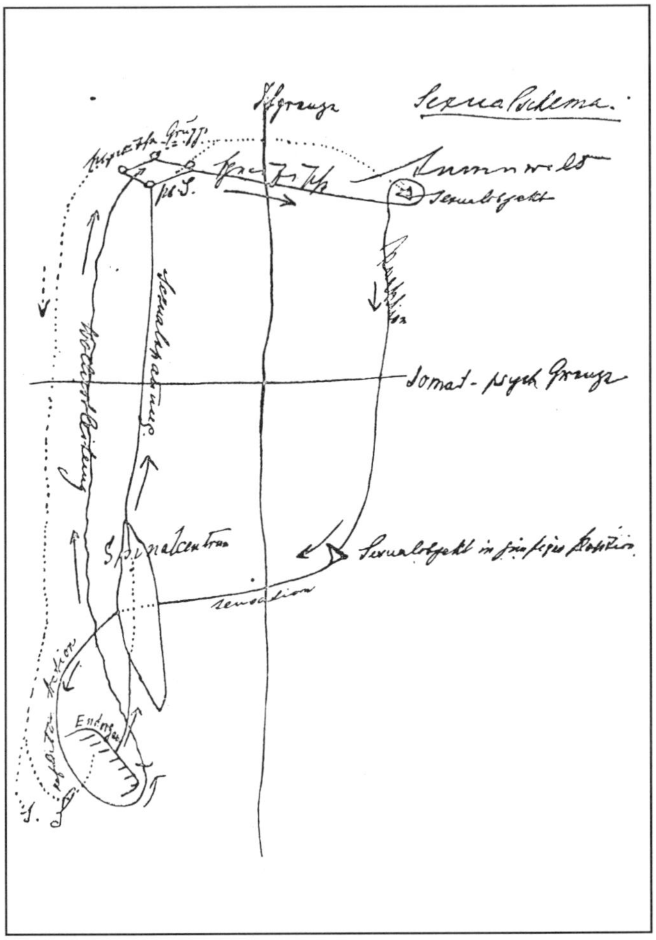

Sexualschema, Zeichnung von Freud, 1895

Während eines Aufenthalts auf Schloß Bellevue bei Wien 1895 war es Freud gelungen, erstmals einen Traum vollständig zu deuten.

bekundend, dem Aufstand des durch jahrhundertelange Repression deformierten »weiblichen Geschlechts« anschlossen. »Der Imperialismus stützt sich auf die Apologie und Verklärung der Macht, der Glanz der Macht strahlt auf im Glanz der militärischen Uniformen und der imperialen Paläste. Zwischen Macht und Gewalt sind die Grenzen fließend, denn die Erlangung von Macht ist ohne Gewalt nicht möglich. Für den Staat bedeutet sie die Unterdrückung fremder Völker, für die Zivilisation Unterdrückung der Frauen und ›minderwertiger‹ Rassen und für die Kultur Unterdrückung und Verleugnung des weiblichen Prinzips. Das imperialistische Begriffsfeld von Macht, Gewalt und Unterdrückung war grundsätzlich positiv besetzt. Diese positive Besetzung erfuhr eine Verstärkung, die an Verkrampfung grenzte, als alle äußeren und inneren Bereiche durch Gegenströmungen bedroht wurden: durch die nationalen und demokratischen Bewegungen, die Frauenrechtsbewegungen und durch die künstlerische Moderne, die Décadence. Die maskuline (auch bürgerliche) Weltanschauung, die auf der Basis von Begriffen wie Rationalität, Leistung, Fortschritt steht, sah sich in Frage gestellt von Begriffen wie Seele, Spiel, Natur«. (Nike Wagner)[3]

Faszinierend, wie Sigmund Freud diesen Umbruch vom Mann-Männlichen ins Mann-Weibliche spürt, und doch auch wieder, selbst patriarchalisch eingebunden, relativiert. Und auch dem Mann-Männlichen voll verfallen bleibt: Die Emma-Eckstein-Episode etwa dokumentiert und illustriert den Obskurantismus des vorherrschenden Männlichkeitswahnes. Wilhelm Fließ hatte 1895 die Frau an der Nase operiert, weil Freud die somatischen Beschwerden der Patientin

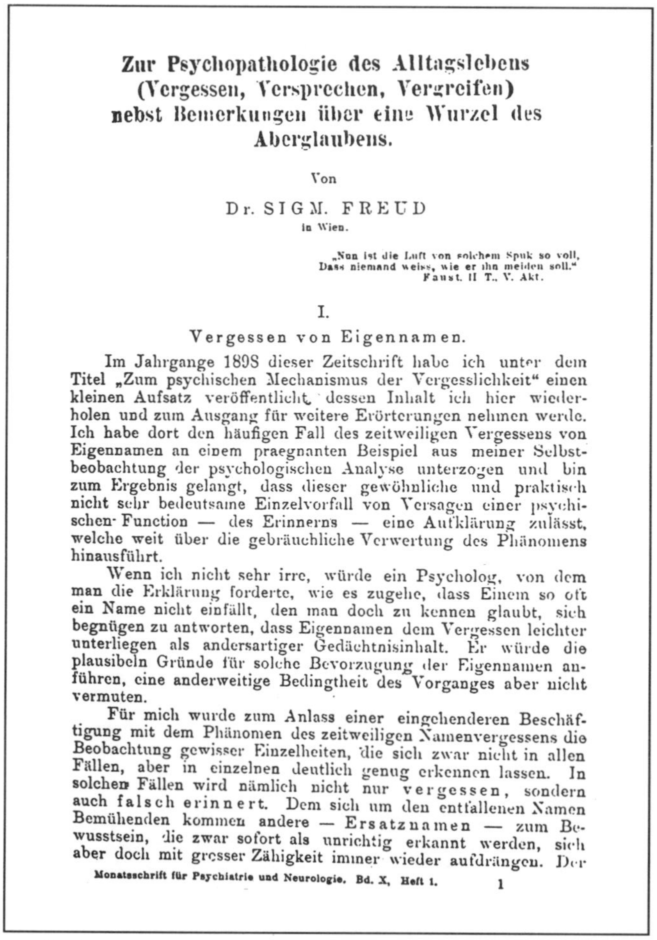

Zur Psychopathologie des Alltagslebens (Vergessen, Versprechen, Vergreifen) nebst Bemerkungen über eine Wurzel des Aberglaubens.

Von

Dr. SIGM. FREUD
in Wien.

„Nun ist die Luft von solchem Spuk so voll,
Dass niemand weiss, wie er ihn meiden soll."
Faust. II T., V. Akt.

I.

Vergessen von Eigennamen.

Im Jahrgange 1898 dieser Zeitschrift habe ich unter dem Titel „Zum psychischen Mechanismus der Vergesslichkeit" einen kleinen Aufsatz veröffentlicht, dessen Inhalt ich hier wiederholen und zum Ausgang für weitere Erörterungen nehmen werde. Ich habe dort den häufigen Fall des zeitweiligen Vergessens von Eigennamen an einem praegnanten Beispiel aus meiner Selbstbeobachtung der psychologischen Analyse unterzogen und bin zum Ergebnis gelangt, dass dieser gewöhnliche und praktisch nicht sehr bedeutsame Einzelvorfall von Versagen einer psychischen Function — des Erinnerns — eine Aufklärung zulässt, welche weit über die gebräuchliche Verwertung des Phänomens hinausführt.

Wenn ich nicht sehr irre, würde ein Psycholog, von dem man die Erklärung forderte, wie es zugehe, dass Einem so oft ein Name nicht einfällt, den man doch zu kennen glaubt, sich begnügen zu antworten, dass Eigennamen dem Vergessen leichter unterliegen als andersartiger Gedächtnisinhalt. Er würde die plausibeln Gründe für solche Bevorzugung der Eigennamen anführen, eine anderweitige Bedingtheit des Vorganges aber nicht vermuten.

Für mich wurde zum Anlass einer eingehenderen Beschäftigung mit dem Phänomen des zeitweiligen Namenvergessens die Beobachtung gewisser Einzelheiten, die sich zwar nicht in allen Fällen, aber in einzelnen deutlich genug erkennen lassen. In solchen Fällen wird nämlich nicht nur vergessen, sondern auch falsch erinnert. Dem sich um den entfallenen Namen Bemühenden kommen andere — Ersatznamen — zum Bewusstsein, die zwar sofort als unrichtig erkannt werden, sich aber doch mit grosser Zähigkeit immer wieder aufdrängen. Der

Monatsschrift für Psychiatrie und Neurologie. Bd. X, Heft 1. 1

Erstdruck von »Zur Psychopathologie des Alltagslebens«, 1901

(vermutlich Magenleiden und/oder unregelmäßige Menstruation) auf Masturbation zurückführte – und die Nase mit den weiblichen Geschlechtsorganen »korrespondiere«. Es ist von tragischer Komik, daß Fließ dabei einen Gazestreifen in der Wunde vergaß, an deren Folgen die Frau beinahe verstarb – wobei diese Sekundärwirkung zunächst erneut psychoanalytisch gedeutet wurde.

Die Ambivalenz der Kultur – des Fin de siècle, der Freudschen Epoche – läßt sich, in aphoristischer Zuspitzung, in Begriffen einfangen, die durch die Vorsilbe »ver« gekennzeichnet sind; sie ermöglichen eine kultursemantische Aufschlüsselung der konstatierten kulturphänomenlogischen Widersprüchlichkeit. Verwirrung, Verängstigung, Versprechung, Verfehlung, Verrechnung, Versicherung, Veränderung, Verbesserung, Verformung, Vereitelung, Verdrängung, Verachtung, Verführung, Verfeinerung, Vergewaltigung, Verheimlichung, Verinnerlichung, Verkrampfung, Verzweiflung, Verantwortung, Veräußerlichung, Verfinsterung. Fast jeder dieser Begriffe ist in sich selbst ambivalent; sie führen in sublime Regionen, wie sie auch ganz materialiter verstanden werden können.

Verwirrung: Der einzelne leidet unter dem Sinnverlust; das soziale Gefüge der Schichten und Stände gerät in Bewegung (»Unordnung«).

Verängstigung: Die religiöse Sicherheit ist verlorengegangen; der Fortschritt der Zeit mit der Komplexität neuer Systeme läßt für Geborgenheit keinen Raum. Dieser stellt auch ein Versprechen dar; neue Perspektiven eröffnen sich, sowohl fürs kleine Glück wie fürs kollektive Dasein. Zugleich künden die kulturellen Signale von Verblendung, Regression, gescheiterten Utopien. Der Vor-Schein revolutionärer Ideen versetzt in Verzückung: Irr- und Querwege enden in künstlichen Paradiesen

Die Fahnen drehen sich im Wind. Erfrischende Stürme. Verflogen die Dumpfheit verheerender Stagnation. Aber die Veränderungen der Zeit werden verharmlost, sie werden als Verbesserungen propagiert; viele spüren solche Verlogenheit; sie werden deshalb verfemt. Unter dem Gebot der Sicherheit: die Verdrängung der Anfechtungen. Die Verachtung der höheren Werte im Lebenskampf hat zum kompensatorischen Pendant die Sehnsucht nach Verfeinerung, Verinnerlichung. Die Verantwortung gegenüber der Realität, das Bemühen, der Wahrheit ins Auge zu sehen, wird nur von wenigen gewagt. Doch ahnt man durchaus den Verfall; Verzweiflung grassiert. Am Ende ein Verbluten – der Amoklauf des Ersten Weltkrieges.

Anmerkungen

1 Jörg Bopp: Wir wollen keine neuen Herren. Streitschriften zur Jugend- und Psycho-Szene. Frankfurt am Main 1982, S. 106f.

2 Vgl. Nike Wagner: Geist und Geschlecht. Karl Kraus und die Erotik der Wiener Moderne. Frankfurt am Main 1982, S. 7.

3 Nike Wagner, a.a.O., S. 150f.

Sigmund Freud mit Tochter Anna in den Dolomiten, 1913

Franziska zu Reventlow

AMOURESKEN

Franziska zu Reventlow mit ihrem Sohn am Schreibpult, 1905

Ganz richtig, das ist sonderbar – gerade wir bösen, unbeständigen Menschenkinder werden oft so ungemein ernsthaft geliebt, wie man nur unbescholtene junge Mädchen und ›anständige‹ Frauen lieben sollte. Zumeist wohl von den ›dummen Jungen‹, und das ist sehr hübsch – ich habe große Sympathie für sie – manchmal aber auch von ganz intelligenten Männern mit innerem Wert, und damit ist dann nicht so leicht fertig zu werden. Besonders, wenn sie uns zwingen wollen, Tiefen zu offenbaren, über die wir gar nicht verfügen.

Am schlimmsten ist der Typus ›Retter‹ – und glauben Sie mir, man darf sich noch so weit und noch so lange auf der schiefen Ebene befinden, es tauchen immer wieder Männer auf, die uns durch wahre Liebe retten wollen.

Vielleicht darf man das nicht so verallgemeinern, ich kann ja nur aus eigener Erfahrung reden und mache möglicherweise einen ganz besonders rettungsbedürftigen oder geeigneten Eindruck. Wie auch die geistlichen Erzieher meiner frühen Jugend immer noch einen guten Kern in mir entdeckten und die Hoffnung nie ganz aufgaben.

Der Retter meint es gut und aufrichtig, schon das ist schwer zu ertragen. Und er leidet durch die Bank an unheilbarer Selbstüberschätzung, hält sich eben für den, der imstande sei, unser zerflattertes Liebesleben einzufangen und auf einen Hauptpunkt, nämlich auf sich selbst zu konzentrieren. Er findet, es sei ein Jammer, daß wir uns zeitlebens so weggeworfen haben, an so viele, die es nicht wert waren (darin würden Sie sich also ganz gut mit ihm verstehen) – ja, wenn wir nur einmal an den Rechten gekommen wären – wie anders, Gretchen! Der Retter hält sich – das liegt auf der Hand – für den, der es selbst jetzt noch vermöchte, das Wunder zu vollbringen. Dabei ist er trotz allem ›Wieschade-um-diese-Frau‹ – merkwürdig tolerant gegen unsere Vergangenheit, empfindet sie mehr als Verirrung: ihr ist viel vergeben, denn sie hat viel geliebt. Sie hat keinen Halt in sich selbst und keinen an anderen gehabt, hat sich von ihrem Temperament hinreißen lassen, und das haben die schlechten Männer sich zunutze gemacht.

Ja, er läßt es an Verständnis nicht fehlen und ist überzeugt, man habe jeden, dem man sich ›hingegeben‹, glühend und tief geliebt, aber er war es natürlich in den seltensten Fällen wert. Der Retter sagt gerne: ›armes Kind‹ und streicht einem dabei die Haare aus der Stirn – eine unausstehliche Angewohnheit, man darf nie vergessen, ein Taschenkämmchen mitzunehmen.

Manchmal bietet er auch pekuniäre Hilfe an, aber mit dem Gefühl, daß für ›sie‹ doch eigentlich etwas Degradierendes darin liegt und es ihr sehr peinlich sein müsse (ach, Doktor, es ist ihr durchaus nicht peinlich, sie tut nur manchmal so – aus guter Erziehung).

Die Bekanntschaft mit dem Retter ist natürlich immer ein Mißgriff und entspringt aus momentaner Sentimentalität oder einer unangenehmen Situation, die durch ihn behoben wird – oder, wenn man sich gerade mit jemand anders gezankt hat. Man fällt ihm bei irgendeiner Gelegenheit in die Arme.

Der Retter will kein Philister sein – Gott bewahre. Er verwirft auch die illegitimen Liebesfreuden an sich durchaus nicht, faßt sie nur viel zu ernst auf und sucht ihnen eine ethische Weihe zu verleihen. Er betrachtet jede Schäferstunde als Anlaß zu ernsten Gesprächen und zu heillosem Ausfragen – besonders in bezug auf Zahlen und Daten (und man rechnet doch so ungerne und sagt nie die Wahrheit – der Retter würde sie auch nicht vertragen).

Trotz der schlagendsten Gegenbeweise hält er an dem Dogma von der monogamen Veranlagung der Frau fest.

Er ist unbequem und nimmt es übel, wenn man nicht viel Zeit für ihn übrig hat. So schlägt er gerne mehrtägige Ausflüge vor, damit man einmal wirklich etwas voneinander hat und alles Trübe und Schwere von sich abschütteln kann – in Klammern: weil man draußen in Gottes freier Natur sicherer ist, daß die geliebte Frau nicht so oft alten Bekannten begegnet, oder daß es plötzlich klingelt und alle möglichen Leute zum Tee kommen, von denen man nicht recht weiß, warum und wieso.

Ach Gott, und ich finde amouröse Ausflüge überhaupt eine unglückliche Erfindung – ich kann sie nicht ausstehen, vor allem nicht mit Rettern oder mit wertvollen Menschen. Höchstens mit Paul – oder vielleicht mit Ihnen – pardon, pardon, daß ich Sie schon wieder mit Paul zusammenstelle und so auf seine Vorzüge zurückkomme. Es geschieht wirklich nicht aus Bosheit, aber ich lebe immer noch mit einem Fuß in der jüngsten Vergangenheit, in der schönen Zeit unseres Dreiecks.

Mit dem Retter dauert es übrigens meist nicht lange. Er wünscht selbstredend eine seriöse Dauersache, und man lehnt tragisch ab: zu spät – man kennt sich selbst zu gut – leider – es bringt niemandem Glück, mich zu lieben – besser, man geht seinen dornenvollen Pfad alleine weiter, bis es ein Ende mit Schrecken nimmt. Oft wünscht der Retter sich ein Kind – gerade von dieser Frau – ich weiß nicht warum, vielleicht weil sie dann in seinen Augen ›ganz anders dastehen würde‹ – und er nimmt es übel, wenn sie lieber darauf verzichtet.

In diesem Fall würde er sie als Ehrenmann selbstverständlich heiraten, sie dürfte auch um des Kindes willen nicht nein sagen. Einer von meinen Rettern wollte mich auch ohne Kind heiraten; er war verlobt, als wir uns kennenlernten, und löste dann seine Verlobung auf. Stellen Sie sich meinen Schrecken vor, als er mir das freudestrahlend mitteilte – wir trafen uns im Bahnhof, um aufs Land zu fahren – ich war geradezu entsetzt. Gott sei Dank wurde er daraufhin an mir irre, und ich fuhr nicht mit ihm aufs Land, sondern ohne ihn nach Hause. Daher stammt wohl auch meine Idiosynkrasie vor Ausflügen. Diese Art Menschen wollen ja auch immer ein ›volles Glück‹ wenn sie heiraten, und das hätte er an meiner Seite schwerlich gefunden. Die Idee vom ›vollen Glück‹ hat für mich immer etwas so Trostloses, Bedrückendes. Es klingt so peinlich definitiv, als ob dann alles vorbei wäre, wie wenn man sich schon bei Lebzeiten seinen Sarg bestellt.

Nur als Backfisch habe ich auch eine Zeitlang davon geträumt: Eines schönen Tages wird man heiraten, und dann ist man glücklich, die Sache ist erledigt. Aber dann wieder – ich erinnere mich deutlich an einen Ball im Elternhause, wo ich zum erstenmal mittanzen durfte und meine Gefühle in großer Verwirrung waren. Ich war vierzehn Jahre alt, die Tänzer behandelten mich wie eine erwachsene Dame, nannten mich Sie und sagten mir schöne Sachen. Und in drei von ihnen war ich zum Sterben verliebt. Ich sehe sie noch vor mir, alle drei waren sehr elegant und trugen die modernsten Stehkragen – ich weiß nicht, warum gerade die Kragen mir so viel Eindruck machten. Zwei waren brünett und einer blond. Die beiden Brünetten gefielen mir beinah noch besser, aber ich liebte auch den Blonden. Und ich weiß noch so gut, wie ich damals dachte, daß man doch immer nur einen Mann heiraten könnte; wenn man nun aber dreie liebt – was dann? Die Frage hat mir viel Kopfzerbrechen gemacht. – Übrigens trugen sie alle drei Zwicker – ich hätte mich dazumal nie in einen Mann ohne Zwicker verliebt, er wäre mir nicht ganz vollständig vorgekommen.

Sehen Sie, all diese armen Leute mit dem vollen Glück werden doch nur einmal wirklich glücklich, und wir werden und sind es so oft. Daß wir es nicht ewig bleiben – nun, daran glaube ich auch bei den anderen nicht recht. Der Rausch verfliegt, und was dann? – Die Räusche verfliegen auch, aber es kommen neue.

Mein lieber Freund, der Retter ist ein unlustiges Thema – er fällt auf die Nerven, auch wenn man nur von ihm spricht. Er wirkt wie eine schüle Atmosphäre, der man so bald wie möglich wieder entrinnen möchte.

Also – ich entrinne hiermit Ihnen, den Rettern und dem Briefschreiben. Hätte ich doch immer einen so guten Vorwand, wenn ich nicht mehr schreiben mag.

Herrad-Ulrike Bussemer

»WAS DIE FRAU VON BERLIN WISSEN MUSS«

Berlinführer für Frauen aus dem Jahre 1912

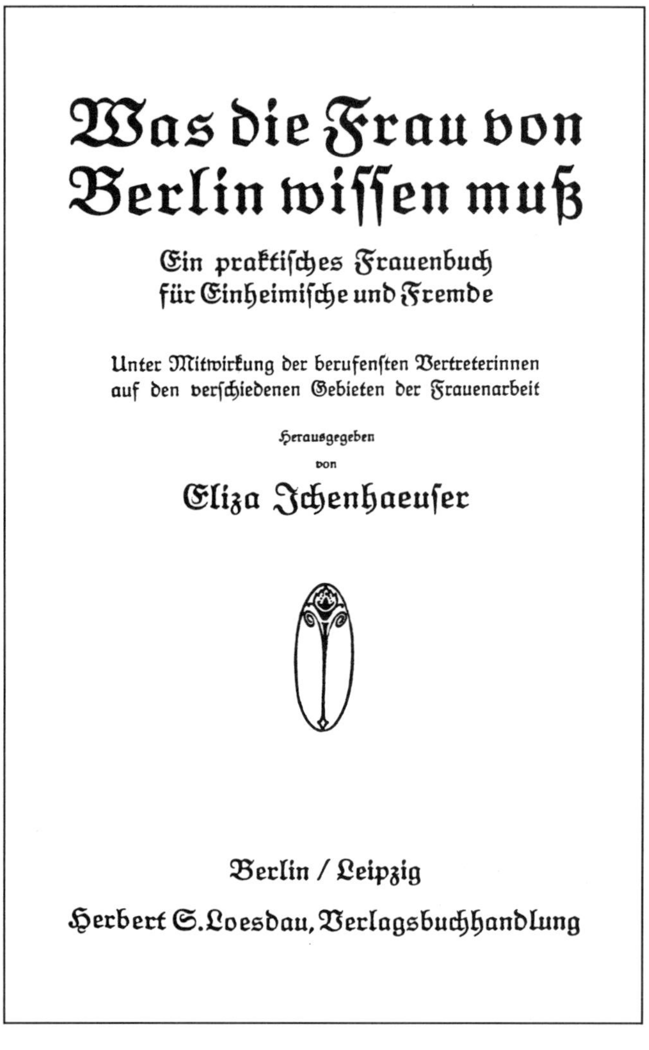
Was die Frau von Berlin wissen muß

Ein praktisches Frauenbuch für Einheimische und Fremde

Unter Mitwirkung der berufensten Vertreterinnen auf den verschiedenen Gebieten der Frauenarbeit

Herausgegeben von

Eliza Ichenhaeuser

Berlin / Leipzig

Herbert S. Loesdau, Verlagsbuchhandlung

»Als erstes verlegte ich meinen Wohnsitz nach Berlin. Ich habe es niemals bereut und rate jeder Frau, die in eine ähnliche Lage kommt, dasselbe zu tun. In Berlin sind alle Hilfsmittel vorhanden, die für eine Ausbildung irgendwelcher Art nötig sind, in Berlin konnte ich tatsächlich billiger leben als in der Provinzstadt, wo ich stets als Witwe eines hohen Beamten gegolten hätte…« So oder ähnlich beschrieben um 1905 zahlreiche Frauen aus den »gebildeten Ständen«, die, ohne männlichen Versorger, Ehemann oder Vater, ihren Lebensunterhalt selbst verdienen mußten, in einem von der Familienzeitschrift »Gartenlaube« ausgelobten Wettbewerb: »Vor den wirtschaftlichen Kampf gestellt!« ihre ersten Schritte zur Selbständigkeit.

Während in den kleinen und mittleren Städten des Kaiserreichs die bürgerlich-patriarchalische Ordnung den ledigen Frauen des Mittelstandes kaum Existenzmöglichkeiten, geschweige denn einen gesellschaftlichen Ort außerhalb der Familie einräumte, versprach die Großstadt nicht nur mehr Arbeitsplätze und bessere Verdienstchancen, sondern auch mehr Toleranz und Freiräume.

Darüber hinaus präsentierte sich Berlin nicht nur spektakulär bei den großen Frauenkongressen von 1896, 1904 und 1912 als Metropole der bürgerlichen Frauenbewegung, es verfügte auch über eine entwickelte, von zahlreichen Frauenorganisationen und einzelnen Frauen getragene Infrastruktur, die nahezu alle Aspekte des Frauenalltags umfaßte.

Eliza Ichenhäusers »Praktisches Frauenbuch für Einheimische und Fremde« informierte deshalb zwar auch über das politische und kulturelle Leben der Reichshauptstadt, Theater, Museen, kunsthistorische Sehenswürdigkeiten und sonstige touristische Attraktionen: vor allem wollte es aber als Orientierungshilfe über die unterschiedlichen Frauenprojekte dienen und die eigens für Frauen konzipierten Möglichkeiten der Berufsausbildung und Arbeitsvermittlung, der Wohnungssuche und neuer Wohnformen, der medizinischen Versorgung wie der Freizeitgestaltung vorstellen. Adressatinnen dieses Berlinführers waren deshalb vor allem die unverheirateten Frauen des Bildungsbürgertums, die gegen Ende des 19. Jahrhunderts nicht mehr durch ihre Familie versorgt werden konnten und deshalb in wachsender Zahl auf den Arbeitsmarkt drängten und selbständige Existenzformen suchen mußten. Ihren Bedürfnissen und Interessen sowie ihrem häufig bescheidenen Verdienst – der allerdings den ihrer proletarischen ›Schwestern‹ noch weit überstieg –, waren Ratschläge und Hinweise des Buches angepaßt.

In Berlin existierten vor dem ersten Weltkrieg circa siebzig Frauenvereinigungen, die sich selbst zur bürgerlichen Frauenbewegung rechneten, das heißt Mitglied des Dachverbandes, des Bundes Deutscher Frauenvereine, waren. Einige von ihnen zählten über tausend Mitglieder wie zum Beispiel der »Deutsche Lyzeums-Club (1076), die »Mädchen- und Frauengruppen für soziale Hilfsarbeit« (1050), der »Verein Berliner Volksschullehrerinnen« (1500) oder der »Verein der Post- und Telegraphinnenbeamtinnen« (2511). Das Spektrum reichte von den Frauenwahlrechts- und Rechtschutzorganisationen über die Berufsverbände und Sozialarbeitsvereine bis zu konfessionell gebundenen Organisationen wie dem Jüdischen oder dem Evangelischen Frauenbund.

Für die auf eigene Erwerbstätigkeit angewiesenen Frauen waren vermutlich in erster Linie die Berufsverbände interessant, die über Ausbildungsmöglichkeiten informierten, zum Teil auch eigene Schulen unterhielten, Stellen vermittelten, juristische Beratung in Konflikten mit dem Arbeitgeber leisteten und Arbeitslosenversicherungen betrieben.

Telefonistinnen

Organisiert waren beispielsweise die Post- und Telegraphenbeamtinnen, die kaufmännischen Angestellten, die Hebammen, die Krankenpflegerinnen, die Bibliothekarinnen, die Lehrerinnen, die technisch-wissenschaftlichen Hilfsarbeiterinnen, die Musikerinnen, Schauspielerinnen und Journalistinnen. Über den »Kaufmännischen Verband für weibliche Angestellte« zum Beispiel schrieb der Frauenführer von 1912: *»Die im Berufsleben stehenden Frauen sahen sehr bald ein, daß sie, um bessere Arbeitsbedingungen zu erreichen, und nicht stets von den Männern zurückgedrängt zu werden, sich wie diese organisieren müßten. Zuerst gelangten unter der Führung von Frau Minna Cauer die kaufmännischen Angestellten zum Zusammenschluß. Der Kaufmännische Verband für weibliche Angestellte tat viel zur Hebung des Standes. Mit 32753 Mitgliedern ist er die größte Organisation berufstätiger Frauen. Sein Stellennachweis steht mit 17705 offenen Stellen, 17773 Bewerberinnen und 7550 Besetzungen an der Spitze aller gemeinnützigen Nachweise für Handlungsgehilfen. Die Rechtsauskunft wurde im letzten Jahr in fast 5000 Fällen in Anspruch genommen; an Stellenlosengeld verausgabte er 12000 Mark.«* Da wegen der starken Expansion der Beschäftigungsmöglichkeiten im tertiären Sektor in den letzten Jahrzehnten des 19. Jahrhunderts in Berlin zahlreiche üble kommerzielle Handelsschulen, »Pressen« genannt, entstanden waren, gründeten die weiblichen Angestellten in kollektiver Selbsthilfe eine eigene Handelsschule für Frauen, die später von der Korporation der Kaufmannschaft übernommen wurde, und eine Schreibmaschinenschule, die 1903 455 Schülerinnen hatte.

Andere Frauenberufschulen verdankten ihre Existenz der privaten Initiative einzelner Frauen. So berichtete der Frauenführer: *»Das Verdienst, den Gärtnerinnenberuf, der dem Wesen der Frau so sehr entspricht, der gebildeten Frau erobert zu haben, gebührt Frl. Dr. Elvira Castner, die die ›Obst- und Gartenbauschule für gebildete Frauen‹ in Marienfelde bei Berlin begründete.«* Da die Schule sich nicht selbst trug und auch keine öffentlichen Subventionen erhielt, finanzierte Elvira Castner, eine der ersten deutschen Zahnärztinnen, ihr Projekt jahrzehntelang aus den Einnahmen ihrer Praxis. Um die rechtlichen und praktischen Ausbildungs- und Arbeitsbedingungen in anderen Gewerben und Handwerken kümmerte sich der ebenfalls von Frauen aus der Frauenbewegung (Marie-Elisabeth Lüders, Josefine Levy-Rathenau, Maria Lischnewska) iniierte »Verband für die handwerksmäßige und fachgewerbliche Ausbildung der Frau«, dessen »bahnbrechende und segensreiche Tätigkeit« der Frauenführer kaum genug rühmen kann.

Allgemeiner Deutscher Lehrerinnen-Verein

Stellenvermittlung

Geschäftsstelle

Berlin W 62, Bayreuther Str. 38

Sprechstunden: 12–3 Uhr
Sonnabend 11–1 Uhr
Fernruf: Kurfürst 2415

Das Heim

des

Allgemeinen Deutschen Lehrerinnenvereins

zu

Berlin, Potsdamerstraße 40^{IV}.

nimmt Lehrerinnen und Erzieherinnen sowie andere Damen der gebildeten Stände auf.

Nachtlogis mit Frühst. 1,75 M. * Ganze Pension pro Tag 2,75 M.

= Bei dauerndem Aufenthalt Monatspreise. =

Die größte Organisation berufstätiger Frauen ist der Kaufmännische Verband für weibliche Angestellte E. V.

Sitz Berlin

Der „Kaufmännische Verband für weibliche Angestellte" zählt über

34 000 Mitglieder in 83 Ortsgruppen.

Sein Stellen-Nachweis ist der größte seiner Art in Deutschland, seine Rechtsauskunftei ist im Jahre 1912 in 4445 Fällen in Anspruch genommen worden, die eigene Verbandszeitschrift bringt Aufsätze über Standes- und Fachfragen.

An den Wahlen der Vertrauensmänner zur Angestelltenversicherung hat sich der Verband mit gutem Ergebnis beteiligt, sein Kampf für die Ausdehnung der Fortbildungsschulpflicht auf weibliche Personen war von Erfolg begleitet. Auch sonst hat der Verband an der Förderung der Berufsinteressen der Handlungsgehilfinnen hervorragend mitgearbeitet.

Die der Arbeit und Geselligkeit dienenden Geschäftsräume befinden sich

Berlin SO 16, Köpenicker Straße 74, I und W 35, Potsdamer Straße 56

Ein eigenes Kapitel widmete der Frauenführer den sozialen Frauenberufen und ihren Ausbildungsmöglichkeiten in Berlin. Mit der Entwicklung der Sozialarbeit als professioneller, also qualifizierter und angemessen bezahlter Berufsarbeit, versuchte die Frauenbewegung zum ersten Mal, die vorgefundene Berufswelt der bürgerlichen Männer zu verändern und eigene sozialpolitische Vorstellungen durchzusetzen, gingen ihre Führerinnen doch von der Überzeugung aus, *»daß der gesamte Eigenschaftskomplex, den wir Mütterlichkeit im weitesten Sinne nennen, das Frauenleben letzten Endes bestimmt, und damit auch die Frauenberufsfrage entscheidet.«* (Agnes v. Zahn-Harnack). Dank theoretisch geschulter und organisatorisch begabter Frauen wie Alice Salomon konnte die bürgerliche Frauenbewegung innerhalb weniger Jahre in Berlin und einigen anderen großen Städten ein soziales Berufsschulwesen aufbauen und zur Entwicklung eines differenzierten öffentlichen Fürsorgesystems beitragen, das seinen Absolventinnen Arbeitsplätze bot. Entsprechend hieß es im Frauenführer von 1912: *»Es handelt sich um Arbeitsmöglichkeiten, die der Eigenart der Frau besonders entsprechen, bei denen die Anlagen und Fähigkeiten, die der Frau eigentümlich sind, zur besten Entfaltung und zu sozialer Wirksamkeit gelangen können. Hier öffnet sich der Frau eine neue Wirkungssphäre, und zwar sowohl der Frau, die nicht nach Erwerbsarbeit sucht, sondern nur in irgendeiner Form der Gemeinschaft dienen will, wie auch solchen Frauen, die ihren Lebensunterhalt suchen müssen.«*.

Ein weiteres Kapitel beschäftigte sich mit dem »Frauenstudium und den wissenschaftlichen Frauenberufen«, denn trotz des erbitterten Widerstands männlicher Hochschullehrer, die das Niveau wissenschaftlicher Leistungen, den akademischen Geist, die Substanz der Universitäten durch weibliche Studenten bedroht sahen, war die heilige Festung des deutschen Bildungswesen 1908 von der Frauenbewegung erobert worden; Frauen wurden regulär zur Immatrikulation zugelassen, nachdem sie bereits einige Jahre als Gasthörerinnen studieren und sogar promovieren durften.

Trotzdem warnte der Frauenführer noch eindringlich: *»Es ist noch nicht lange her, daß den Frauen überhaupt erst das Studium in Berlin und an den anderen deutschen Universitäten eröffnet worden ist, und es fehlt daher noch unter den Müttern an Tradition darüber, wann und unter welchen Umständen man Töchter studieren lassen soll. Ist es nun schon bedenklich, wenn vielfach junge Männer, die dafür ungeeignet sind, in die akademischen Berufe einströmen, so sind solche Gepflogenheiten von seiten der jungen Mädchen doppelt bedauerlich. Denn sie schädigen nicht nur die betreffenden Mädchen selbst...; sie gefährden auch die noch so junge Institution des Frauenstudiums, weil Mißerfolge auf diesem Gebiet nicht nur der einzelnen, sondern dem ganzen Geschlecht zur Last gelegt werden.«* Neben ernstem Willen zur Arbeit, klarem Verstande und Ausdauer sei deshalb auch eine eiserne Gesundheit unerläßliche Voraussetzung für ein Studium. Eindringlich wurde auf die Kosten des Studiums verwiesen: Unterhalt für die drei Jahre längere Schulzeit und für vier bis sechs Jahre Studium, Kolleggebühren zwischen 200 und 400 Mark pro Jahr, Bücherkosten von einigen hundert Mark und schließlich Promotionsgebühren von 400 Mark. Als Kompensation für all diese Investitionen konnte der Frauenführer allerdings in Aussicht stellen: *»Frauen, die einen akademischen Grad erlangt haben, oder ein Staatsexamen auf Grund des Universitätsstudiums bestanden haben, finden in Berlin zurzeit in den meisten Fällen bald eine interessierende, vielfach auch gut bezahlte Beschäftigung.«*

Handelsschule

Chemieschule

Die Doktorpromotion der ersten Frau an der Berliner Uni

Obst- und Gartenbauschule Marienfelde-Berlin

Gegründet 1894. **für Frauen gebildeter Stände.** Gegründet 1894.

Zweijährige Vollkurse zur Ausbildung von Berufsgärtnerinnen, Gartenbaulehrerinnen und Gartenliebhaberinnen. Aufnahme April und Oktober. **Spezialkurse** für Hospitantinnen und Lehrerinnen. Besitzerin und Leiterin Dr. **Elvira Castner.**

Gegründet 1878 — Gegründet 1878

Victoria-Fortbildungs- und Fachschule

Lehr- und Erziehungsanstalt für die weibliche Jugend

Vormals unter dem Protektorat Ihrer Majestät der Kaiserin Friedrich

Berlin W

Hochbahnhof Bülowstraße **Kurfürstenstr. 160** Telephon: Lützow 9706

I. Fach- und Fortbildungs-Schule:

Tages- und Abendkurse.

Höherer Handelskursus, Dauer 1 Jahr (nur für Absolventinnen der höheren Mädchenschule).

Geschlossener Handelskursus, Dauer 1½ Jahr (befreit vom Besuch der Pflichtfortbildungsschule).

Verkäuferinnen-Kursus, Dauer 1½ Jahr.

Berufskursus für Schneidern, Dauer 2 Jahre.

Berufskursus für Wäscheanfertigung, Dauer 2 Jahre.

Berufskursus für Damenputz, Dauer 1 Jahr.

Geschlossener Haushaltungskursus, Dauer 1 Jahr.

Hauswirtschaftlicher Halbjahrskursus. Diese Kurse befreien vom hauswirtschaftlichen Unterricht der Pflichtfortbildungsschule.

Seminar-Aspiranten-Kursus. (Vorbereitung für die Handarbeits- und Haushaltungs-, die Volksschullehrerinnen- u. Kindergärtnerinnen-Seminare.)

Kaufmännische, gewerbliche, hauswirtschaftliche Einzelkurse.

II. Seminare:

A. Handelslehrerinnen-Seminar, Dauer 1½ Jahre.

a, für geprüfte Lehrerinnen und Sprachlehrerinnen.

b, für Damen aus der kaufmännischen Praxis.

Ausbildung von Lehrerinnen für Kontoristinnenklassen.

Ausbildung von Lehrerinnen für Verkäuferinnenklassen.

B. Gewerbe-Schullehrerinnen-Seminar.

Für geprüfte Handarbeitslehrerinnen.

Abteilung für Wäscheanfertigung, Dauer 1 Jahr.

Abteilung für Schneiderei, D. 1 Jahr.

Abteilung f. Damenputz, D. ½ Jahr.

Ausbildung nach den ministeriellen Lehrplänen. Staatliche Prüfung.

Sprechstunde täglich von 11 bis 12 Uhr

Gesuche um Freistellen und Ermäßigungen sind an den Vorstand zu richten

Ausführliche Prospekte in der Anstalt

Nach den Fragen über Ausbildungsmöglichkeiten und Berufsaussichten war für die neu nach Berlin kommenden Frauen sicher das Kapitel über »Berliner Wohnungsverhältnisse« von besonderem Interesse. Die einleitenden Bemerkungen der Autorin lassen fast Sehnsucht nach der guten alten Zeit aufkommen: *»Der Fülle verschiedenartigster Anforderungen, die ans Wohnen gestellt werden, entspricht in Groß-Berlin die ungemeine Mannigfaltigkeit der Wohngelegenheiten. Und man kann wohl sagen, daß jeder Bedarf hier zu decken ist… Leere Wohnungen gibt es in Berlin zu jeder Zeit des Jahres so zahlreich, daß man niemals bei plötzlicher Übersiedlung in Verlegenheit kommt.«* Gleichzeitig wurde deutlich, an welche soziale Schicht sich der Frauenführer richtete: *»Am beliebtesten ist der Westen für Privatwohnungen… In die innere Stadt und nach O, N, S. NO, SO, und auch in den alten SW zieht nur, wer beruflich oder aus anderen triftigen Gründen dorthin gewiesen ist.«*

Da allein lebende Frauen sich häufig nicht mit dem finanziellen und Arbeitsaufwand für einen eigenen Haushalt belasten wollten oder konnten, wurde ausführlich das »Berliner Pensionswesen« dargestellt: *»Hervorgegangen aus dem privaten Familienhaushalt, der einige zahlende Gäste einschachtelte, lange Jahre hindurch nur ein Notbehelf für Damen, die ohne berufliche Vorbildung plötzlich verdienen mußten, gestaltet sich die Pension immer mehr zum Wirkungsfelde eigens dafür geschulter Frauen der besseren Kreise aus.«*

Neben diesen kommerziellen Unternehmungen gab es eine ganze Reihe von Projekten, die eine Lösung für die spezifischen Wohnungsprobleme alleinstehender Frauen aus »besseren Kreisen« bieten wollten: *»Für diejenigen einzelnen Damen, die dauernd hier leben, war es bisher noch nicht ganz leicht, ein angemessens Unterkommen zu finden. Einen richtigen Hausstand zu führen, sagt vielen aus verschiedenen Gründen nicht zu. Der einen ist es zu kostspielig, der andern* zu zeitraubend, die dritte fühlt sich in einer beliebigen Mietwohnung unsicher.« Die »Vereinigung für Frauenwohnungen« wie auch die Genossenschaft »Die Frauenwohnung« kauften oder mieteten deshalb Wohnungen für Frauenwohngemeinschaften an: *»Vorausgesetzt ist dabei unbestreitbar eine gewisse Gleichheit der Lebensanschauungen, eine gleichmäßige Bewertung von Äußerlichkeiten – ein über Kleinlichkeiten erhabens Bildungsniveau.«* Auch die »Genossenschaftsbank selbständiger Frauen« in Wilmersdorf vermietete preiswerte »Damenwohnungen« in den ihr gehörenden »herrschaftlichen« Häusern. Ein anderes Modell verfolgten die »Damenheime«, die nach dem Prinzip der Einküchenhäuser arbeiteten: Ein oder mehrere Zimmer wurden als selbständige Wohneinheit vergeben; statt separater Küchen verfügten die Häuser über Zentralküchen und gemeinsame Speisesäle sowie gemeinsames Dienstpersonal. So wurde den Damen eine standesgemäße Lebenshaltung ermöglicht, ohne daß sie mit ihrem oft recht knappen Einkommen ein eigenes Hausmädchen finanzieren mußten.

Nicht nur für die Grundbedürfnisse Arbeiten und Wohnen konnte der Frauenführer eine ganze Palette von Frauenprojekten, -initiativen und -organisationen auflisten, auch für die außerberuflichen Interessen boten sich alleinstehenden Frauen zahlreiche Möglichkeiten: Neben dem Anschluß an die eingangs erwähnten Organisationen der Frauenbewegung gab es zum Beispiel zahlreiche Sportorganisationen für Frauen wie die »Berliner Damenturnvereinigung«, den »Verein zur Förderung des Damenturnens«, die »Turnvereinigung Berliner Lehrerinnen«, den »Berliner Damen-Schwimmklub Germania«, den »Berliner Schwimmverein Aphrodite«, den »Friedrichshagener Damen-Ruderverein« oder den »Deutschen Damenruderklub Wannsee« neben zahlreichen privaten Kursen für »Damen gebildeter Stände« in Gymnastik, Florettfechten, Tennis, Golf etc. Auch ihren Urlaub mußten die Damen nicht allein verbringen; außer Unternehmen, die auf »Gesellschaftsreisen für Damen höherer Stände« spezialisiert waren, gab es auch in diesem Bereich Organisationen wie beispielsweise den »Klub Märkischer Touristinnen«.

Informationen über die diversen frauenspezifischen Veranstaltungen konnte frau der Tagespresse entnehmen, denn *»erfreulicherweise ist die Bedeutung der Frauenfrage im letzten Jahrzehnt in der Berliner Presse in ihrem vollem*

Damen=Wohnungen.

1—4 Zimmer mit Kochgelegenheit, vollständig in sich abgeschlossen. Billiger Lebensunterhalt durch gemeins. Haush. Schutz für Person und Eigentum. Gemeinsame Interessen, keine spekulative Ausbeutung. Geselliger Verkehr ohne persönliche Beschränkung. Kein Stift sondern genossenschaftl. Vereinigung.

Berlin-Schöneberg, Hauptstr. 20a, Akazienstr. 5. **Charlottenburg,** Marchstr. 4 5, Mommsenstraße 6. **Potsdam,** Marienstr. 11.

Prospekte gratis vom Vorstande des **Damenheim,** Hauptstr. 20a.

Das Schöneberger Damenheim Berlin W.-Schöneberg, Hauptstraße 17-18, das älteste und vornehmste Institut dieser Art, bietet alleinstehenden Damen jedes Alters angemessene Wohnungen in jeder Preislage.

Die Häuser haben Zentralheizung, Fahrstühle und elektrische Treppenbeleuchtung. Es werden ein und mehrere Zimmer leer und möbliert, aber keine Küchen vermietet. Die Mietsdauer beträgt in der Regel mindestens ein halbes Jahr, auf Wunsch werden langfristige Mietsverträge abgeschlossen; einzelne Zimmer sind gelegentlich auf kürzere Zeitdauer zu haben; möblierte Zimmer für Passanten werden auch tageweise abgegeben.

Die charakteristische Eigenart des Damenheims besteht darin, daß die Damen nach Wunsch Anschluß finden oder abgeschlossen bleiben können, daß sie keine Dienstboten zu halten brauchen, daß sie Gelegenheit haben, sich im Hause verpflegen zu lassen, daß sie aber nicht verpflichtet sind, Pension oder einzelne Mahlzeiten aus der Zentralküche zu entnehmen.

Die gemeinsamen Speisesäle stehen außerhalb der Mahlzeitstunden allen Mieterinnen zur Verfügung.

Ein Arzt wohnt im Hause Hauptstraße 17, eine Depositenkasse einer Großbank befindet sich im Hause Hauptstraße 18.

Die Preise verstehen sich je nach Lage und Größe der Zimmer. Ein ausführlicher Prospekt wird jedem Interessenten auf Wunsch übersandt.

Der große Andrang wohnungsuchender Damen hat die Verwaltung veranlaßt, in der Uhlandstraße 45 (nahe Kurfürstendamm) und in der Trautenaustraße 9 (nahe Kaiserallee) gleichartige Betriebe zu eröffnen.

Das Heimathaus für Damen des gebildeten Mittelstandes

bietet alleinstehenden, besseren, jugendlichen Damen ein behagliches und solides Heim, nebst guter Verpflegung zum Preise von 60—100 Mark pro Monat. Passantinnen und **Damengesellschaften** finden auf kürzere Zeit Aufnahme. Prospekt frei.

Das Heimathaus verfügt zur Zeit über 22 freundlich eingerichtete Zimmer ruhiger Lage, Bad, Telephon, Speise- u. Gesellschaftssaal, sowie große gartenähnliche Veranda.

Die Lützowstraße ist nahe der Potsdamer Brücke, dem Tiergarten, zwischen Potsdamer Bahnhof und Bahnhof Zoologischer Garten gelegen. Verbindung nach allen Richtungen. Haltestelle der Straßenbahn vor der Tür.

Schwester Anna Ulrich.

FRAUENBANK E. G. m. b. H.

früher Genossenschaftsbank selbständiger Frauen

Berlin-Wilmersdorf

Motzstraße 38/39 · Geschäftskreis über 1000 Mitglieder

Für Mitglieder:

1. Diskontierung von Wechseln und Schecks. 2. Gewährung von Darlehen gegen Sicherstellung durch Bürgschaften, Hypotheken oder sonstige Wertunterlagen. 3. Beleihung von börsenfähigen Wertpapieren. 4. Ausführung von Börsenaufträgen. 5. An- und Verkauf von Wertpapieren usw. 6. Giro-Überweisungsverkehr. 7. Postscheckverkehr. 8. Nachlaß- und Vermögensverwaltungen. 9. Hausverwaltungen. 10. Besorgung und Unterbringung von Hypotheken. 11. Treuhandabteilung.

Für Mitglieder und Nichtmitglieder:

Wir vergüten für Spar- und Depositengelder bis auf weiteres:	bei täglicher Kündigung	3½ Prozent
	bei vierwöchentlicher Kündigung . . .	3¾ Prozent
	bei vierteljährlicher Kündigung	4 Prozent
	bei halbjährlicher Kündigung	4½ Prozent
	bei jährlich r Kündigung	5 Prozent

Juristische Sprechstunden täglich von 4—6 (nach auswärts schriftlich). Für Mitglieder kostenlos!

„GLOBUS“

Gesellschaftsreisen für Damen höherer Stände

(Cäcilie und Elly Arnheim, Berlin, Königgrätzer Straße 47 I. Sprechstunde 11—1) bieten vom Standpunkt der Damen betrachtet mit dem Wahlspruch „Mit Ruhe reisen, mit Ruhe genießen“ alle Annehmlichkeiten, welche ihre Gesellschaftsreisen zu Vergnügungsreisen gestalten. **Spezialität: 14 tägige Pariser Reisen.** „Elitereisen“ (Grand Hôtel) für verwöhnte Damen. „Billige Reisen“ (renommierte Hotels, Zentralheizung, Fahrstuhl). Jede Dame eigenes Zimmer, elektrisches Licht, alles inkl., auch Fahrpreis II. Klasse. Ab Berlin von **310 – 555** Mark (III. Klasse 37 Mark billiger). Keine Nachzahlungen. Zahlreiche Dankschreiben. Prospekte gratis. Prima Referenzen.

Bibliothekarinnen

Frauen an Maschinen des Elektrofabrik Schuckert

Umfang erkannt und gewürdigt worden, so daß die führenden Tageszeitungen in ihrer Mehrzahl eine diesen Interessen gewidmete Beilage haben«. Die »Redaktricen« dieser Beilagen waren häufig wie z.B. Anna Plothow von der »Frauen-Rundschau« des Berliner Tagesblatts Vertreterinnen der Frauenbewegung.

Daß alleinstehende Frauen trotz all dieser Möglichkeiten keinen in die bürgerliche Gesellschaft der Reichshauptstadt integrierten Platz einnahmen, offenbarte sich allerdings in dem Kapitel über »Berliner Geselligkeit«. Zwar wurden verschiedene Fortschritte konstatiert wie zum Beispiel, daß nach großen Diners die Gesellschaft zu Kaffee und Likör nicht mehr in Herren und Damen eingeteilt wurde, *»weil es Sitte geworden ist, auch den Damen Zigaretten anzubieten, die oft gern genommen und angezündet werden«.* Oder: *»Ein auffallender Gegensatz zu früherer Zeit, der sich aus den Verkehrsverhältnissen von Groß-Berlin und aus dem Vertrauen in die beiderseitige Jugend erklärt, spricht sich auch darin aus, daß die jungen Damen nicht mehr von Dienern oder Zofen abgeholt werden, sondern von den jungen Herren an die Elektrische, die Untergrundbahn oder zu einem Auto geleitet werden.«* Trotz aller angeblichen Freizügigkeit waren Frauen bei nahezu allen Formen der Geselligkeit – eine Ausnahme bildete lediglich der um 1900 bereits traditionsreiche Ball des »Vereins der Künstlerinnen und Kunstfreundinnen«, bei dem die »Herrenwelt« ausgeschlossen war – ausschließlich im familialen Kontext vorgesehen waren, als Anhängsel des Ehemanns oder Vaters. Ohne männliches Familienoberhaupt verfügte die Frau über keinen gesellschaftlichen Status, die Voraussetzung für die Einbeziehung in die »richtigen« gesellschaftlichen Kreise. So bleibt der Autorin des Frauenführers nur das Fazit: *»Für die einzelne Frau ist es naturgemäß immer noch nicht so leicht wie für den Mann, sich gesellschaftlich einzurangieren. Und sie muß ja auch mit ihren Beziehungen vorsichtig sein.«*

Als Alternative werden die allein lebenden Frauen auf die Frauenklubs verwiesen, die für sie *»den besten gesellschaftlichen Mittelpunkt«* böten. Mehrere Organisationen dieser Art waren in Berlin um die Jahrhundertwende entstanden: Als erster war 1898 der »Deutsche Frauenklub« gegründet worden, der sich besonders an die »Stiefkinder der Gesellschaft«, die alleinstehenden Frauen der oberen Gesellschaftskreise ohne besondere Berufs- oder sonstige Interessen wandte. In seinem *»behaglich eingerichteten Heim«* in der Kurfürstenstraße wurde *»durch literarische, soziale und musikalische Vorträge Unterhaltung mannigfacher Art geboten, regelmäßige Kartenspielabende vereinigen die Freundinnen eines fesselnden Whist, Skat oder Bridge und ein reichhaltiges Lesezimmer hält die Mitglieder auf dem Gebiet der Tagespresse und der Literatur auf dem laufenden«*. Als Kuriosität merkte die Autorin an, daß bereits die Einrichtung eines kleinen Rauchzimmers einen Sturm moralischer Entrüstung hervorrief, *»der in zahlreichen mehr oder weniger geschmackvollen Witzen und Karikaturen in Zeitungen und Witzblättern«* zum Ausdruck kam.

Dieser ersten Frauenklubgründung folgten bald weitere; Vertreterinnen der Frauenbewegung gründeten den »Berliner Frauenklub von 1900« mit dem Ziel, *»der arbeitenden Frau ein Heim zu schaffen, wo sie zu mäßigen Preisen ihr Mahl nehmen und abends in gleichgestimmter Umgebung Erholung und Unterhaltung finden kann«*. Einige Jahre später entstand der Frauenklub »Neue Zeiten«, der *»auf christlicher Grundlage«* stand und sich bemühte, *»mit allen ringenden Frauen unserer Zeit Fühlung zu halten und ihre Interessen fördernd zu unterstützen«*. Die gesellschaftlich ambitionierteste dieser Organisationen war der »Deutsche Lyzeum-Klub«, der sich als »Vereinigung der geistig und künstlerisch schaffenden Frauen« verstand. Neben den selbständig arbeitenden Frauen aus künstlerischen oder intellektuellen Berufen wurden auch *»solche Frauen, die ihr lebhaftes Interesse an geistigen, künstlerischen und gemeinnützigen Bestrebungen durch deren Förderung bekundet hatten«* als außerordentliche Mitglieder aufgenommen. Ihnen verdankte der Lyzeums-Klub wohl auch seine Finanzkraft. Er verfügte nicht nur über großzügige, von *»hervorragenden Kunstgewerblerinnen«* gestaltete Räume – zunächst am Karlsbad, dann am Lützowplatz –, er beteiligte sich auch aktiv am kulturellen und sozialen Leben Berlins und trat mit groß angelegten Veranstaltungen wie zum Beispiel 1908 mit einer »Internationalen Volkskunstausstellung« und 1912 – in Zusammenarbeit mit dem Bund Deutscher Frauenvereine – der Ausstellung »Die Frau in Haus und Beruf« an die Öffentlichkeit.

In dem vielfältig geknüpften Netz von Frauenprojekten und Frauenorganisationen manifestierte sich zum einen die Stärke der bürgerlichen Frauenbewegung vor dem ersten Weltkrieg. Zum anderen wird aber auch deutlich, daß Frauen ohne familiale Bindungen auch in Berlin trotz seiner viel gerühmten Freizügigkeit gesellschaftliche Außenseiter blieben, die sich ihre eigene soziale Infrastruktur schaffen mußten. Alternative Lebensformen wurden in dieser Frauenszene allerdings nur als Notbehelf entwickelt; auch wenn die alleinstehenden Frauen einerseits gegen den tradierten weiblichen Lebensentwurf des Bürgertums auch für Frauen individuelle Autonomie reklamierten, orientierten sie sich andererseits weiter an bürgerlichen Wertmaßstäben und Normen.

Minna Kautsky

DIE SPINNFABRIK

Die Glocke des alten Kirchturms begann das Mittagsgeläute.

In der Baumwollfabrik Victoria von Konrad Riehl herrschte noch immer eine rege, mannigfaltige Tätigkeit.

Die Schwungräder der Dampfmaschine arbeiteten unverdrossen und setzten durch zahlreiche Transmissionen die verschiedenen Maschinen in Bewegung, welche der komplizierte Prozeß der Garngewinnung bedingt. Die Kratzmaschinen funktionierten kreischend in doppelter Bewegung. Hierbei waren ausschließlich Männer beschäftigt. Bei den Doubliermaschinen und Streckern, wo die, zu einem konsistenten Bande vereinigten Fasern, in Bänder geteilt und durch fortschreitende Dehnung die nötige Feinheit erhalten, standen nur Mädchen in Verwendung. In einem großen Saale waren die Spinnmaschinen aufgestellt. Hier wirbelten die Spindeln in dem rasenden Tempo von 8000 Touren in der Minute um ihre eigene Achse, und die Streckenwerke gingen vor- und rückwärts, die Spulen abwickelnd, bis das feinste Garn gewonnen war.

Hier arbeiteten Männer und Knaben, die letzteren als Andreher. Welch eine Summe von Arbeit, welche Bewegung, durch geheimnisvolle Kräfte vollführt! Und wie das pfeift und surrt und quiekt und poltert!

Aber all dieser ohrzerreißender Lärm wird noch übertönt durch den Opener*, dem die Arbeiter selbst den Spitznamen »der Wollteufel« gegeben haben. Er ist die Vorbereitungsmaschine, welche mit dem Rohmaterial zu manipulieren hat, und die noch konsistente Masse durch eine große eiserne Walze, welche in 3000 Umdrehungen in der Minute dagegen stößt, buchstäblich in Fetzen reißt. Was nicht Faser ist, wird ausgeschieden; die schweren Körperchen fallen zu Boden, die Staubteile aber wirbeln heraus und erfüllen den Raum.

Der Wollteufel vollbringt seine Arbeit unter einem entsetzlichen Getöse. Es ist ein ununterbrochenes metallisches Ineinanderdröhnen von unheimlicher Kraft und Stärke, es ist eine ewige Melodie, die die Nerven ertötet.

Aber die Maschine hat keine Nerven, sie arbeitet weiter, arbeitet unaufhörlich, Tag und Nacht, in steter Gleichmäßigkeit und Akkuratesse, und fordert nichts, als die aufmerksamste Aufsicht und Bedienung.

Der einundzwanzigjährige Andreas hatte den Dienst bei dem »Opener«. Er entnahm dem mit Eisenreifen umgürteten Ballen die ungereinigte graue schmutzige Baumwolle und stopfte den Wollteufel damit voll, der diese zerreißt und vom Schmutz und allen fremdartigen Bestandteilen reinigt.

Der graugelbe Schmutz, der durch den enormen Luftdruck dem Opener entwirbelt, liegt auf seinen Kleidern, die nichts mehr von ihrer ursprünglichen Farbe zeigen, er überdeckt sein feuchtes Gesicht und rinnt zum Teil wieder mit dem Schweiß herunter. Eine noch dichtere Schicht dieser Unreinlichkeiten bedeckt seine Haare und den dünnen rötlichen Flaum, der seinem Kinn entsproßte. Wie nahe er herzutrat und sich vorbeugte, so daß man vermeinte, er müsse mitgerissen und zermalmt werden! Aber er hantierte ruhig und sicher und selbst das Getöse hatte seine Wirkung auf ihn verloren, er war taub geworden. Das unaufhörliche Dröhnen hatte seine Ohrennerven ertötet. Wie er sie haßte, diese Maschine, den Wollteufel, der ihm alle Lebensfreude geraubt hatte, der ihn in einen Zustand versetzte, der ihn verlos dem Gespött preisgibt, und ihn als einen Unzurechnungsfähigen erscheinen läßt. Und er, in dessen Brust es jünglingshaft sich regte, nach Freude und

* Öffner (Anmerkung von Minna Kautsky)

Freiheit verlangend, er mußte sein Knecht sein, er mußte es füttern, das gefräßige Ungeheuer, den langen Tag hindurch, es schmieren und säubern und jede Sorgfalt ihm weihen.

Und wenn er auch den Höllenlärm nicht hörte, so empfand er ihn doch in jedem Nerv. Der Boden bebte und zitterte unaufhörlich unter der Erschütterung und diese teilte sich seinem Körper mit und dem ganzen Raum, und setzte sich weiter und weiter fort. – Dem Saal, in dem der Opener stand, war ein Halbstock aufgesetzt, der nur einen dünnen Bretterboden hatte. Da oben befanden sich die Hasplerinnen.

Die Hasplermaschinen waren nicht schwer und die Hasplerinnen, meist ganz junge Mädchen, waren noch leichter, der Boden trug sie. So konnte eine ganz vorschriftswidrige Anordnung seit Jahren bestehen, ohne daß dies zu einer Klage Veranlassung gegeben. Dieser dünne, sich schwingende Boden, war in immerwährender Vibration, und den Mädchen, die darauf standen, zitterten tatsächlich die Beine.

Die kleine Franzel hatte hier ihren Platz, und ihr zarter Körper litt bedenklich unter den Erschütterungen und dem Getöse, das so deutlich von unten heraufdrang. Während ihrer langen Arbeitszeit ist sie auf einen Platz gebannt, es ist ihr verboten, ihn zu wechseln, oder sich auch nur niederzusetzen. Und sie reguliert die Bewegungen des Rades und setzt die Spindeln auf, eine nach der andern, mit den gewandten Fingern rasch die Fäden andrehend.

Es ist die Arbeit eines Automaten, immer dieselben Handgriffe, dieselbe Bewegung, welche dieselben Muskeln in Anspruch nimmt.

Sie vollzieht ihre Arbeit mit hocherhobenen Armen, die keinen Stützpunkt haben, in stark vorgebeugter Haltung. Ihre Augen haben ja dies wirbelnde Spiel zu verfolgen, sie darf es nicht eine Sekunde außer acht lassen, nicht nach oben, nicht nach unten hin, und sie hat außerdem genau die Fäden zu zählen, die in ein Gebinde kommen. Die Mädchen alle, die da in einer Reihe nebeneinander stehen, sind auf das Leichteste bekleidet. Sie tragen einen dünnen Rock, der kaum bis an die Knöchel reicht und die nackten Füße darunter sehen läßt, darüber eine große Schürze, die nach unten hin fest zurückgebunden ist. Der Oberkörper ist nur mit einem Hemde bekleidet, das die eine oder die andere sogar ein wenig über die Schultern herabfallen läßt. Es ist so heiß und der Zutritt von frischer Luft so ziemlich ausgeschlossen, da kein einziges dieser großen Fenster zum Öffnen eingerichtet war.

Die Wolle ist eben gar empfindlich gegen den leisesten Luftzug, ihre feinen Härchen sträubten sich dann wie im Widerwillen empor und fangen zu flattern an, und die Fäden reißen, reißen unaufhörlich. Die Wolle liebt Dunst und Wärme, und die Arbeiter haben sich schließlich an diese Temperaturen gewöhnt, die die eines Treibhauses sind und sie in immerwährender Transpiration erhalten. Die dunstige, beklemmende Schwüle, die fette Luft, die mit dem Geruch von Schweiß und ranzigem Öl erfüllt ist, wurde in dieser Sommermittagsstunde schier unerträglich.

Aber immer noch wirbeln die Spindeln, drehen sich die Räder der Maschinen, immer noch surrt und dröhnt es in den Ohren, und immer noch starren all diese blassen Gesichter stumpfsinnig auf die rasende Arbeit, jede dieser blitzartigen Bewegungen verfolgend. Aber in dem Maße, als der Prozeß vorwärts schreitet und die Produzenten ermattet und erschöpft sind und ihre Lungen schwerer atmen, in dem Maße, als diese Menschen immer häßlicher erscheinen unter dem Schmutz, der sich auf ihnen ablagert, geht das Produkt gereinigt hervor und präsentiert sich in blendender Weiße und Schönheit.

Endlich läutete auch hier die Mittagsglocke, und im nächsten Augenblick standen wie durch einen Zauberschlag alle Maschinen still und die Arbeiter waren hinweggestürzt.

Georg Fülberth

GROSSGEWÄHLT UND WEICHGEKLOPFT

Die deutsche Sozialdemokratie vor 1914

Illegales Transparent der Sozialdemokratischen Partei anläßlich des 10. Jahrestages der Verkündung des Sozialistengesetzes

Dem Morgenrot entgegen...

Kaum war das Deutsche Reich gegründet, da schien ihm schon ein Todfeind an der Gurgel zu hängen: die deutsche Sozialdemokratie.

1875 schlossen sich auf einem Parteitag in Gotha der »Allgemeine Deutsche Arbeiterverein« (ADAV, gegründet 1863) und die »Sozialdemokratische Arbeiterpartei« (seit 1869) zur »Sozialistischen Arbeiterpartei Deutschlands« zusammen. Der Gründer des ADAV, Ferdinand Lassalle (1825–1864), hatte die Reform gepredigt: zum Sozialismus könne man dadurch gelangen, daß die Arbeiter »Produktivassoziationen« gründen, die vom Staat mit Krediten unterstützt werden. Voraussetzung, daß eine Regierung sich dazu bereitfinde, sei allerdings das allgemeine Wahlrecht. Das gab es damals nirgends in Deutschland, es mußte – so forderte der ADAV – erkämpft werden.

Die Führer der Sozialdemokratischen Arbeiterpartei, August Bebel und Wilhelm Liebknecht, waren bereits von Karl Marx und Friedrich Engels, die im britischen Exil lebten, beeinflußt. Diese hielten nun überhaupt nichts von kleinen Abhilfen. Ihrer Meinung nach würde jede Reform über kurz oder lang von der Dynamik der kapitalistischen Entwicklung, von der Konkurrenz, von den periodisch wiederkehrenden Wirtschaftskrisen, der ständigen Zentralisation des Kapitals und der Tendenz des Kapitalismus zur Erzeugung immer größerer Arbeitslosigkeit zerstört werden. Nötig sei deshalb die Eroberung der politischen Macht durch die Arbeiterklasse, die Ersetzung des bürgerlichen Staates durch einen proletarischen (»Diktatur des Proletariats«) und die Überführung der Produktionsmittel in gesellschaftliches Eigentum.

Im »Gothaer Programm« von 1875 waren noch starke Tendenzen der Theorie von Lassalle spürbar.

Das änderte sich teilweise unter dem Sozialistengesetz. Nachdem sich August Bebel 1871 im Reichstag demonstrativ zur Pariser Commune bekannt hatte, sah Bismarck in der Sozialdemokratie den schlimmsten »Reichsfeind«. 1878 setzte er – auch zur inneren Absicherung der Schutzzoll-Politik – ihr Verbot durch. Der Staat, von dem Lasssalle eine Unterstützung der Arbeiterbewegung erhofft hatte, trat jetzt als ihr Verfolger auf: die sozialdemokratische Presse und Organisation wurde in die Illegalität getrieben. Über Städte, in denen die Partei besonders einflußreich war, verhängten die Behörden den »Kleinen Belagerungszustand« und wiesen sozialistische Agitatoren aus. Nur *gegen* den Staat konnte die Sozialdemokratie ihre Existenz sichern, etwa mit dem Aufbau einer illegalen »internen« Organisation und eines Verteilernetzes für das im Ausland redigierte und gedruckte Zentralorgan. Viele Jahre später hat Lenin festgestellt, die deutsche Sozialdemokratie unter dem Sozialistengesetz sei das Vorbild für seine eigene bolschewistische Partei gewesen. Die Erfahrungen der Illegalität förderten einen Prozeß der Radikalisierung. Dieser fand 1891 im »Erfurter Programm«, das stark marxistisch beeinflußt war, seinen Ausdruck.

Aber es gab auch Gegentendenzen. Die Sozialversicherung – damals vorbildlich in Europa – erschien manchen Mitgliedern als ein Stück vorweggenommener Sozialismus. Als Mitte der achtziger Jahe die Reichsregierung ihre Kolonialpolitik durch Subventionen für eine Übersee-Dampferlinie stützen wollte, hätte die Reichstagsfraktion der Sozialistischen Arbeiterpartei um ein Haar zugestimmt, da auf diese Weise Arbeitsplätze auf deutschen Werften gesichert

Demonstration für das allgemeine Wahlrecht

worden wären. Friedrich Engels in seinem Londoner Exil wäre fast ausgeflippt, als er davon erfuhr. Marx und Engels hatten nach der Revolution von 1848/49 emigrieren müssen und waren nach England gegangen. Insbesondere Engels führte in seinen letzten Lebensjahren einen lebhaften Briefwechsel mit August Bebel, der sich in gewisser Weise als sein Schüler begriff.

Überhaupt die Fraktion! Obwohl die Partei verboten war, durfte sie doch Kandidaten zu den Wahlen aufstellen. Da es damals noch keine Diäten gab, benannte sie gern solche Genossen, die wirtschaftlich unabhängig waren, also der Partei nicht auf der Tasche liegen mußten, wenn sie ihr Mandat ausübten. Damit aber erhielt man eine Zusammensetzung der Fraktion, welche derjenigen der Mitglieder- und Wählerschaft wohl kaum entsprach. Hier war ein organisiertes Zentrum des Reformismus in der Sozialdemokratie. Da ihre Praxis in der Illegalität nur in den Wahlen nach außen sichtbar werden konnte, wurde sie oft überbewertet. Die radikalen Tendenzen waren in demjenigen Teil der Partei, der die illegale Arbeit zu leisten hatte, besonders stark. 1890 wurde das Sozialistengesetz nicht mehr erneuert. Es hatte seinen Zweck, die parteipolitische Arbeiterbewegung zu zerschlagen, nicht erreicht, im Gegenteil: ihr Wähleranteil hatte sich unter dem Ausnahmegesetz mehr als verdoppelt. Doch ist fraglich, ob die Repression nicht am Ende doch ein Erfolg für die herrschenden Klassen gewesen ist. War es den staatlichen Gewalten etwa gelungen, die Sozialdemokratie auf den parlamentarischen Kampf zurückzustutzen?

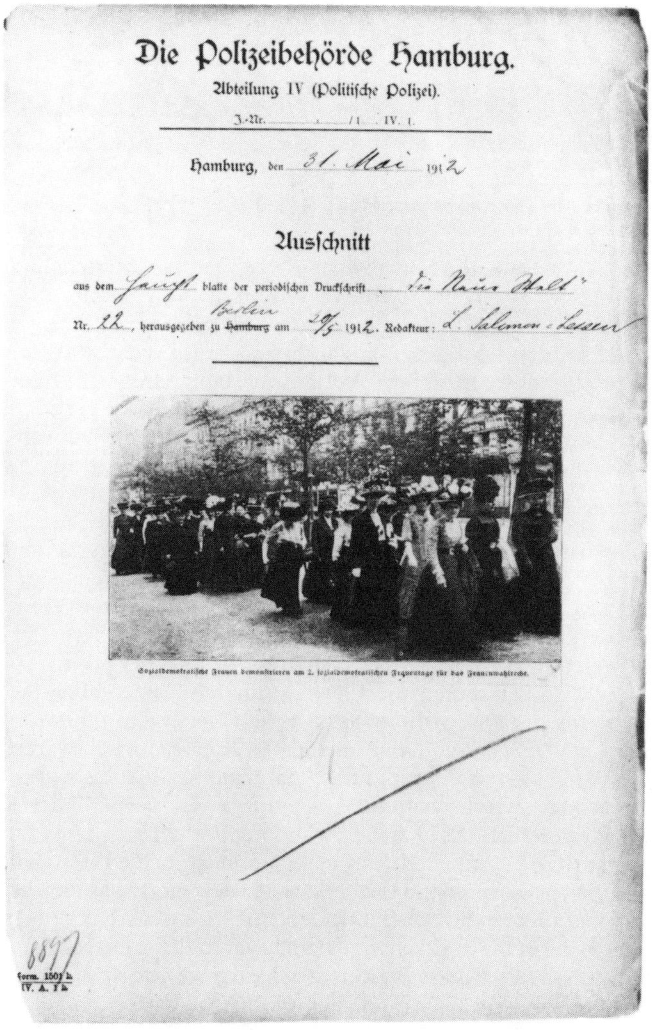

Die Polizeibehörde Hamburg.

Abteilung IV (Politische Polizei).

J.-Nr. /1. IV. 1.

Hamburg, den 31. Mai 1912

Ausschnitt

aus dem Haupt blatte der periodischen Druckschrift „Die Neue Welt"

Nr. 22, herausgegeben zu ~~Hamburg~~ Berlin am 29/5 1912. Redakteur:

Sozialdemokratische Frauen demonstrieren am 2. sozialdemokratischen Frauentage für das Frauenwahlrecht.

Die politische Polizei registriert Demonstrationen sozialdemokratischer Frauen für das Frauenwahlrecht

Parteistempel aus der Zeit des Sozialistengesetzes

SPD-Parteitag 1892

Das Fünklein und der Sumpf

Die Aufhebung des Sozialistengesetzes war für die Sozialdemokraten ein großer aktueller Triumph. Nun konnte ihre Partei in die Legalität zurückkehren. Sie gab sich 1891 einen neuen, ihren heutigen Namen: Sozialdemokratische Partei Deutschlands. In ihrem Vorfeld bestand ein vielfältiges Organisationsnetz, das zwar teilweise schon in der Verbotszeit gegründet worden war, jetzt aber weit größere Massenwirksamkeit gewann. Dazu gehörten Sport- und Kulturvereine. Vor 1890 waren sie oft Tarnorganisationen gewesen. Jetzt spalteten sich in zahlreichen Ortschaften die bürgerlichen Turn- und Gesangvereine. Aus ihnen gingen Arbeiter-, Turner- und Sängerbünde hervor. Von Österreich aus breitete sich in den neunziger Jahren der »Touristenverein Die Naturfreunde« aus. Sozialdemokratische Arbeiter gründeten Konsumgenossenschaften. Das größte politische Gewicht aber hatten die Gewerkschaften. 1892 gaben sie sich eine organisatorische Spitze: die »Generalkommission der Gewerkschaften Deutschlands«. Organisatorisch waren sie von der Sozialdemokratie unabhängig, aber sie waren Richtungsgewerkschaften: als »Freie Gewerkschaften« standen sie der SPD nahe, während die christlichen Gewerkschaften zum Zentrum hielten und sogar die Liberalen eine ihnen verbundene Gewerkschaftsbewegung hatten (die sogenannten »Hirsch-Dunckerschen Gewerkschaften«). Die »Freien Gewerkschaften« aber waren die stärksten: am Vorabend des Ersten Weltkrieges hatten sie circa zwei Millionen Mitglieder, die Sozialdemokratische Partei etwa eine Million.

Unklar blieb, wie die organisatorische Stärke der Arbeiterbewegung zur Realisierung ihrer programmatischen Ziele eingesetzt werden konnte. In den Landtagen herrschte

Die Polizei verhaftet einen sozialdemokratischen Agitator

22. Woche
18. Jan. 04
Zehnstundentagkämpfer aus Crimmitschau Hoch die Solidarität!

weiter das Pluralwahlrecht, der Reichstag war weitgehend machtlos, und die sozialdemokratische Fraktion war dort überdies isoliert. Seit 1896 fanden sich die Konservativen und die Nationalliberalen zu einer anti-sozialdemokratischen »Sammlungsbewegung«. Die Legalität der Arbeiterbewegung blieb bedroht. Mit dem Einsetzen der Flotten-Hochrüstung stagnierte die Reallohn-Entwicklung, immer mehr Streiks scheiterten.

Für diese neue Situation hatte die Partei noch keine Strategie. Ein Vertreter des rechten Flügels, Wolfgang Heine, regte in der zweiten Hälfte der neunziger Jahre an, die Partei sollte den Militärausgaben zustimmen, wenn die herrschenden Klassen dafür das allgemeine Wahlrecht in den Ländern sowie die Parlamentarisierung der Regierung im Reich einräumen würden. Hier tauchte ein Gedanke auf, der die Partei zunehmend beschäftigte: konnte man nicht einen Teil der eigenen Forderungen durchsetzen, indem man auf andere verzichtete? Zu den Kleinigkeiten, welche man sich dabei abschminken müsse, gehöre auch die revolutionäre Perspektive. Eduard Bernstein, ein ehemaliger Kampfgefährte von Marx und Engels, schuf ab 1896 für diese »Kompensationspolitik« eine theoretische Grundlage, indem er behauptete, die Theorie des Marxismus sei in ihren wesentlichen Teilen falsch. Nicht durch Revolution könne die Arbeiterklasse befreit werden, sondern durch eine Kombination von Reformen: in den Gemeinden, in den Parlamenten, durch Genossenschaften, wachsenden Einfluß der Gewerkschaften und durch das Arbeitsrecht. Allerdings war in der Reichsleitung und in den bürgerlichen Parteien weit und breit kein Partner für eine solche neue Politik zu sehen. Die Sozialdemokratische Partei lehnte deshalb Bernsteins »Revisionismus« – so nannte man ihn, weil er auf eine Revision der Theorie von Marx hinzielte – auf ihren Parteitagen zwischen 1899 und 1903 immer wieder mit großem Pathos und satten Mehrheiten ab. In den Landtagen, in den Gemeinden, in den Vertretungskörperschaften der Sozialversicherung sowie in den Gewerbegerichten aber blühte längst der kleine und der große Kompromiß. In Baden bewilligte die sozialdemokratische Fraktion den Landeshaushalt, ließ sich auf den Parteitagen dafür verurteilen und machte anschließend so weiter wie bisher. Als die Sozialdemokratie auf ihrem Parteitag in Jena 1905 beschloß, zur Verteidigung des allgemeinen Wahlrechts im Reich und zu dessen Durchsetzung in den Ländern notfalls auch den politischen Massenstreiks einsetzen zu wollen, geriet sie mit den Gewerkschaftsführern aneinander: diese fürchteten, daß dabei ihre Kassen und Posten flöten gehen würden. Längst aber lag die reale Macht in der Arbeiterbewegung schon bei ihnen. Die Partei kroch also schleunigst zu Kreuze. In einem Abkommen mit der Gewerkschaftsführung räumte sie 1906 ein, daß sie erst bei der Generalkommission der Gewerkschaften um Genehmigung einkommen werde, falls sie einmal einen politischen Streik ins Auge fasse.

Einer der besten Köpfe in der ganzen Arbeiterbewegung gehörte einer Frau: Rosa Luxemburg. Als Ökonomin – 1913 erschien ihr wissenschaftliches Hauptwerk: »Die Akkumulation des Kapitals« – und Politikerin analysierte sie den Imperialismus und kam zu dem Ergebnis, daß dieser nahezu zwangsläufig in einen großen kriegerischen Kladderadatsch hineinrenne, wenn ihm nicht die Arbeiterklasse rechtzeitig das Handwerk lege. 1910 fanden in Preußen unter Leitung der Sozialdemokratie Demonstrationen gegen das Dreiklassen-Wahlrecht statt. Im Kampf um das allgemeine Wahlrecht war sich die gesamte Partei – über alle Flügelkämpfe hinweg – einig. Die Aktionsbereitschaft der Mitglieder in dieser Frage war sehr groß. Auch der Vorstand war in dieser

Karl Liebknecht und Rosa Luxemburg auf dem SPD-Parteitag 1909

August Bebel mit Delegierten des Mannheimer Parteitages

Frage durchaus tatendurstig – wenn es nur nicht zu weit ging. Rosa Luxemburg forderte, daß die Demonstrationen zu Massenstreiks und zum Kampf um die demokratische Republik ausgeweitet werden sollten. Dem Parteivorstand fiel vor Schreck fast die Pfeife aus dem Mund. Er hatte sich die Demonstrationswelle nur als eine Art Vorwärme-Aktion für die nächsten Reichstagswahlen gedacht. Deren Erfolg für die Sozialdemokratie konnte durch eine zu harte innenpolitische Konfrontation seiner Meinung nach eher gefährdet werden. Also blies er lieber die Straßendemonstrationen ab.

Rosa Luxemburg aber hatte zugleich recht und unrecht gehabt. Den Zustand des Imperialismus und seine Entwicklungstendenzen analysierte sie vollständig zutreffend. Aber mit ihrer politischen Strategie war sie ganz einfach in der falschen Partei. Deren Mehrheit war längst schon ein – wenngleich unterdrückter und gefährdeter – Teil des wilhelminischen Systems geworden: vollauf beschäftigt mit Abwehrkämpfen gegen Lohnverschlechterungen, Verhandlungen in Parlamenten und sozialpolitischen Gremien. Die Taktik des Abwartens und des Durchwurstelns schien auch Erfolg zu haben: Bei den Reichstagswahlen, derethalben die Parteiführung ja die Demonstrationswelle gestoppt hatte, gewann die Sozialdemokratie 1912 mehr als ein Drittel der Stimmen.

Rosa Luxemburg und ihre Gesinnungsgenossen – Leo Jogiches, Karl Liebknecht, Franz Mehring, Wilhelm Pieck, Clara Zetkin und andere – waren nicht völlig isoliert. In den Massenstreikdebatten der Parteitage zeigte sich, daß ihre Position von wichtigen Regionalorganisationen geteilt wurden: um Stuttgart und Göppingen herum, am Niederrhein, in Braunschweig und Berlin. Aber das blieb letztlich doch eine Minderheit. Die Sozialdemokratie war im Grunde gespalten, sie enthielt zwei Parteien innerhalb einer einzigen Organisation. Der greise Parteivorsitzende August Bebel vollführte einen angestrengten Spagat zwischen beiden Flügeln, um die Einheit zu retten. Karl Kautsky, der offizielle Theoretiker der Partei, lieferte eine Ideologie dazu: die Revolution sei unvermeidlich, aber hier und jetzt müsse man nichts für sie tun. Die Stunde der Wahrheit kam für die deutsche Sozialdemokratie nicht erst am 4. August 1914, als ihre Reichstagsfraktion die Kriegskredite bewilligte, sondern schon 1913: damals hat sie – ebenfalls im Reichstag – der Finanzierung einer neuen Wehrvorlage zugestimmt, soweit diese erstmals durch eine direkte Abgabe der Vermögenden mit gedeckt werden sollte. In beiden Fällen – 1913 und 1914 – handelte die Fraktion sozusagen »autonom«, ohne vorherigen Beschluß eines Parteitages. Die Zustimmung zu den Kriegskrediten 1914 erfolgte sogar im Widerspruch zu einer Resolution des Stuttgarter Kongresses der Sozialistischen Internationalen. Dort war festgelegt worden, daß die Arbeiterorganisationen mit allen ihnen zur Verfügung stehenden Mitteln gegen den Krieg kämpfen sollten. Mit dem Beschluß von 1913 hatte sich der Reichstag nunmehr eine steuerpolitische Befugnis angeeignet, welche bislang ausschließlich von den Landtagen wahrgenommen worden war. Sozialdemokratie, Zentrum und Liberale stimmten in dieser Frage gemeinsam gegen die Konservativen. Ein Ende der Isolierung schien sich abzuzeichnen. Zugleich deutete sich eine neue Konstellation an: die Aussicht auf eine zweite Linie bürgerlicher Herrschaft, falls die Konservativen einmal endgültig abgewirtschaftet haben sollten. Dann war vielleicht eine bürgerliche Republik möglich, in welcher die Bourgeoisie herrschende Klasse blieb, die Arbeiterklasse aber sozialpartnerschaftlich auch ein bißchen partizipieren konnte. Als dieses Stück ab 1918 erstmals gespielt wurde, fiel es bald durch. Seine Neu-Inszenierung nach 1949 scheint erfolgreicher. Doch vor die Durchsetzung dieses Modells hatte der liebe Gott zwei Weltkriege und einen Faschismus gesetzt.

Literatur

Dieter Fricke: Die deutsche Arbeiterbewegung 1869–1914. Ein Handbuch über ihre Organisation und Tätigkeit im Klassenkampf. Berlin 1976.
Carl E. Schorske: Die große Spaltung. Die deutsche Sozialdemokratie 1905–1917. Berlin 1981.

Die Parteischule der SPD, 1907

Wiltrud und Joachim Petsch

ARCHITEKTUR UND STÄDTEBAU IM WILHELMINISCHEN DEUTSCHLAND

Die zunehmende Industrialisierung Deutschlands im letzten Viertel des 19. Jahrhunderts bewirkte ein rapides Wachstum der Städte und zog eine veränderte Städtebau- und Architekturpraxis nach sich: Auch die Stadt wurde den veränderten kapitalistischen Verwertungsbedingungen angepaßt und in zweckmäßige, funktionelle Form gebracht. Die öffentliche Architektur hatte die Aufgabe, die imperialen Ansprüche zu symbolisieren und diente gleichzeitig der Glanz- und Machtentfaltung des Wilhelminischen Deutschland.

Wachstum der Städte, Stadtbautechnik, Verkehrswesen

Mit dem Durchbruch der Industriestadt nahmen die Einwohnerzahlen insbesondere der großen Industriestädte erheblich zu. Diese Entwicklung, die sich im wilhelminischen Deutschland noch verstärkte, soll an vier exemplarischen Städten aufgezeigt werden:

	1890	1910	
Berlin	1587794	2071557	Einwohner
Dortmund	89663	214226	Einwohner
Dresden	276552	584301	Einwohner
München	349024	596467	Einwohner

Bei Städten mit mehr als 10000 Einwohnern betrug die Wachstumsrate durchschnittlich 46,2 Prozent. Der Urbanisierungsprozeß wird noch deutlicher, wenn man die Entwicklung seit der Mitte des 19. Jahrhunderts verfolgt. Lebten 1850 noch drei Viertel der Gesamtbevölkerung in Gemeinden unter 2000 Einwohnern und lediglich ein Viertel in Städten, so waren es 1910 60 Prozent, die in Städten lebten, 21,3 Prozent davon in Großstädten; 1871 waren es nur fünf Prozent gewesen. 1913 gab es bereits 47 Großstädte. Durch ein Zusammenwachsen von Mittel- und Großstädten bildeten sich darüber hinaus Ballungsräume. Das rapide Wachstum der Städte machte die Entstehung neuer öffentlicher Massentransportmittel erforderlich, denn erst die Schaffung eines spezifischen städtischen Verkehrswesens (seit den 70er Jahren) ermöglichte die weitere räumliche Ausdehnung der Städte.[1] Sie wurde wesentlich vom expandierenden Fabrikkapital bestimmt, denn die Unternehmen bezogen infolge ihres Flächenbedarfs neue Standorte an der städtischen Peripherie. Das Flächenwachstum der Städte betrug:

1890–1900	durchschnittlich 12,2 km²
1901–1910	durchschnittlich 17,0 km²
1910–1918	durchschnittlich 15,7 km²

Die Randwanderung der Industrie und die kapitalistische Bodenordnung (Grundrente) verstärkten die funktionelle Spezialisierung des städtischen Raumes: Es kam zu einer räumlichen Trennung von Arbeit und Wohnen, während vorher fabriknahe Wohnungen (Mietskasernen) dominiert hatten. Die räumliche Separation von Arbeits- und Wohnstätten förderte zusätzlich die Funktionsveränderung der historischen Innenstadt, die konsequent seit den 90er Jahren zur City umgewandelt wurde: Bauten des Staates und der Wirtschaft sowie Warenhäuser und Verwaltungsbauten bestimmten nun das Baugeschehen in der City und veränderten das traditionelle Nutzungsgefüge. Die kapitalistische Bodenordnung und die neuen öffentlichen Massentransportmittel bewirkten die räumliche und soziale Segregation der gesellschaftlichen Klassen und prägten entscheidend die innere Struktur der Städte: Arbeiterquartiere und bürgerliche Wohnviertel entstanden an der städtischen Peripherie, während großbürgerliche Villenvororte zunächst weit entfernt von den Stadtzentren angelegt wurden.

Berlin 1897, Hinterhof Stralauer Straße 32

Berlin 1897, Leipziger Straße Ecke Mauerstraße

Jürgensen & Bachmann, Schöneberger Rathaus, 1911–14

Stadtbaukunst

Gegen Ende des 19. Jahrhunderts rückten künstlerische Aspekte des Städtebaus immer mehr in den Vordergrund: Die Auffassung von der Stadt als Kunstwerk setzte sich durch. Als »Geburtsstunde« des modernen Städtebaus ist die Einrichtung städtebaulicher Lehrstühle Mitte der neunziger Jahre anzusehen. Die von Städtebautheoretikern und Stadtplanern gleichermaßen beklagte ästhetische Verarmung der Stadt, die ihrer Meinung nach im Eklektizismus der siebziger und achtziger Jahre ihren Höhepunkt erreicht hatte, sollte vor allem durch die Schaffung eines repräsentativen Zentrums überwunden werden. Vorbild war die einheitliche Planung von Haussmann für Paris. Baron Georges-Eugène Haussmann hatte in den fünfziger und sechziger Jahren in der historischen Altstadt, den alten Arbeiterquartieren, Boulevards, Avenuen und Plätze angelegt, von denen Straßen strahlenförmig ausgingen; zusätzlich hatten historistische Neubauten der Stadt ein neues Gesicht verliehen. Daneben gewannen die Stadtanalysen von Camillo Sitte und das Städtebaukonzept von Theodor Fritsch großen Einfluß auf die wilhelminische Stadtplanung. Sitte hob vor allem die Bedeutung von Platzanlagen für die ästhetische Qualität historischer Städte hervor und begeisterte sich für das »Pittoreske« mittelalterlicher Städte; er wandte sich gegen die Rastereinteilung neuer Stadtviertel und pries die Kleinteiligkeit vorindustrieller Kleinstädte. Erheblich größeren Einfluß noch übten die städtebaulichen Vorstellungen von Fritsch aus, der in seinem Buch »Die Stadt der Zukunft« ein repräsentatives Zentrum propagierte, das in erster Linie aus repräsentativen öffentlichen Gebäuden bestehen sollte; die Bauten sollten den »starken Staat« versinnbildlichen.

Die neuen städtischen Probleme – die Überbevölkerung, die bauliche Verdichtung in der historischen Kernstadt und die sich ständig vergrößernde Verkehrsmisere – hatten schon in den sechziger Jahren zu ersten Steuerungsversuchen der Kommunen geführt. Ihre Instrumentarien für planmäßige Stadterweiterungen waren Fluchtlinien- und Bebauungspläne, die in erster Linie Straßenpläne waren und die Straßenfluchten festlegten, sowie Bauordnungen. In den siebziger und achtziger Jahren bestimmte die Lösung technischer und hygienischer Probleme den Städtebau in Deutschland. Zur Verbesserung der hygienischen Verhältnisse, die regelmäßig zu Seuchen wie Cholera etc. führten, wurden nach englischem Vorbild unter anderem zentrale Wasserversorgung, Kanalisation und städtische Schlachthöfe angelegt. Eine zweite Phase der systematischen Stadterweiterungen setzte Ende der achtziger Jahre ein; sie und die gleichzeitige Ausweitung zentral gelegener Stadtgebiete für Cityfunktionen sind als die dominanten Formen der öffentlichen (= staatlichen) Intervention anzusehen. Sie setzte die Professionalisierung der Stadtplanung und damit den Aufbau eines speziellen Verwaltungsapparates voraus. Das Bevölkerungswachstum der Städte wurde nicht länger als naturgegeben hingenommen, sondern war Ausgangspunkt für langfristige städtische Planungen.

Die durch die private Produktion der Stadt vorgegebene Struktur wurde durch neue Bebauungspläne abgesegnet und die durch den selektiven Charakter der Grundrente und die Entflechtung der Funktionen entstandene Zonung der Stadt zum städtebaulichen Leitbild erhoben. Die Zonenbauordnungen dienten der Sicherung der »Funktionstüchtigkeit« der Stadt. Die Privatisierung der sozialen Existenz, die im Einfamilienhaus als bevorzugtem Wohntyp des Bürger- und Großbürgertums ihren Ausdruck fand, schlug sich in der Ausweisung der »offenen Bebauung« für Stadtrandbezirke und Vororte nieder, während in der City die »geschlossene Bebauung« vorgeschrieben war.

Berlin 1909, Königstraße

Das Baugeschehen dokumentiert eindrucksvoll den Unterschied zwischen Theorie und Praxis im kapitalistischen Städtebau: Die Enteignung privater Grundeigentümer bereitete aufgrund unzureichender gesetzlicher Regelungen große Schwierigkeiten, zusätzlich fehlten den Kommunen zumeist die Mittel für die Finanzierung der Entschädigungen. Deshalb gelang nur in wenigen Fällen die Anlage großzügiger Boulevards und aufwendiger Plätze sowie die Ausweisung von Freiflächen für öffentliche Parks und Grünflächen. Bauten des Staates und der Wirtschaft bestimmten das Baugeschehen in den Stadtzentren. Die öffentlichen Gebäude dienten der Glanz- und Machtentfaltung des Kaisertums und der Vergegenwärtigung des starken Staates. Neben öffentlichen Verwaltungsbauten spielten Kirchenneubauten im Stadtzentrum eine wichtige Rolle: Die Religion wurde bewußt als machtpolitisches Instrument eingesetzt, denn wirkungsvollste Legitimation der Herrschaft ist die »von Gott eingesetzte«.

Die repräsentative, nicht die räumliche Gestaltung wurde also immer bestimmender für die wilhelminische Stadt. Die vorhandene Bebauung wurde weitgehend durch Abriß verdrängt; in der Regel traten fünf- bis sechsgeschossige Neubauten an ihre Stelle. Torbauten und Kolonnaden dienten zusammen mit den historistischen Fassaden als Kulissen zur Inszenierung der Stadt als Geschäftsstadt. Die Straßen erfüllten in erster Linie Durchgangs- bzw. Durchfahrtsfunktionen für die City – die Architektur diente dem Zweck, die Wege ästhetisch zu »überhöhen« und damit aufzuwerten.

Die durch die Stadterweiterungen entstandenen bürgerlichen und großbürgerlichen Wohnviertel, deren Träger hauptsächlich Terraingesellschaften waren, erhielten unter dem Einfluß der englischen Gartenstadtbewegung gartenstadtähnlichen Charakter; hier war eine offene Bebauung mit maximal drei Geschossen vorgeschrieben.

Öffentliche Architektur

Hatte das liberal-konservative Bürgertum in der Gründerzeit zu seiner architektonischen Selbstdarstellung bei »höheren« Bauaufgaben Formen der Neogotik und der Neorenaissance bevorzugt – sie galten als nationale Stile –, so führten im Wilhelminischen Deutschland die aufgrund der sich verschärfenden Klassenauseinandersetzungen, der imperialen Politik und der Entwicklung der Produktivkräfte veränderten Funktionsanforderungen zu einer umfassenden Stilerneuerung; die architektonischen »Überbau-Formen« mußten dem Stand der Produktivkräfte angepaßt werden. Neue Baumaterialien (Eisen und Glas/Beton) und Konstruktionsweisen (Skelettbau), die ein Minimum an Material für die Konstruktion erforderten und massive Mauermassen als Raumgrenzen überflüssig machten, stellten die Normen der traditionellen Architekturästhetik in Frage. Aus ideologischen Gründen wurde jedoch an der repräsentativen Außenfassade und der historistischen Architekturauffassung festgehalten, und die modernen Eisen- und Stahlkonstruktionen wurden ins Innere der Bauten »verlegt«, die sich meist durch die Funktionalität ihrer Grundrisse auszeichneten.

Ein Querschnitt durch die Architekturszene des Wilhelminischen Deutschland zeigt ein hierarchisches Gefälle innerhalb der Bauaufgaben, dem ein hierarchischer Stilpluralismus entspricht. Zur Demonstration politischer und wirtschaftlicher Macht, Kraft und Stärke bediente man sich bei Verwaltungsgebäuden des Staates (unter anderem Gerichtsgebäude und Stadthäuser) und der Wirtschaft einer vereinfachten und versachlichten, das heißt reduzierten barocken oder klassizistischen Formensprache, die man unter dem Begriff »imperialer Monumentalstil« fassen kann; er prägte zunehmend das architektonische Bild der Städte, denn in ihm fanden nicht nur die neuen Material- und Konstruktionserfordernisse, sondern auch die politischen und ästhetischen Zielsetzungen ihren sinnfälligen Ausdruck. Er entsprach auch dem Repräsentationsbedürfnis der herrschenden Klassen, die zur Sicherung ihrer Vormachtstellung auf einen starken Staat angewiesen waren und mit Hilfe des repräsentativen monumentalen Architekturstiles selbstbewußt ihren Wohlstand zur Schau stellten; dabei kamen insbesondere die Stilformen des Barock ihrem Wunsch nach architektonischer Prachtentfaltung entgegen.

Einige exemplarische Beispiele der öffentlichen Architektur seien angeführt: Bei dem 1912 von Peter Behrens in Düsseldorf errichteten Mannesmann-Verwaltungsgebäude wird der Skelettbau in ein Massenbauwerk umgedeutet, indem der Stahlbetonkonstruktion ein monumentales architektonisches Gewand vorgeblendet wird. Der durch Axialität und betonte Symmetrie hervorgerufene Eindruck von Geschlossenheit wird durch die Verkleidung mit Werksteinplatten, durch die massiven Kantenstrukturen und durch das schwer lastende Mansarddach noch gesteigert. Die Reduktion der Formen, ungegliederte massive Wandflächen und die Schwere des Materials legen das vielschichtige Architekturbild des Historismus auf eine eindeutige Aussage fest, auch wenn noch klassizistische Anklänge (unter anderem Ordnungselemente, Pilaster und sparsame Schmuckformen) auszumachen sind. Eine vergleichbare Formensprache zeichnet das Schöneberger Rathaus (1911–14, Architekten Jürgensen & Bachmann) aus; bei diesem Gebäude ist die die Fassade gliedernde Kolossalordnung aus Pilastern wichtigstes architektonisches Ausdrucksmittel, um den politischen Herrschaftsanspruch zu dokumentieren. Den

Peter Behrens, Deutsche Botschaft in Petersburg, 1911/12

geraden Linien in der Form von flachen Wandvorlagen und Pilastern kommt beim imperialen Stil besondere Bedeutung zu, da man sie als Zeichen völkischer Kraft und Stärke verstand. Den Machtanspruch des Wilhelminischen Deutschland verkörpert vielleicht am deutlichsten die Petersburger Botschaft von Peter Behrens (1911/12), bei der eine Kolossalordnung aus Halbsäulen und Wandpfeilern die gesamte Fassade gliedert. Auch bei der vielgerühmten Turbinenfabrik von Peter Behrens (Berlin 1908/09) erfolgte eine monumentale architektonische Interpretation der Konstruktion, denn es verdecken Pylonen die moderne Dreigelenkbogenkonstruktion. Das vorgeblendete Tempelmotiv bewirkt eine sakrale Überhöhung der Arbeit und veranschaulicht das imperiale Selbstverständnis der Großindustrie.

Nur bei wenigen Bauten wurden die neuen Materialien und Konstruktionsweisen ästhetisch genutzt: Bei den Faguswerken von Walter Gropius (Alfeld a. L., 1911–14) verweisen die schmalen, in die Glasflächen eingestellten Mauerpfeiler auf das tragende Stahlskelett, das die Auflösung der Mauer in Glaswände ermöglichte. Einfallendes Licht löst die Formelemente auf und zerstört den alten Kastenraum. Allen voran maß die Elektroindustrie bei ihren produktionsästhetischen Bemühungen der guten Belichtung große Bedeutung bei, um die Arbeitsplätze besser beleuchten zu können und auf diese Weise die Qualität der Arbeit und die Arbeitsproduktivität) zu steigern. Auch bei Warenhäusern – als Beispiel sei das zwischen 1899 und 1900 von den Architekten Bernhard Sehring und L. Lachmann in Berlin errichtete Kaufhaus Tietz angeführt – ersetzte man zunehmend die kleinflächigen Schaufenster durch sich über mehrere Geschosse erstreckende Glaswände, um durch Zurschaustellung der Waren Verkaufsanreize zu schaffen; ebenso war der durch alle Stockwerke reichende Zentralraum häufig von einer gewaltigen Glaskuppel überdeckt.

Peter Behrens, Mannesmann-Verwaltungsgebäude, Düsseldorf 1912

Peter Behrens, AEG-Turbinenfabrik, Berlin 1908/09

Bernhard Sehring / L. Lachmann, Warenhaus Tietz, Berlin 1900

Architektur des Privatbereichs

Neben den Bauten des Staates und der Wirtschaft spiegelt besonders die Rangordnung innerhalb der Wohnhaustypen die hierarchische Gesellschaftsordnung des Wilhelminischen Deutschland wider. Seit der Gründerzeit fand die Feudalisierung des Großbürgertums ihren Ausdruck in der Nachahmung feudaler Lebensformen; die Beschäftigung von Dienstpersonal wurde dabei als wichtige Voraussetzung für eine standesgemäße Lebensführung angesehen.

Die Unterbringung der städtischen Dienstboten war miserabel: 1900 verfügten lediglich 10 Prozent über ein eigenes Zimmer, 30 Prozent schliefen in Hängeböden und der Rest in Badezimmern, Treppenkammern und so weiter. Die Industrialisierung führte aber zu einem ständigen Rückgang des Dienstbotenanteils. Waren es Mitte des 19. Jahrhunderts 14 Prozent, so ging der Prozentsatz auf ca. zwei Prozent (1907) zurück. Der Grund war, daß die Frauen die Fabrikarbeit der Dienstbotentätigkeit vorzogen, weil sie neben besseren Verdienstmöglichkeiten mehr arbeitsfreie Zeit gewährleistete.

Das Großbürgertum und andere führende Schichten bevorzugten als Wohnform die Villa, bei deren formaler Gestaltung sie auf Bautypen, Formen und Ordnungen der Renaissance, des Barock und des Klassizismus zurückgriffen; Freitreppen, Risalite und ähnliches unterstreichen als feudale Zitate den sozialen Status und Rang der Bewohner. Das Bürgertum bevorzugte das freistehende Einfamilienhaus, das sich als Typ in dieser Form im Jugendstil entwikkelt. Besonders das häufig geschwungene Satteldach betont das »Heim« und damit das gesellschaftliche Bezugsfeld seiner Bewohner. Im Einfamilienhaus (= Eigenheim als Ort des Privaten und Reich des Individuums) ist die Familie die gesellschaftliche Organisationsform und Bezugsgruppe. Ausstattung und Dekoration des Heims gewannen für das Bürgertum eine ständig wachsende Bedeutung. Die Sehnsucht des Kleinbürgertums nach vorindustriellen Lebensformen fand ihren Ausdruck in der Bevorzugung des Kleinhauses, bei dem auf regionale Bauformen und lokale Materialien zurückgegriffen wurde (»Heimatschutzstil«).

Eine Position zwischen Villa und Heim nimmt das Landhaus ein, das, von England übernommen, sowohl vom Bürgertum als auch von Teilen des Großbürgertums bewohnt wurde, denn sein Raumprogramm mit Herrenzimmer, Salon etc. entsprach ihren Wohnbedürfnissen.

Auch die städtischen Mietshäuser spiegeln diese soziale Hierarchie wider. Man trennte bei den meist vier- bis fünfgeschossigen Bauten zwischen Nobel-, Bürger- und Arbeitermietshaus. Die Unterschiede zeigen sich in erster Linie in der Größe der Wohnungen. Verfügten großbürgerliche Wohnungen im Schnitt über 7–12 Zimmer, bürgerliche über 6–7, so begnügte sich das Kleinbürgertum meist mit 3 Zimmern. Sie kommen aber auch in der Wahl und der Abstufung des Fassadenschmucks, in der differierenden Anzahl der Fensterachsen und bei den Raumgrößen zum Ausdruck. Renaissancemotive, als »vaterländisch« verstanden, verwiesen auf die Macht des städtischen Bürgertums. Mit der zunehmenden Prachtentfaltung seit der Jahrhundertwende gewannen Barockmotive eine immer größere Bedeutung. Gleichzeitig beeinflußte die Landhausmode wesentlich das bürgerliche Mietshaus: Erker und Loggien lockerten die Baufluchten auf, unterschiedliche Dachformen (Giebel-, Walm- und Mansarddächer) trugen zu einer Individualisierung der Häuser bei.

Hermann Muthesius, Haus von Seefeld, Berlin-Zehlendorf 1905

Wohnelend der Arbeiterklasse

Im krassen Gegensatz zu der Wohnsituation der herrschenden Klassen und Schichten stand das Wohnungselend der Arbeiter. Trotz der Errichtung von Massenzinshäusern (Mietskasernen) durch die neu entstandene Schicht der Hausbesitzer und von Werkssiedlungen durch die Fabrikeigentümer vornehmlich im Ruhrgebiet – der Werkswohnungsbau verfügte hier über einen Anteil von 5–10 Prozent – war die Wohnungsnot der Arbeiterklasse ungeheuer groß.

Zahlreiche Wohnungs-Enqueten, die nach der Jahrhundertwende erschienen sind, informieren über die katastrophalen hygienischen und sanitären Verhältnisse, in denen Arbeiter zu leben gezwungen waren. Sie trugen dazu bei, daß die Lebenserwartung der Unterschichten erheblich geringer war als die der bürgerlichen und großbürgerlichen Schichten; Tuberkulose, bezeichnenderweise auch »Berliner Krankheit« genannt, war eine weit verbreitete Krankheit. Wie groß die finanzielle Not der Arbeiter war, beweist unter anderem die Tatsache, daß sie selbst Kleidung auf Raten kaufen mußten. Durchschnittlich 20–24 Prozent seines Einkommens mußte ein Arbeiter für die Miete aufbringen. Die Folgen der zu hohen Mieten waren Zwangsräumungen und Mieterunruhen; Arbeitslosigkeit hatte zumeist Obdachlosigkeit zur Folge. Um die Mietkosten zu senken, wurden Schlaf- und Kostgänger aufgenommen, darüber hinaus teilten sich häufig mehrere Personen ein Bett. 1905 schliefen in Berlin 63,5 Prozent der Kinder zu zweit in einem Bett; insgesamt war ein Drittel der Arbeiterwohnungen überbelegt, wobei zu berücksichtigen ist, daß zu dieser Zeit eine Wohnung mit einem beheizbaren Zimmer erst dann als überbelegt galt, wenn sie mehr als sechs Personen beherbergte. In Einzimmerwohnungen lebten vier Prozent zu sechs oder mehr Personen, 0,1 Prozent sogar zu 11 oder mehr Menschen. Der Anteil von Kleinwohnungen, das heißt von Ein- bis Zweizimmerwohnungen, betrug 1905 in den Großstädten zwischen 60 und 80 Prozent, die durchschnittliche Wohnungsgröße 30 bis 45 m².

Der Anteil der Einzimmerwohnungen (mit oder ohne Heizmöglichkeit) an dem gesamten Wohnungsbestand in den Großstädten betrug im Durchschnitt 50 Prozent, das heißt er schwankte zwischen 22 und 80 Prozent, wobei erhebliche Unterschiede zwischen den einzelnen Großstädten bestanden.

Insgesamt läßt sich zwischen 1890 und 1914 eine fallende Tendenz der Belegungsdichte feststellen, und zwar von 4,2 auf 3,7 Personen pro Wohnung.

An großbürgerlichen und bürgerlichen Wohnungen herrschte dagegen kein Mangel, im Gegenteil: Allein in Berlin betrug 1910 der Anteil der leerstehenden Wohnungen fünf Prozent.

Die Ausstattung der Arbeiterwohnungen war sehr bescheiden. 1910 verfügten unter 15 Prozent des Gesamtwohnungsbestandes über ein Badezimmer, was bedeutet, daß Abeiterwohnungen keine Bäder besaßen. Auch Gas- und Wasseranschlüsse fehlten häufig: Bis 1905 hatten 90 Prozent der Wohnungen in Berlin Wasseranschluß, Gas zum Kochen hatten 1910 ca. 33 Prozent der Wohnungen und für die Beleuchtung 42 Prozent.

Die Möblierung der Arbeiterwohnungen war infolge der finanziellen Not und der hohen Mobilität ihrer Bewohner sehr einfach und sparsam; das Mobiliar beschränkte sich auf Bettladen, Tisch, Stühle und Regale. Hinzu kamen wegen der häufig praktizierten Heimarbeit Nähmaschinen und Webstühle. 80 Prozent der Arbeiterwohnungen verfügten über eine Wohnküche: in einer Stube wurde gelebt, gekocht, geschlafen und gearbeitet.

Die Lösung der Arbeiterwohnungsfrage bestimmte seit den neunziger Jahren in wachsendem Maße die wohnungspolitische Diskussion und führte zu bürgerlichen Reformversuchen, das »Wohnungselend der arbeitenden Klasse« zu beheben; staatliche und kommunale Behörden hofften dagegen, durch Änderung gesetzlicher Regelungen die Wohnsituation des Proletariats zu verbessern. Mit der Institutionalisierung der staatlichen Wohnungsinspektion (zuerst im Rheinland – 1903), der kommunalen Wohnungsaufsicht, wurde jedoch gleichzeitig die Überwachung der Arbeiterwohnungen verschärft.

Wohnelend um die Jahrhundertwende

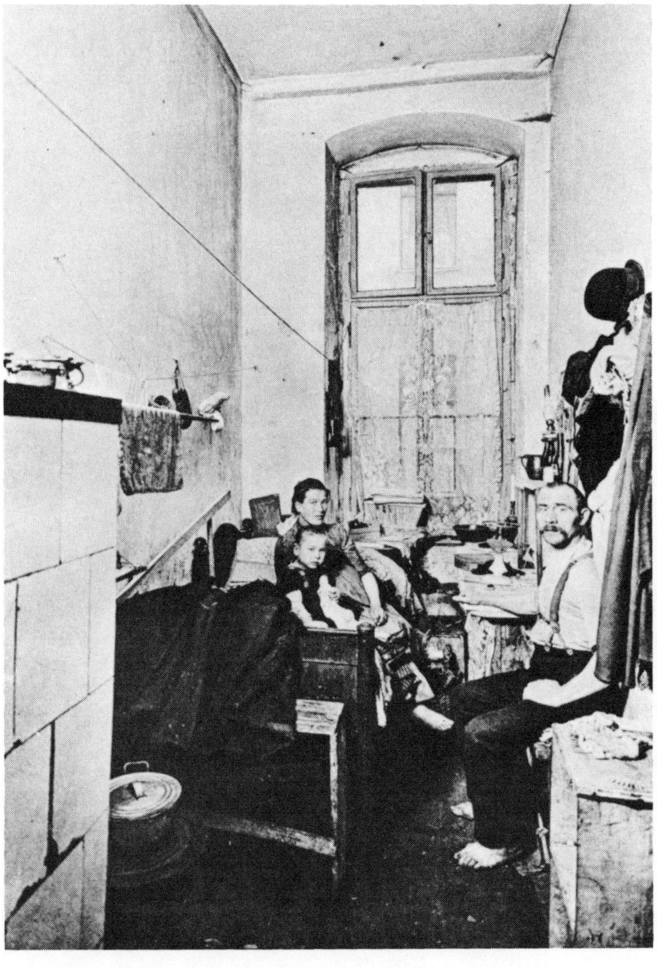

Kulturreformerische Bewegungen

Zwei »Richtungen«, die sich für die Reformierung des Wohnungswesens einsetzten, lassen sich unterscheiden: Die erste, zu der die Vertreter der Siedlungs- und Heimatschutzbewegung sowie die Bodenreformer zu zählen sind, bekämpfte die Mietskaserne leidenschaftlich. Bei ihren Reformvorstellungen spielte antisemitisches und rassistisch-völkisches Gedankengut eine erhebliche Rolle. Große Bedeutung maßen sie in Hinblick auf die gesellschaftliche Erneuerung der Schaffung einer neuen nationalen Kunst bei, die sie als wesentliches Element der »Einigung aller Stände« ansahen. Die Mitglieder dieser Reformgruppen idealisierten die vorindustriellen ländlichen und kleinstädtischen Lebensformen – als Vorbild für Architektur und Städtebau wurde auf die »Kunst um 1800« verwiesen – und priesen das Kleinhaus als Eigenheim als den idealen Wohntyp. Einflußreichste Gruppe waren die Bodenreformer, die die Bodenspekulation zwar ablehnten, sich aber von einer möglichst breiten Streuung des privaten Eigentums an Grund und Boden eine »Verwurzelung« und »Heimatbindung« des Großstädters (= Proletariers) erhofften. Ihre Vorstellungen fanden vor allem Eingang in Vereine (unter anderem den Rheinischen Verein zur Förderung des Arbeiterwohnungswesens).

Die zweite Gruppe, deren bedeutendster Theoretiker Rudolf Eberstadt war, erhoffte sich eine Verbesserung der Wohnbedingungen der Arbeiterklasse durch die Schaffung von Kleinwohnungen, weshalb sie sich für den Bau von Mehrfamilien- und Reihenhäusern einsetzte. Beide Gruppierungen sahen die Bereitstellung von abgeschlossenen, familiengerechten Wohnungen als Voraussetzung für ein »geordnetes Familienleben« an; sie strebten die Befriedung und Integration der Arbeiterklasse durch Erziehung zu »bürgerlichen Tugenden«, das heißt bürgerlichen Lebensformen, an, die sie in erster Linie in dem Zurückziehen in die Familie und in der »Häuslichkeit« verwirklicht sahen. Unterschiedliche Ansichten bestanden nur hinsichtlich des »richtigen« Wohntyps. Ihre architektonischen Vorstellungen fanden in der Abkehr von der Blockbebauung und der Bevorzugung der offenen Bebauung und der gemischten Bauweise Eingang in den Städtebau.

Die hohen »Behausungsziffern«, das heißt die extreme Überbelegung von Wohnungen in Arbeiterquartieren, führten zwar ab 1891 zur Ausarbeitung eines preußischen Wohnungsgesetzes, das die rechtliche Grundlage für staatliche Eingriffe in die kapitalistische Wohnungswirtschaft durch staatliche Subventionierung des Arbeiterwohnungsbaus schaffen sollte, das Gesetz wurde aber infolge des heftigen Widerstandes vor allem der Haus- und Grundbesitzer und der Kommunen, die die Finanzierung weitgehend übernehmen sollten, nicht verabschiedet. Nur vereinzelt förderten die Kommunen den Bau von Wohnungen für städtische Arbeiter und Angestellte. Eine Sonderstellung nahm im Wilhelminischen Deutschland lediglich der Werkswohnungsbau ein; er nahm als Folge der Standortverlagerungen der Industrie ab 1893 zu.

Der Deutsche Werkbund

Abschließend sei kurz auf den 1907 gegründeten Deutschen Werkbund eingegangen, zu dem sich Industrielle, Politiker und Architekten zusammenschlossen; er ist von allen kultur- und lebensreformerischen Bewegungen im Wilhelminischen Deutschland die wichtigste und einflußreichste Organisation. Einer seiner Initiatoren war der Architekt Hermann Muthesius, der von der preußischen Regierung als Attaché an die Deutsche Botschaft in London entsandt worden war (1896–1902), um die als vorbildlich geltenden »englischen Verhältnisse« – unter anderem auf den Gebieten der Technik, Pädagogik, des Kunstgewerbes und der Architektur mit Schwerpunkt Landhausarchitektur – zu studieren. Die Bedeutung des Deutschen Werkbundes beruht darauf, daß seine Mitglieder die Bedeutung von Industrie und Technik für die gesellschaftliche Entwicklung erkannten und infolgedessen die industriellen Produktionsweisen bejahten. Der entscheidende Unterschied zu den anderen Reformgruppen besteht darin, daß die von ihm angestrebte, vereinfachte, sachliche und schlichte Formensprache das Ergebnis industrieller und nicht länger handwerklicher Produktionsweisen war (»Maschinenästhetik«). Sein Bestreben ging dahin, durch die Herstellung standardisierter und typisierter Qualitätsprodukte »für alle« eine neue funktionalistische Alltagskultur zu schaffen.

Einzelne Werkbundmitglieder forderten auch sozialreformerische Maßnahmen, insbesondere eine Verbesserung der Arbeits- und Wohnbedingungen. Durch gut belichtete Arbeitsplätze und verstärkten Wohnungsbau sollte die »Arbeitsfreude« gefördert und die Zufriedenheit der Arbeiter gewährleistet werden. Die Reformbestrebungen des Deutschen Werkbundes sind jedoch – wie die der anderen Gruppierungen – nicht von nationalen und imperialistischen Zielsetzungen zu trennen. Angestrebt wurden eine neue nationale Kunst und die Produktion deutscher Qualitätswaren, die den ausländischen Produkten überlegen sein sollten. Über einen erhöhten Export wollte man die wirtschaftliche und politische Vorherrschaft des Wilhelminischen Deutschland erringen. Anschauliches Beispiel dieser imperialistischen Zielsetzungen ist die schon erwähnte von dem Werkbundmitglied Peter Behrens erbaute Deutsche Botschaft in Petersburg.

Paul Schmitthenner, Gartenstadt Berlin-Staaken 1914

Walter Gropius, Faguswerke, Alfeld a. L. 1911–14

Joseph Olbrich, Arbeiterhaus Opel, Darmstadt 1907

Anmerkung

1 1868 wurde die Allgemeine Berliner Verkehrs-Omnibus Gesellschaft AG., 1871 die Berliner Pferde-Eisenbahn AG. gegründet.

Literatur

Burckhardt, Lucius (Hrsg.): Der Werkbund in Deutschland, Österreich und der Schweiz. Form ohne Ornament. Stuttgart 1978.

Eberstadt, Rudolf: Handbuch des Wohnungswesens und der Wohnfrage. [2]Jena 1910.

Geist, Johann Friedrich / Kürvers, Klaus: Das Berliner Mietshaus 1862–1945. München 1984.

Giedion, Siegfried: Die Herrschaft der Mechanisierung. Ein Beitrag zur anonymen Geschichte. Frankfurt/M. 1987.

Hamann, Richard / Hermand, Jost: Stilkunst um 1900. Berlin (DDR) 1967. (Deutsche Kunst und Kultur von der Gründerzeit bis zum Expressionismus. Bd. IV.).

Hartmann, Kristina: Deutsche Gartenstadtbewegung. Kulturpolitik und Gesellschaftsreform. München 1977.

Junghanns, Kurt: Der Deutsche Werkbund. Sein erstes Jahrzehnt. Berlin (DDR) 1982.

Niethammer, Lutz: Wohnen im Wandel. Beiträge zur Geschichte des Alltags in der bürgerlichen Gesellschaft. Wuppertal 1979.

Petsch, Joachim: Architektur und Gesellschaft. Zur Geschichte der deutschen Architektur im 19. und 20. Jahrhundert. Köln 1973.

Piccinato, Giorgio: Städtebau in Deutschland 1871–1914: Genese einer wissenschaftlichen Disziplin. Braunschweig / Wiesbaden 1983 (Bauwelt – Fundamente Bd. 62).

Posener, Julius: BERLIN auf dem Wege zu einer neuen Architektur. Das Zeitalter Wilhelms II. München 1979.

Posener, Julius: Vorlesungen zur Geschichte der Neuen Architektur II. Die Architektur der Reform (1900–1924). Hrsg. von Wolfgang Schäche. In: ARCH + Nr. 53. 1980.

Posener, Julius: Vorlesungen zur Geschichte der Neuen Architektur III. Das Zeitalter Wilhelms II. Hrsg. von Wolfgang Schäche. In: ARCH + Nr. 59. 1981.

Posener, Julius: Vorlesungen zur Geschichte der Neuen Architektur IV. Soziale und bautechnische Entwicklungen im 19. Jahrhundert. Hrsg. von Wolfgang Schäche. In: ARCH + Nr. 63/64 1982.

Rodriguez-Lores, Juan / Fehl, Gerhard (Hrsg.): Städtebaureform 1865–1900. Von Licht, Luft und Ordnung in der Stadt der Gründerzeit. 2 Bde. Hamburg 1985 (Stadt Planung Geschichte 5).

Selle, Gert: Die Geschichte des Design in Deutschland von 1870 bis heute. Entwicklung der industriellen Produktkultur. [2]Köln 1978.

Siepmann, Eckhard: Kunst und Alltag um 1900. Gießen 1978 (Werkbund Archiv Jahrbuch 3).

Sitte, Camillo: Der Städtebau nach seinen künstlerischen Grundsätzen. Wien 1889.

Stübben, Joseph: Der Städtebau. Handbuch der Architektur. Darmstadt 1890.

Stürzebecher, Peter: Das Berliner Warenhaus. Bautypus, Element der Stadtorganisation, Raumsphäre der Warenwelt. Berlin 1979.

Teuteberg, Hans J. / Wischermann, Clemens: Wohnalltag in Deutschland 1850–1914. Bilder – Daten – Dokumente. Münster 1985 (Studien zur Geschichte des Alltags Bd. 3).

Heinz P. Siebold

SEIT 100 JAHREN AUF DEM TISCH

Kleine Chronik der Firma Maggi

Jeder hat so seine Kindheitserlebnisse mit der braunen Flasche. Meine sehen so aus: Wenn irgendwo im Dorf ein altes Pferd verendet und vom Abdecker abgeholt worden war, schmunzelte der Großvater und sagte: »Jetzt gibt's wieder neues Maggi!« Von Entsetzen geschüttelt rannten wir zur Oma, um uns versichern zu lassen, daß die leckeren Tropfen aus der braunen Flasche über dem Herd mitnichten vom Pferd stammten. Aber ganz sicher waren wir uns doch nicht, weshalb wir zeitweise nicht davon naschten.

Maggi, die Würze aus der markanten Flasche, feierte 1987 seinen 100. Geburtstag. Erfunden hat sie der schweizerische Müller Julius Maggi, Sohn eingewanderter Italiener, dynamischer Jungunternehmer, Tüftler und Erfinder.

Der 1839 geborene Julius Maggi übernahm mit 23 Jahren die Mühle seines Vaters in Kempttal bei Winterthur. Er lernte den Arzt und Fabrikinspektor Dr. Fridolin Schuler kennen, der die Situation der Fabrikarbeiter sehr gut kannte: hohe Kindersterblichkeit, Schwindsucht und andere Krankheiten infolge der chronischen Unterernährung, geringe Lebenserwartung. Die Proletarier in der Mitte des 19. Jahrhunderts waren zum großen Teil gerade erst vom Land in die Stadt gezogen. Es war die stürmische Phase der kapitalistischen Gründerzeit. Fabriken wurden aus dem Boden gestampft, Arbeiterinnen und Arbeiter für die industrielle Massenproduktion wurden in die rasch wachsenden Städte gezogen. In Zahlen ausgedrückt: 1871 wohnten im Deutschen Reich 26,2 Millionen Menschen (oder 63,9 Prozent) in ländlichen Gebieten, 1910 nur noch 26 Millionen (oder 40 Prozent), bei gleichzeitigem Anstieg der Gesamtbevölkerung von 41 auf 65 Millionen.

Der Wechsel vom Land zur Stadt und in industrielle Arbeitsverhältnisse mit einem streng geregelten 12-Stunden-Tag stellte die Versorgung eines Arbeiterhaushaltes vor große Probleme. Wann blieb Zeit zum Kochen und vor allem, womit konnten die hungrigen Mäuler gestopft werden? Fleisch war teuer, Gemüse in der Stadt knapper als auf dem Land. Brot und Kartoffeln in allen Variationen beherrschten die Mahlzeiten. Eiweißmangel war die Folge.

Maggi und Schuler entwickelten die Idee, billigeres Pflanzeneiweiß als Fleischersatz auf den Teller zu bringen. Leguminosen, eiweißhaltige Hülsenfrüchte wie Erbsen, Bohnen und Linsen boten sich an. Julius Maggi ertüftelte eine Pfanne für das Röstverfahren von Leguminosenmehlen. Die Firmenlegende behauptete gar, er hätte dafür sein Vermögen aufs Spiel gesetzt. 1883 wurden dann die ersten kochfertigen Suppen hergestellt und vertrieben. Erfinder dieser Suppenart war Maggi dennoch nicht. Bereits 1871 hatte im deutschen Hildburghausen Rudolf Scheller seine »Erste Fabrik für condensierte Suppen« eröffnet und Suppenwürzen in Pulverform vertrieben. Maggi soll von dort eine Probe angefordert haben.

Überhaupt kümmerten sich in dieser Industrialisierungsphase tüftlerische Unternehmen reihenweise um den Kochtopf der arbeitenden Hausfrau. Der Apotheker Dr. August Oetker zum Beispiel, der 1891 die glänzende Idee hatte, Backpulver in kleine Tütchen zu verpacken und im großen Stil zu vertreiben – als Beitrag zur »Emancipation« des hauswaltenden Geschlechts. Auch Maggi verstand sich als emanzipatorischer Pionier.

Um die schnell zubereitende Erbswurstsuppe mit mehr Geschmack zu versehen, mixte Maggi aus Extrakten diverser Rohstoffe sein bekanntestes Produkt, die Maggi-Würze. Rein pflanzlicher Natur, so betonen die Maggi-Macher, sei die Würze. Und zwar aus hydrierten Proteinen aus Weizen, Mais, Reis, Erdnuß und Soja. Liebstöckel, das Würzkraut, das wie Maggi riecht, werde allerdings nicht beigemischt.

Der Volksmund indessen hat dem Liebstöckel längst den Namen »Maggi-Kraut« verpaßt.

Die Maggi-Flasche, entworfen vom Würztropfenerfinder persönlich, trat ihren Siegeszug durch die germanischen Küchen an, nachdem in Singen am Hohentwiel ab dem 1. Mai 1887 im »Gütterli-Hüsli« (so nannte der Volksmund die Fabrik) mit zunächst sieben Arbeiterinnen und einem Verwalter Abfüllung und Vertrieb auf deutschem Boden begann.

Julius Maggi überließ den Absatz seiner Suppen und Würzen nicht dem Zufall. Bereits 1886 richtete er ein »Reclame- und Pressebüro« ein, für dessen Leitung er den später zu Weltruhm aufgestiegenen Dichter Frank Wedekind engagierte. Der blieb allerdings nur ein dreiviertel Jahr. Über die literarische Qualität der Werbetexte läßt sich kaum ernsthaft streiten, sie trugen jedenfalls dazu bei, den Namen Maggi allseits einzuprägen.

»Das wissen selbst die Kinderlein
mit Würze wird die Suppe fein.
Drum holt das Gretchen munter
die Maggi-Flasch' herunter.«

Ein wichtiges Werbemittel waren bunte Plakate und emaillierte Metalltafeln für die Läden, die fröhliche Hausfrauen und pausbäckige Kochlehrlinge beim Würzen mit der Maggi-Flasche zeigten. Die Schilder sind heute unter Sammlern so begehrt, daß die PR-Abteilung von Nestlé-Maggi Reproduktionen aufgelegt hat.

Ausgangspunkt der Erfindungen von Julius Maggi war die materielle Not der armen Leute und zugleich die notwendige Umstellung seines Mühlenbetriebes, denn in dieser Branche grassierte der Konkurs. Die Kombination karitativ-humanistischer Gesinnung und ideenreicher Unternehmertätigkeit schlug sich auch in den Maggi-Betrieben selbst nieder. Firmeneigene Kantinen, eine Betriebskrankenkasse, Werkswohnungen, später gar eine Alterspension, sorgten neben Sondergratifikationen, einer Ferienordnung und dem arbeitsfreien Samstagnachmittag (bei vollem Lohnausgleich) für besonderen sozialpartnerschaftlichen Betriebsfrieden.

Die kleinen Leute waren der große Posten in Maggis Verkaufsstrategie. Das Arme-Leute-Flair der Würze wollten die PR-Manager jedoch stets vermeiden, indem sie zum Beispiel auf das Lob bekannter Köche verwiesen.

Neben Suppen und Würzen traten im Laufe der Zeit weitere Produkte – Brühwürfel, gekörnte Brühe und Soßenwürfel.

Erstaunlich ist, daß auch die Tropfen aus der Flasche im Zeitalter des Überflusses an Gewürzen aus aller Welt ihre Abnehmer finden. 20 Millionen Fläschchen wurden im vergangenen Jahr verkauft. Bei einem Gesamtmarkt für flüssige Würze von etwa 7500 Tonnen und circa 66 Millionen DM zu Endverbraucherpreisen entfällt auf Maggi-Würze ein Marktanteil von rund 90 Prozent, den Rest teilen sich Hauptkonkurrent Knorr und Billigmarken. Zwei Drittel aller Bundesdeutschen sollen Umfragen zufolge »häufig bzw. gelegentlich« zur Maggi-Flasche greifen.

Zweimal in der 100jährigen Firmengeschichte dienten Maggi-Produkte deutschen Soldaten als Marschverpflegung im Schlachtfeld. In beiden Weltkriegen belieferte die Firma, allerdings in neutraler Verpackung – darauf legt die heutige PR-Abteilung Wert – die Wehrmacht. Genaues teilt die verbreitete Version der Firmenchronik nicht mit. Die Unterlagen seien im Zweiten Weltkrieg den Bomben zum Opfer gefallen, heißt es lapidar.

Jürgen Kuczynski

1903

Ein normales Jahr im deutschen Imperialismus

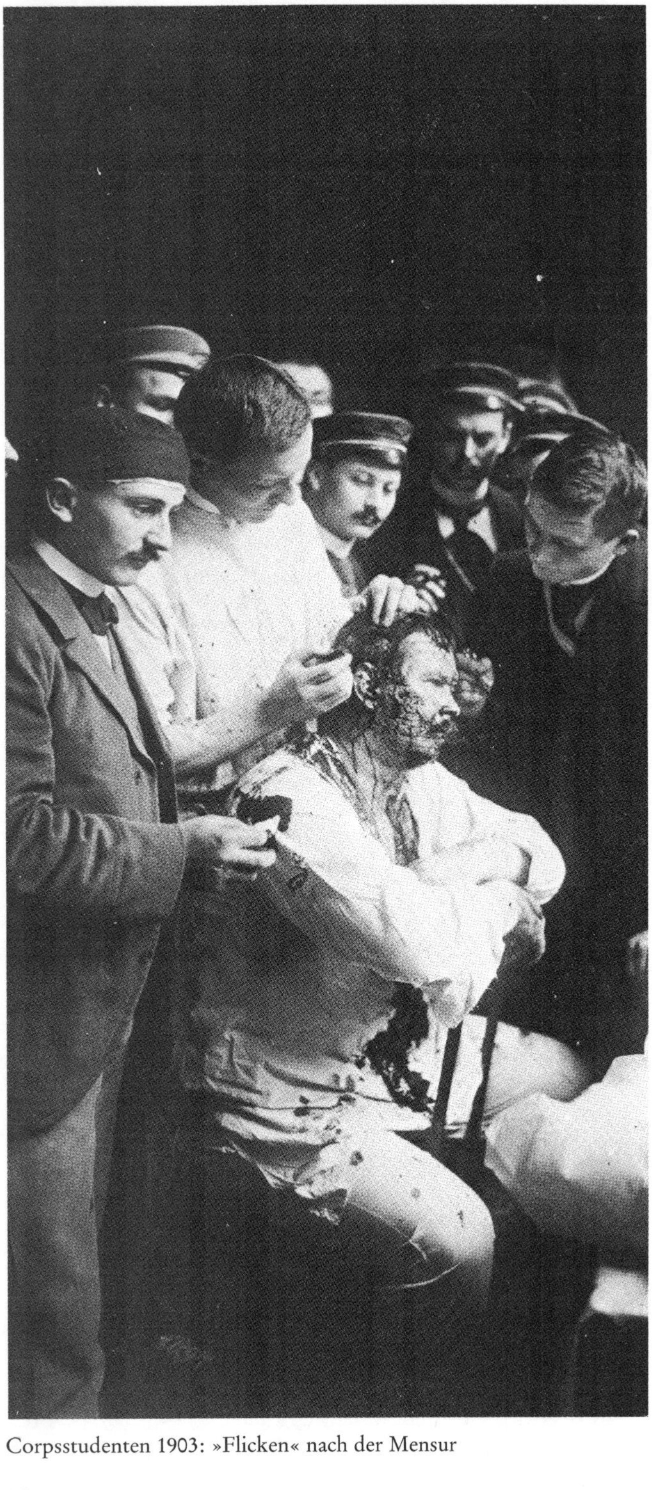

Corpsstudenten 1903: »Flicken« nach der Mensur

Was heißt normal im Imperialismus? Nun, zunächst das gleiche wie im Kapitalismus des 19. Jahrhunderts. Es gab keine Krise und keine Hochkonjunktur, keine hektischen Bewegungen nach unten oder oben in der Wirtschaft. Es gab keinen Krieg, der die Wirtschaft und die Gedanken der Menschen stark beschäftigte. Es gab keine jähe Wandlung in der Politik der herrschenden Klasse und ebensowenig in der Arbeiterpolitik.

Natürlich gab es – der Kapitalismus befand sich ja im Stadium des Imperialismus – gesellschaftliche Niedergangserscheinungen, die gerade um die Jahrhundertwende so deutlich in allen Klassen und Schichten empfunden wurden... überall in Europa. Und aus Frankreich übernahm man in der Welt der entwickelten Länder den Ausdruck Fin de siècle-Stimmung. Doch an den deutschen Börsen hatte man 1903 nach Überwindung der Krise, die 1900 begonnen hatte, wieder Mut gefaßt. Die Stimmung in den Kreisen der Herren des Kapitals war nicht schlecht.

Ja, Deutschland führte sogar einen Krieg, einen kleinen. Ich befragte 1985 zwölf Historiker in der Bundesrepublik und die gleiche Zahl in der Deutschen Demokratischen Republik nach ihm, aber keiner konnte ihn mir nennen. So normal war auch solch kleiner Krieg, ein sogenannter Kanonenbootkrieg gegen Venezuela, der zur Zerstörung seiner Flotte führte. Grund: Venezuela hatte sich geweigert, die Wucherzinsen auf die Anleihen einer deutschen Großbank zu zahlen. Also eine ganz normale Sache, dieser kleine Krieg in einem ganz normalen Jahr des deutschen Imperialismus.

Die Produktivkräfte entwickelten sich fröhlich weiter, als ob der Kapitalismus in höchster Blüte stünde. Aber schon im Kommunistischen Manifest hatten Engels und Marx festgestellt, daß die Bourgeoisie nicht existieren könne, ohne die Produktionsinstrumente ständig weiterzuentwickeln. Das ist der große Unterschied zwischen dem Kapitalismus und den vorangehenden Klassengesellschaften. Diese erlebten bei ihrem Untergang einen rapiden Verfall ihrer Produktivkräfte, der Kapitalismus dagegen endet mit dem Beginn einer wissenschaftlich-technischen Revolution, die nach dem Zweiten Weltkrieg begann.

Wie ganz natürlich im Stadium des Monopolkapitalismus, brachte 1903 auch neue Monopolbildungen. Siemens & Halske und die Schuckert-Gesellschaft taten sich zusammen. Unter den Banken fiel die Fusion von Dresdner Bank und Schaffhausenscher Bankverein auf. Das wichtigste Geschehen auf diesem Gebiet war die Reorganisation des Rheinisch-westfälischen Kohlensyndikats. Ebenso normal in dieser frühen Zeit des monopolistischen Kapitalismus sind die Klagen der nicht-monopolisierten Industrien über den Monopolisierungsprozeß, denen jedoch der Handelsminister Möller am 4. Mai vor der Handelskammer in Magdeburg so begegnete: *»Ich habe vor einigen Monaten in Hannover ausgesprochen, daß in der Konzentration der Geschäfte die einzige Waffe und Wehr sei, die wir gegenüber den neu aufstrebenden Gebilden, namentlich in den Vereinigten Staaten von Amerika, haben. Hier ist der Vorwurf gemacht worden, daß ich damit das Trust- und Syndikatwesen verteidigt habe; das ist aber nicht der Fall gewesen. Ich habe nur sagen wollen, daß das jenige Land, das dem Zuge der Zeit nach Konzentration nicht folgt, den Wettbewerb der großen Nationen nicht aushalten kann.«* Wir sind im Stadium des offen »wohlwollenden« Verhaltens des Staates zum monopolistischen Kapitalismus.

Auch normale Jahre haben ihre Ereignisse – zum Beispiel fällige Reichstagswahlen. Und weil das Jahr normal war, brauchte sich die herrschende Klasse nicht eng gegen irgend-

Reformkleidfest, 1903

welch große innere Gefahren zusammenzuschließen und konnte die Gegensätze ihrer einzelnen Gruppen offenbaren. So erklärte etwa der »Bund der Landwirte«, das Zentrum junkerlicher Agrarinteressen, in seiner »Wahlparole«: »Die bisherige Wirtschaftspolitik Deutschlands seit Beginn der neunziger Jahre hat die Entwicklung der Industrie in ganz einseitiger Weise begünstigt.« Junker gegen die Schwerindustrie. Natürlich ist im allgemeinen der Hauptfeind die Sozialdemokratie. In dem Wahlaufruf der Nationalliberalen Partei, dem monopolistischen Teil des Kapitals besonders eng verbunden, heißt es: »Die Sozialdemokratie verhetzt die Arbeiter; sie läuft Sturm gegen die Grundlagen unserer Kultur, gegen Monarchie, Religion, Familie, Eigentum.« Dabei wird unter Religion natürlich die protestantische verstanden, die national denkend im Gegensatz zur katholischen (Papst, Rom) sei, denn im folgenden Absatz heißt es: »Das Bestreben, die Staatsgewalt, die Schule, Kunst und Wissenschaft, das gesamte Volksleben ultramontanen Machtgelüsten zu unterwerfen, wirkt immer verhängnisvoller.« Das Zentrum, die Partei der Katholiken, möchte im Grunde alle vertreten und vereinigt industrielle Großkapitalisten, Großagrarier, Mittelstand und Arbeiter in seinen Reihen. Die christlichen Gewerkschaften spielen keine geringe Rolle im Ruhrgebiet und in Bayern. Das Resultat der Wahlen war ein großer Sieg der Sozialdemokraten, deren Stimmenzahl gegenüber der letzten Wahl im Jahre 1898 um fast eine Million auf 3,01 Millionen stieg. Die beiden größten bürgerlichen Parteien, das Zentrum und die Nationalliberale Partei, konnten ebenfalls Gewinne erzielen und erhielten 1,88 beziehungsweise 1,32 Millionen Stimmen.

Das zweite große politische Ereignis des Jahres war der Parteitag der Sozialdemokraten, der in Dresden stattfand. Er brachte einen Scheinsieg der Marxisten unter Führung von Bebel und eine Scheinniederlage für die Revisionisten. Wie weit die Revisionisten sich schon vom Marxismus entfernt hatten, zeigt ein Brief des führenden Revisionisten Wolfgang Heine an seinen Gesinnungsfreund Paul Loebe vom 13. Juni 1902, in dem es u. a. heißt: »Das Wort ›Revolution‹ hat für die Massen einen Gefühlswert, wenn sie auch nicht daran denken würden, selber Revolution zu machen. Solche Schlagworte kann man allmählig außer Kurs setzen, aber man muß nicht unnötig gegen sie polemisieren, das macht sie erst von neuem wertvoll.«

Natürlich sprachen sie so nicht auf dem Parteitag, doch vertraten sie dort ihren Standpunkt keineswegs verdeckt. Bebel trat großartig gegen sie auf – doch als ein echter Volkstribun, nicht als der Führer einer Partei. Mitreißend donnerte er gegen die Revisionisten: *»Denkt Ihr denn, Genossen, ich glaube daran, daß der Revisionismus in unserer Partei einmal Erfolg haben wird?* (Stürmische Zustimmung) *Nein, Genossen, Erfolg hat er nicht, aber Schaden stiftet er in der Partei an. (Sehr richtig!) Er zersplittert unsere Kräfte (Sehr wahr!), er hemmt unsere Entwicklung, er zwingt uns zur Uneinigkeit, er zwingt uns zur gegenseitigen Bekämpfung, wo doch das Gegenteil eintreten sollte. (Sehr richtig!) Eine ganze Reihe von Genossen wird irre geführt. (Sehr wahr!)«* Doch dann folgt der Satz: *»Daß diese Leute ehrlich kämpfen, das bezweifle ich gar nicht.«* Wie ehrlich, zeigt der zuvor zitierte Brief von Heine. Schlau hätte Bebel sagen sollen statt ehrlich – und die Partei hätte sich von ihnen trennen sollen.

In der Resolution des Parteitages heißt es dann: »Der Parteitag verurteilt auf das entschiedenste die revisionistischen Bestrebungen.« Sie wurde gegen elf Stimmen angenommen. Unter den Gegenstimmen befindet sich die des wirklich ehrlichen Eduard Bernstein, sonst keine der führenden Revisionisten; diese, darunter auch Heine, stimmten vielmehr für die Resolution. Das Protokoll verzeichnet bei ihrer Stimmabgabe »Heiterkeit« im Saale. Als Loebe mit Ja stimmt, ruft

Knecht war Fridolin«. Friede, Freude, Eierkuchen – und mit großem Erfolg werden die Revisionisten ihre Arbeit fortsetzen.

Eine ganz große Rolle spielt noch in dieser Zeit die Kirche, auch die protestantische. Ihre Propaganda ist überaus geschickt, ganz eingestellt auf die Zusammensetzung der Gemeinde, ob vorwiegend aus Kreisen der herrschenden Klasse oder aus Werktätigen bestehend. Hoch ist oft das Kulturniveau in den Predigten an das »gehobene Bürgertum« – so setzt sich Pfarrer Rittelmeyer in Nürnberg in seiner Predigt über die »Unsterblichkeit der Seele« mit den Auffassungen Kants, Tolstois und des Apostels Paulus auseinander. Ein anderer Prediger, Paul Drews in Halle, erklärt, daß Jesus sich niemals um Probleme der Wirtschaft gekümmert, sondern das den weltlichen Mächten überlassen hätte und zieht daraus den erstaunlichen Schluß: »So wenig uns Christus anweist, für eine monarchische oder für eine republikanische Verfassung einzutreten, so wenig dürfen wir in seinem Namen etwa erklären, das wirtschaftliche Leben habe sich nach sozialistischen oder nach kapitalistischen Grundsätzen auszugestalten.« Ein wahrlich ehrlicher Rückzug aus den Problemen der Zeit! Auch die Frauenfrage, die Arbeitslosigkeit und andere Probleme der Zeit werden, nicht zum wenigsten in den Predigten an die Werktätigen, aufgenommen. Mit vielem können die Werktätigen damals übereinstimmen und auch wir heute als realistische Schilderung der Verhältnisse – natürlich nicht jedoch mit der Aussicht auf eine letztliche Lösung aller Probleme im Himmel.

Daß 1903, in der Niedergangsperiode des Kapitalismus, Naturwissenschaft und Technik blühen, ist eine selbstverständliche Notwendigkeit für die ständige Entwicklung der Produktivkräfte. Daß die Gesellschaftswissenschaften darniederliegen, sind wir aus allen Niedergangsperioden von Klassengesellschaften gewohnt.

Ungewohnt aber ist die Blüte von bürgerlicher Kunst und Schöner Literatur, die sich in der Weimarer Zeit noch verstärkt fortsetzen wird. »Das Literarische Echo«, eine führende Zeitschrift über Schöne Literatur, veröffentlichte auch 1903 eine Übersicht der meistgelesenen Bücher. Die ersten fünf sind

Beyerlein, Jena oder Sedan?
Frenssen, Jörn Uhl
Heyking, Briefe, die ihn nicht erreichten
Mann, Buddenbrooks
Viebig, Vom Müllerhannes.

Beyerleins Roman enthält eine scharfe Kritik von Zuständen in der Armee.

Frenssens Jörn Uhl ist ein in gutem Stil geschriebener, ehrlich gegen die Stadt und »ihre Sünden«, darunter auch den Sozialismus, gerichteter Heimatroman, der wahrlich nicht als Apologetik des Imperialismus angesehen werden kann, und dessen Held in Frömmigkeit und den Armen eines »guten Weibes« endet.

Die Heyking, eine Enkelin der Bettina von Arnim, war eine »Weltdame« voll humaner Gesinnung und schreibt in ihrem schönen Buch Briefe an ihren Freund in China, das ihrer Meinung nach vom internationalen Finanzkapital gepeinigt und zum Aufstand getrieben wurde, und in das nun Truppen aus aller Welt eingefallen sind.

Schön, daß Thomas Manns erster Roman gleich solch ein Erfolg wurde.

Der Roman der Viebig, die auch noch in der Deutschen Demokratischen Republik aufgelegt wird, ist ein wirklich netter Heimatroman. Die beiden Heimatromane werden vom ganzen Volk gelesen, die drei anderen, obgleich ihnen jede Apologetik des Systems fehlt, sind bevorzugte Lektüre des »gehobenen Bürgertums«.

Auch das war normal im Jahre 1903 und wird es auch in den Weimarer Jahren sein.

Und die elende Lage eines großen Teils der Werktätigen? Sie ist eine ständige Erscheinung im Kapitalismus, ob das Jahr normal oder anormal ist, nur manchmal ist sie noch elender als sonst, doch nicht im Jahre 1903.

Wie voller Widersprüche jeder Art ist doch das »normale« Jahr 1903 des deutschen Imperialismus!

J. Stengel
Scharrn Str 21
Stiller's Schuhwaaren
sind die besten!
Kranker Möbel
Haarfarbe
Frisir-Salon
J. Stengel
"Prinzess Ilse"

Wilfried von Bredow

DER WILHELMINISCHE GENUSSMENSCH

In den Hauptstädten des 19. Jahrhunderts besaß die Jahrhundertwende überall einen besonderen Geschmack. In Berlin, newcomer in dieser Kategorie, habe kein Lessing oder seinesgleichen, schreibt Carl Sternheim, die fallengelassene und öffentlich angebotene Geistigkeit aufgenommen und zum Gipfel eigener Kraft geführt, »sondern es war im kritischen Augenblick, den wir um 1900 setzen, dort kein Hirn, das zu einer Diktatur reinen Zeitgeists, von der das Heil der Selbständigkeit und Freiheit dieser deutschen Epoche abhing, fähig war, vorhanden.«[1]

Stattdessen festigte sich die Vorherrschaft des *juste milieu*. Das ist sozusagen ein laues Band für den Geist und ein laues Bad für den Körper. Jene »herrlichen Zeiten«, denen Kaiser Wilhelm II die Deutschen entgegenzuführen versprochen hatte, wollten sich nicht so recht einstellen, trotz aller implosiven Turbulenz im Bürgertum und trotz des Reformeifers von der Sonnenkleidung bis zur Kleinschreibung.

Die Zeit für Fluchten nach vorn bereitete sich vor. Doppelstandards werden dann zur Norm. Das aber muß natürlich eingeübt, geschult werden. Solche Neigung bricht sich manchmal in Schriften Bahn, in denen die »unwiederholbare Einmaligkeit« des Individuums für ein, nun vielleicht nicht gerade Massenpublikum, aber doch für ausgewählte Kreise gutgenährter Schichten als Schnellkurs aufbereitet wird. Dafür gibt es für die Zeit des Hoch-Wilhelminismus ein eigentümliches Beispiel, das Buch *»Der Genußmensch«* von Willem van Wulfen. Es trägt den vielversprechenden Untertitel: »Ein Cicerone im rücksichtslosen Lebensgenuß«.[2]

Ein lebens- und genußerfahrener »verwitternder Kerl« (S. 11) wendet sich in trauter Du-Anrede an den Neophyten des Genusses: »Oho! mein Lieber, Du willst unter die Nichtsnutzigen gehen und den Lebensgenuß Dir zum einzigen Daseinszweck machen? Du verschmachtest nach Genuß, sagst Du, und keine Fiber sei an Dir, die nicht nach Lust schreie...«. Dem Manne kann geholfen werden. Wenn man, sagen wir, ein angenehm gewachsener Rechtsreferendar oder gar -assessor mit literarischen Neigungen und einigermaßen ausgebildetem Geschmack, großer und unbestimmter Sehnsucht, indes hinreichendem Vermögen aus Stolp in Pommern oder Gumbinnen oder sonstwoher ist, Mitte zwanzig, wenn man ein wenig zivilisationsflüchtiges Jucken verspürt, aber beileibe nicht nach Malaya oder in andere Dauthendey'sche Fernen reisen möchte, wenn man das Außergewöhnliche sucht, aber den Erbonkel jedes Jahr in Kissingen (dort weilt er zur Kur) im August zu besuchen hat, dann braucht man wohl einen Cicerone, der einem sagt, wie es anzustellen ist, »Corsar des Genusses, der Moral und der Sitte zum Hohn« (S. 13) zu werden.

Einfach ist es nicht. Das Buch nimmt seine Leser in eine harte Schule. Den Beigeschmack des Aggressiven und des Curiosen mag der Zeitgenosse, mag insbesondere der auf die Genuß-Lehre erpichte Spätjüngling aus Stolp nicht mitbekommen haben, denn darin ist viel vom allgemeinen Zeitaroma des Wilhelminismus eingewickelt.

Eiserne Genuß-Systematik

Das Buch besteht aus vier Teilen, Hauptstücke genannt. Im ersten Hauptstück folgt auf die Exposition ein Lobpreis auf den Genuß. Das ist nicht ohne historisch-regionales Kolorit. Vor dem Hintergrund einer ausdrucksstarken Skizze der Moderne erscheint der Genußmensch als glücklich-unglücklicher Erbe eines immer höher sich häufenden Kul-

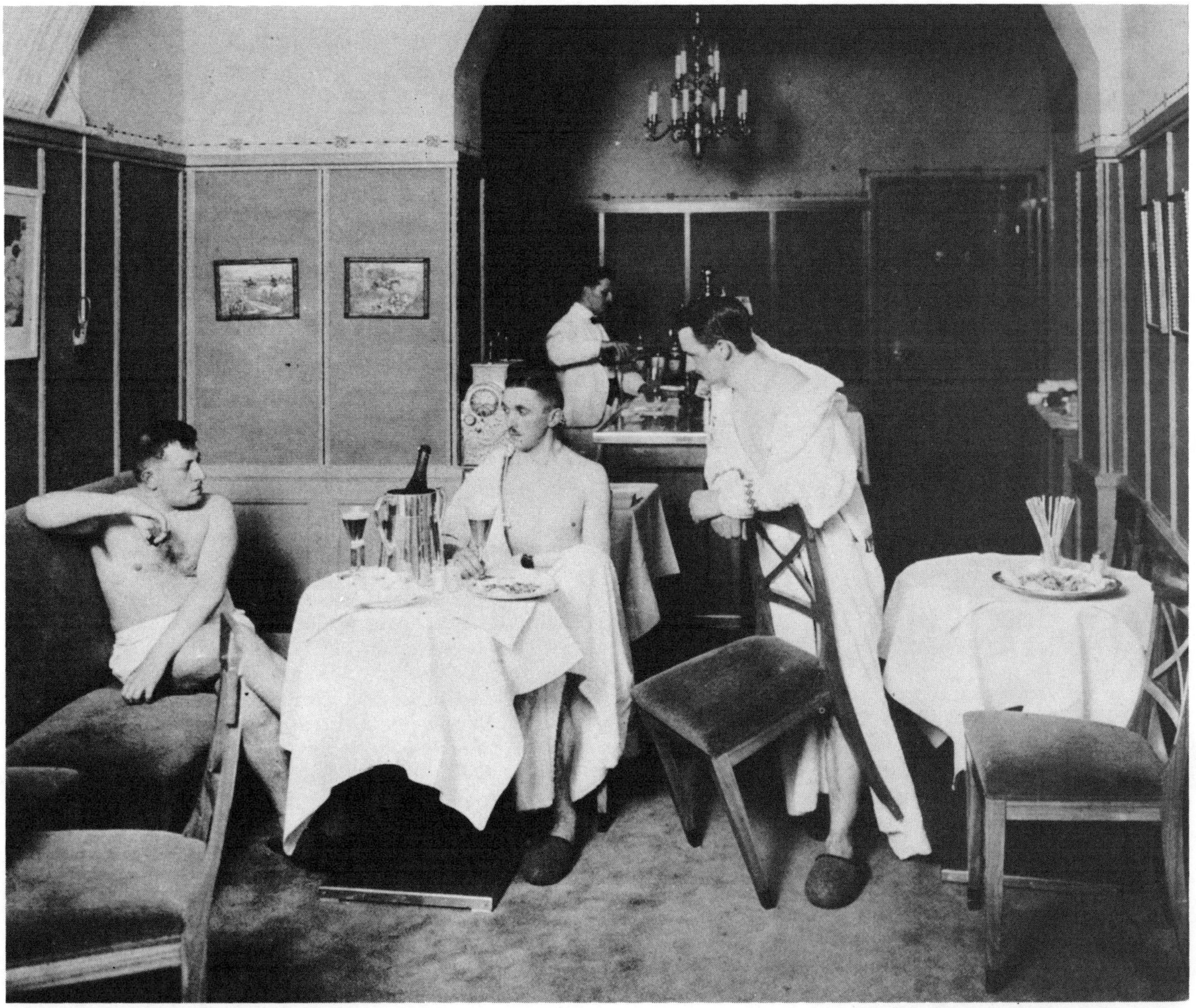

Herren mit antikisierten Gewändern im Berliner Admiralsgarten-Bad

turtrödels. »Weg damit!«, werden bald die Futuristen rufen. Der vielseitige Mensch der Gegenwart mit seiner »modernen Kompliziertheit« (S. 23) bewegt sich in einem »wahren Museum von Tugenden« (S. 82). »Wo Arbeitsteilung die Regel, gedeiht der Vollmensch nur noch als Ausnahme.« (S. 138) Eine solche Ausnahme ist der Genußmensch. Durch den uneingeschränkten Gebrauch der ganzen »Zivilisationsmaschinerie« für seine eigenen Zwecke macht er sich das Genießen leichter (S. 255). Genuß und Lust, diese Wörter, deren Klang die Nüstern bläht, können im übrigen so furchtbar sybaritisch nicht gemeint sein. Wo immer ansatzweise Definitionen auftauchen, haben sie einen steifen Kragen: »Kultur ist Natur durch Arbeit zum höchsten Genuß präpariert« (S. 27). Da drängt sich leise der Verdacht auf, daß wir es hier auch nur mit einer Variante jener Carpe-diem-Philosophie zu tun haben könnten, die LEBEN in Versalien schreibt, aber sonst wenig davon versteht. Von Serner'schen Extravaganzen, um historisch ein wenig vorzugreifen, blitzt rein gar nichts auf.

Das kurze zweite Hauptstück mit seinen von bekannten Vorbildern abgeschriebenen Attacken auf das Christentum, der Betonung des Spätzeitcharakters der Gegenwart sowie der Kennzeichnung eines spezifisch »modernen Genußstils« baut diesen Verdacht keineswegs ab. Das Glück des Genußmenschen »ist kein Geschenk der Natur, vielmehr eine allerletzte Gabe komplizierter Parforcekultur und ein Meisterstück unermüdlicher Selbstbearbeitung.« (S. 73) Kraft, Wille, Bewußtheit, Rückbezüglichkeit, ästhetische Ausbeuterkraft machen den modernen Genußstil aus.

Das dritte Hauptstück bietet eine Überraschung, eine recht trockene zwar, aber immerhin. Der Autor führt nämlich nicht mehr und nicht weniger als eine systematische Tugendlehre des wilhelminischen Genußmenschen vor. Zu diesem Zweck hat er vier unterschiedlich groß geratene Kommoden mit vielen Schubladen konstruiert, eine für jede Genußtugend. Die einzelnen Kommoden sind bestimmt für: die Genußtugenden des Willens (sehr ausführlich); des Geistes (ausführlich); des Gefühls (kursorisch) und schließlich der Empfindung (auch kursorisch).

Zunächst also die Genußtugenden des Willens. Wenn ich sie in der Reihenfolge aufzähle, in der unser Cicerone sie abhandelt, wird uns immer eiserner zumute – auch wenn der »Ehrenplatz« auf dieser Liste der *Lebenslust* eingeräumt wird und dieser die *Genußsucht* sekundiert, so wird es doch zunehmend stählern. *Unverwüstlichkeit*, *Hochwüchsigkeit*, *Courage*, *Unbekümmertheit*, *pietätlose Kühnheit*, *Selbstän-*

digkeit, Unabhängigkeit, Aktivität – das also sind die Freibeuter-Tugenden (die im übrigen die intelligenteren unter den damaligen Regiments-Kommandeuren von ihren jungen Leutnants erwarteten)! Und weiter geht's mit: *Selbstzucht, Abhärtung, Wohlwollen* – das nun erwarteten *alle* Regimentskommandeure von ihren jungen Offizieren. Und in die unterste Schublade dieser Kommode wird noch eine kleine Abhandlung »Über die *Pflicht*« geschoben. Wenn schon Genuß, dann soll er sich wie ein eiserner Ring um unsere Brust legen. Wer jetzt noch Kandidat für das Elitekorps der Genußmenschen werden möchte, wird vor die zweite Kommode geführt, wo die Genußtugenden des Geistes trocken abgelagert sind. Sechs gibt es davon: *Geistesklarheit, Klugheit, Selbsterkenntnis, Geistesgewandtheit, exklusives Gedächtnis, wohlerzogene Phantasie.* Letztere ist ein besonders hübscher Wilhelminismus!

Übrigens haben wir es schon geahnt: »Frische Bewegung, prompte Verdauung und gesunder Schlaf gehören zum Sockel der Genußfähigkeit.« (S. 201) Das steht bereits im etwas diffusen Kapitel über die Gefühlstugenden. Deren wichtigste: die Überwindung des »Berufslasters« von Genußmenschen, der »müden Blasiertheit« (S. 203). Schließlich die Empfindungstugenden – damit sind jene Kenntnisse und ihr Erwerb gemeint, welche den Genußmenschen befähigen, Kunst und Natur »vergeistigt zu schauen«.

Auch das vierte Hauptstück stellt sich als eine Art Linné' sche Begriffs-Tafel dar. Hier werden die »Genußgüter« abgehandelt, fein unterteilt in »allgemeine Genußgüter« und – nein: nicht etwa »spezielle«, vielmehr »private Genußgüter«. Zu den erstgenannten gehören: Zeit und Zeitgeist, Natur und Technik, Wissenschaft und Philosophie, Kunst, Sprache und... Staatsordnung. Der Duktus ist immer: man nehme sich das, was man braucht, und vermeide es, auf einem der genannten Gebiete allzulange zu verweilen. Die Staatsordnung wird hochachtungsvoll gegrüßt: »Es ist eine respektable Leistung der Gesetzgeber und der verfassungstreuen Regierung, daß unter ihrer Hut die gefährlichsten und verschlagensten aller Bestien... millionenweise zusammengedrängt in leidlichem Frieden miteinander leben« (S. 277). Genußmenschen sind wahrhaftig keine Anarchisten: »Ohne Staatsordnung kein Théâtre-Français und keine Zigeunermusik, kein spitzenumhülltes Luxusweiberfleisch, keine Rundreisebillette um den Erdball herum... ich dächte, Du läßt mit mir die Regierung hochleben, den auf Ordnung erpichten Hausdrachen, der zwar mit seiner Reglementiersucht und Kanzleistubenweisheit hie und da auf die Nerven fällt, aber unentbehrlich ist zu unserem Genußleben und unserem Lebensgenuß.« (S. 278f.)

Schließlich die »privaten Genußgüter«: materieller Besitz und Luxus (schätzenswert), Ehre (wird individualisiert), Namenlosigkeit (denn Ruhm ist hinderlich für's Genießen), Sippschaft und Freundschaft (nicht so wichtig), Weiber, Persönlichkeit.

Der kurze Schlußteil des »Kurses« (S. 11) geht auf eine Fatalität menschlichen, besser: irdischen Daseins ein, welche dem Genußmenschen gewiß in besonderer Weise ärgerlich sein muß – auf das Altwerden und das Nachlassen der Kräfte. Hieß es doch am Anfang: »Alles auf der Welt ist schließlich eine Kraftfrage...« (S. 19). Jetzt lautet die Devise: gar nicht drum kümmern! »Das Alter ist eine Art Siechtum, es verfälscht die geistigen Perspektiven, verstaubt und vergraulicht alle Farbenpracht, verkehrt jedes Wertmaß.« (S. 308) Also nichts wie wegdrängen, was an kummervoller Voraussicht auf das eigene Alter sich ankündigen möchte. »Es lebe das Leben, es lebe die Lust!« (S. 310) Mit diesem Toast endet das Buch.

Wilhelminische Antibürgerlichkeit

Innerweltliche Askese und verschiedene Ausprägungen protestantisch-puritanischer Ethik gelten gemeinhin als Grundpfeiler von kapitalistischer Wirtschaftsordnung und bürgerlicher Gesellschaft. »Ein guter Haushälter, können wir es ganz allgemein ausdrücken, also ein guter Bürger und ein Erotiker welchen Grades auch immer sind unversöhnliche Gegensätze... Entweder man lebt, um zu wirtschaften oder um zu lieben. Wirtschaften heißt sparen, lieben heißt verschwenden.«[3] Das klingt zwar platt, aber einleuchtend. Letztlich ist es aber doch falsch, in mehrfacher Hinsicht sogar. Denn zum einen kommt der Verschwendung, gerade auch der demonstrativen Verschwendung auch (und gerade) in der bürgerlichen Gesellschaft eine nicht zu unterschätzende wirtschaftliche und sozialintegrative Funktion zu.[4] Und zum andern – was sind denn die meisten der hier aufgezählten »Genußtugenden« wie Selbstzucht, Selbständigkeit, Abhärtung, pietätlose Kühnheit, Unverwüstlichkeit etc. anderes als schon lange ins Bürgerliche transportierte und dort nicht selten neu ausgestattete Tugenden? Seit der Jahrhundertwende haben wir übrigens oft genug erlebt, wie die kräftigsten anti-bürgerlichen Parolen im Bürgertum selbst entstanden sind und wie die heftigsten Anti-Bürger ihre Karriere in der bürgerlichen Gesellschaft machen und wie überhaupt revolutionäre Hasen aller Arten im Wettbewerb mit der igligen politischen Kultur der Bürgerlichkeit zusammenbrechen und sich ergeben müssen.

Der wilhelminische Genußmensch, über's Alter für die Jugendbewegung hinaus, erspart sich die anti-bürgerliche Pose. Er nutzt die bestehenden Institutionen und kauft sich jede Bahnsteigkarte und jedes Billett um den Erdball, wohin es ihn grad gelüstet. Er ist ein zu rasch gereifter Zyniker. Keine Kultur ohne Dienstboten, hatte Treitschke früher einmal gesagt. Jetzt heißt's: »Je raffinierter eine Kultur, und auf je steilere Höhe gesporn, desto raffinierter auch das Elend des Kulturmaschinisten-Proletariats.« (S. 28)

Unbestreitbar ist nun aber die Art und Weise des Genießens unseres wilhelminischen Genußmenschen mit der innersten Natur des Bourgeois engstens verknüpft. Man kann das an van Wulfens Lust-Wörtern ablesen. Da ist Rede von »Lustwährung«, »Lustzinsen«, »Lusteinkünften«, »Lustwert«, »Luststeuer«, »Lusteinkommen«, ja »Lustrente«. Ergänzend zum Preis des Luxus heißt es: »In einem verschwenderisch ausgestatteten Palast darf es so wenig einen zwecklosen Gegenstand geben wie in einem Maschinenhaus.« (S. 286) Und an einer anderen Stelle wird behaglich beschrieben, wie der moderne Genußmensch sein Kapital überall auf der Welt für sich arbeiten lassen kann.

Wie mag es unserem Assessor aus Stolp nach seiner Initiation in das wilhelminische Genußleben weiter ergangen sein? Von Berlin nach Florenz, von dort nach Nizza und Monte Carlo? Und weiter? In den letzten Jahren vor dem Großen Krieg haben wir ihn etwas aus den Augen verloren. Aber dann, als es wie die ärgste Lust erschien, alle diese Tugenden auf einmal auszuprobieren, die Unverwüstlichkeit und Abhärtung, die Courage und die wohlerzogene Phantasie, taucht er nicht da wieder auf? »Schon ganz von weitem haben wir ihn erkannt... Er stürzt... Er liegt, das Gesicht im kühlen Kot, die Beine gespreizt, die Füße gedreht, die Absätze erdwärts. Das Produkt einer verwilderten Wissenschaft, geladen mit dem Schlimmsten, fährt dreißig Schritt schräg vor ihm wie der Teufel selbst tief in den Grund, zerplatzt dort unten mit gräßlicher Übergewalt und reißt einen haushohen Springbrunnen von Erdreich, Feuer, Eisen, Blei und zerstückeltem Menschentum in die Lüfte empor. Denn dort lagen zwei – es waren Freunde, die hatten sich zusammengelegt in der Not: nun sind sie vermengt und verschwunden.«

Anmerkungen

1 Carl Sternheim, Berlin oder Juste milieu (1920), in: C. Sternheim, Gesamtwerk, hrsg. v. W. Emrich, Bd. 6, Neuwied 1966, S. 127.

2 Mir liegt die 3. Auflage vor: München 1911. Über den Autor (ein Pseudonym?) habe ich nichts weiter in Erfahrung bringen können. In meinem Exemplar klebt vorn ein hübsches Ex Libris von Dr. Ludwig Kantorowicz. Ich vermute, die wenigen und meist distanzierten Bleistiftanmerkungen in deutscher Schrift auf den Seitenrändern stammen von ihm. Innen auf dem rückseitigen Buchdeckel zeigt ein Zettel an, daß Mrs. Regina Kantorowicz and her sons das Buch dem King's College der University of London geschenkt haben.

3 Werner Sombart, Der Bourgeois. Zur Geistesgeschichte des modernen Wirtschaftsmenschen, München, Leipzig 1920, 2. Aufl., S. 263.

4 Vgl. hierzu die Grundidee (und nicht so sehr ihre historisch-theoretische Illustration) von Georges Bataille, Die Aufhebung der Ökonomie (Das theoretische Werk, Bd. I), München 1975.

Heinrich Mann

UNTERTAN

Diederich maß den Vater, er zog die Mundwinkel herab. »Sie wußten es also?«

»Nicht sicher«, murmelte Göppel. Und Diederich, von oben: »Das hätte ich auch merkwürdig gefunden.«

»Ich habe eben Vertrauen gehabt zu meiner Tochter.«

»So irrt man sich«, sagte Diederich, zu allem entschlossen, womit er sich wehren konnte. Göppels Stirn fing an, sich zu röten. »Zu Ihnen hab ich nämlich auch Vertrauen gehabt.«

»Das heißt: Sie hielten mich für naiv.« Diederich schob die Hände in die Hosentaschen und lehnte sich zurück.

»Nein!« Göppel sprang auf. »Aber ich hielt Sie nicht für den Schubbejack, der Sie sind!«

Diederich erhob sich mit formvoller Ruhe. »Geben Sie Satisfaktion?« frage er, Göppel schrie:

»Das möchten Sie wohl! Die Tochter verführen und den Vater abschießen! Dann ist Ihre Ehre komplett!«

»Davon verstehen Sie nichts!« Auch Diederich fing an, sich aufzuregen. Ich habe Ihre Tochter nicht verführt. Ich habe getan, was sie wollte, und dann war sie nicht mehr loszuwerden. Das hat sie von Ihnen.« Mit Entrüstung: »Wer sagt mir, daß Sie sich nicht von Anfang an mit ihr verabredet haben? Dies ist eine Falle!« (...)

Der Vater lächelte entschuldigend. »Im guten einigt man sich schließlich immer. Nicht wahr, mein lieber Heßling?«

Aber Diederich fand es gefährlich, wieder gut zu werden. »Der Teufel ist Ihr lieber Heßling!« schrie er. »Für Sie heiß ich Herr Doktor!«

»Ach so«, machte Göppel, ganz starr. »Es ist wohl das erstemal, daß jemand Herr Doktor zu Ihnen sagen muß? Na, auf die Gelegenheit können Sie stolz sein.«

»Wollen Sie vielleicht auch noch meine Standesehre antasten?« Göppel wehrte ab.

»Gar nichts will ich antasten. Ich frage mich nur, was wir Ihnen getan haben, meine Tochter und ich. Müssen Sie denn wirklich so viel Geld mithaben?«

Diederich fühlte sich erröten. Um so entschlossener ging er vor.

»Wenn Sie es durchaus hören wollen: Mein moralisches Empfinden verbietet mir, ein Mädchen zu heiraten, das mir seine Reinheit nicht mit in die Ehe bringt.«

Sichtlich wollte Göppel sich nochmals empören; aber er konnte nicht mehr, er konnte nur noch das Schluchzen unterdrücken.

»Wenn Sie heute nachmittag den Jammer gesehen hätten! Sie hat es mir gestanden, weil sie es nicht mehr aushielt. Ich glaube, nicht mal mich liebt sie mehr: nur Sie. Was wollen Sie denn, Sie sind doch der erste.«

»Weiß ich das? Vor mir verkehrte bei Ihnen ein Herr namens Mahlmann.« Und da Göppel zurückwich, als sei er vor die Brust gestoßen:

»Nun ja, kann man das wissen? Wer einmal lügt, dem glaubt man nicht.«

Er sagte noch: »Kein Mensch kann von mir verlangen, daß ich so eine zur Mutter meiner Kinder mache. Dafür hab ich zuviel soziales Gewissen.« Damit drehte er sich um. Er hockte nieder und legte Sachen in den Koffer, der geöffnet dastand.

Hinter sich hörte er den Vater nun wirklich schluchzen – und Diederich konnte nicht hindern, daß er selbst gerührt ward: Durch die edel männliche Gesinnung, die er ausgesprochen hatte, durch Agnes' und ihres Vaters Unglück, das zu heilen ihm die Pflicht verbot, durch die schmerzliche Erinnerung an seine Liebe und all diese Tragik des Schicksals... Er hörte, gespannten Herzens, wie Herr Göppel die Tür öffnete und schloß, hörte ihn über den Korridor

schleichen und das Geräusch der Flurtür. Nun war es aus – und da ließ Diederich sich vornüber fallen und weinte heftig in seinen halbgepackten Koffer hinein. Am Abend spielte er Schubert.

Damit war dem Gemüt Genüge getan, man mußte stark sein. Diederich hielt sich vor, ob etwa Wiebel jemals so sentimental geworden wäre. Sogar ein Knote ohne Komment wie Mahlmann hatte Diederich eine Lektion in rücksichtsloser Energie erteilt. Daß auch die anderen in ihrem Innern vielleicht doch weiche Stellen haben könnten, erschien ihm im höchsten Grade unwahrscheinlich. Nur er war, von seiner Mutter her, damit behaftet; und ein Mädel wie Agnes, die gerade so verrückt war wie seine Mutter, würde ihn ganz untauglich gemacht haben für diese harte Zeit. Diese harte Zeit: Bei dem Wort sah Diederich immer die Linden mit dem Gewimmel von Arbeitslosen, Frauen, Kindern, von Not, Angst, Aufruhr – und das alles gebändigt bis zum Hurraschreien, gebändigt durch die Macht, die allumfassende, unmenschliche Macht, die mitten darin ihre Hufe wie auf Köpfe setzte, steinern und blitzend.

›Nichts zu machen‹, sagte er sich, in begeisterter Unterwerfung. ›So muß man sein!‹ Um so schlimmer für die, die nicht so waren: sie kamen eben unter die Hufe. Hatten Göppels, Vater und Tochter, irgendeine Forderung an ihn? Agnes war großjährig, und ein Kind hatte er ihr nicht gemacht. Also? ›Ich wäre ein Narr, wenn ich zu meinem Schaden etwas täte, wozu ich nicht gezwungen werden kann. Mir schenkt auch keiner was.‹ Diederich empfand stolze Freude, wie gut er nun schon erzogen war. Die Korporation, der Waffendienst und die Luft des Imperialismus hatten ihn erzogen und tauglich gemacht. Er versprach sich, zu Haus in Netzig seine wohlerworbenen Grundsätze zur Geltung zu bringen und ein Bahnbrecher zu sein für den Geist der Zeit. Um diesen Vorsatz auch äußerlich an seiner Person kenntlich zu machen, begab er sich am Morgen darauf in die Mittelstraße zum Hoffriseur Haby und nahm eine Veränderung mit sich vor, die er an Offizieren und Herren von Rang jetzt immer häufiger beobachtete. Sie war ihm bislang nur zu vornehm erschienen, um nachgeahmt zu werden. Er ließ vermittels einer Bartbinde seinen Schnurrbart in zwei rechten Winkeln hinaufführen. Als es geschehen war, kannte er sich im Spiegel kaum wieder. Der von Haaren entblößte Mund hatte, besonders wenn man die Lippen herabzog, etwas katerhaft Drohendes, und die Spitzen des Bartes starrten bis in die Augen, die Diederich selbst Furcht erregten, als blitzten sie aus dem Gesicht der Macht.

Annegret Jürgens-Kirchhoff

WUNSCHBILDER VOM UNBESCHÄDIGTEN LEBEN

Zur bildenden Kunst der Jahrhundertwende

Es brauchte kein Jahrhundert, bis deutlich wurde, daß der emphatische Anspruch, die Kunst aus den feudalen Abhängigkeitsverhältnissen zu lösen und nach den Idealen der französischen Revolution in Freiheit zu setzen, uneinlösbar war. Es zeigte sich, daß der bürgerliche Aneignungsprozeß, der den Künstlern im 19. Jahrhundert eine bis dahin nicht gekannte Popularität und breite materielle und ideelle Unterstützung gebracht hatte, auch ein Prozeß der Vereinnahmung und Disziplinierung war. In dem Maße, wie das Bürgertum seine revolutionären Positionen preisgab, verstärkte sich die Tendenz, die Künstler auf die Affirmation und Repräsentation der herrschenden Verhältnisse zu verpflichten. In der Folge entstand neben der offiziellen Akademie- und Salonkunst eine künstlerische Opposition, die immer weniger bereit war, einen ebenso anmaßenden wie bornierten Kulturapparat zu bedienen und die Prestigebedürfnisse eines saturierten Bürgertums zu befriedigen. Die Konflikte, die daraus erwuchsen, beschäftigten früh die kulturelle Öffentlichkeit.

Mit den Impressionisten, die in ihren Ausstellungen außerhalb des offiziellen Pariser Salons und gegen ihn Publikum und Kritik provozierten, begann in den siebziger und achtziger Jahren die Geschichte der modernen Malerei. In der Auseinandersetzung mit ihnen, deren Einfluß unbestritten war, deren »oberflächliche« positivistische Vorliebe für das Momentane, Flüchtige, Transitorische gleichwohl kritisiert wurde, entwickelten sich die künstlerischen Tendenzen, die für das Fin de siècle bestimmend wurden und die zum Teil weit in das 20. Jahrhundert hineinreichten. Einfluß nahmen zudem die reformerischen Anstrengungen der

Atelier des »Malerfürsten« Hans Makart. Zeitgenössischer Stich von Franz Kollarž

Josef Hoffmann, Palais Stoclet, Eßzimmer, Brüssel 1905–11. Unten: Detail aus dem Eßzimmerfries: Gustav Klimt, Der Kuß

Präraffaeliten und des Arts and Crafts Movement in England, das Interesse der Nabis in Frankreich für eine neue, immanenten Gesetzen folgende Formensprache und vor allem die Vorbilder der einsamen Protagonisten der Moderne: van Gogh, Gauguin, Cézanne, Seurat. Als Außenseiter des herrschenden Kunstbetriebs angefeindet, verlacht oder ignoriert, in krassem Widerspruch zu »Malerfürsten« wie Piloty, Makart oder Werner, formulierten sie in krisenhaften Prozessen der Selbstvergewisserung neue ästhetische Maßstäbe.

Wenn im folgenden von der Kunst der Jahrhundertwende die Rede ist, dann ist damit zunächst der »Stil« gemeint, der um 1900 als Jugendstil (nach der seit 1896 in München erscheinenden Kunstzeitschrift »Jugend«), als Art Nouveau (Frankreich), als Sezessionsstil (Österreich) und als Moderner Stil (England, Rußland und andere Länder) international verbreitet war. Festzuhalten ist im weiteren jedoch für den Zeitraum von etwa 1890 bis zum Beginn des Ersten Weltkriegs, daß impressionistische und nachimpressionistische Einflüsse wirksam blieben und daß sich bereits im ersten Jahrzehnt des neuen Jahrhunderts mit den Künstlergruppen der Fauves, der Expressionisten, der Futuristen, der Kubisten und mit dem Werkbund neue Tendenzen abzeichneten.

Mit ihrem Bedürfnis, zu einem modernen »neuen Stil« zu gelangen, reagierten die Künstler um die Jahrhundertwende auf den künstlerischen Eklektizismus und Historizismus des späten 19. Jahrhunderts, auf die ästhetischen Bedürfnisse einer Bourgeoisie, der die Kunst vornehmlich Mittel zum Zweck chauvinistischer Selbstdarstellung war. Die Vorstellungen von Erneuerung bezogen sich dabei nicht allein auf die bildende Kunst, sondern auch auf die Architektur, auf die angewandte Kunst und sogar auf maschinelle Produktion in der Industrie. Sie waren zudem Teil einer breiten Reformbewegung, die auf Lebensreform bis hin zur Reformkost und Reformkleidung zielte. Reformbedürftig erschien auch und gerade die Gestaltung von Alltagsgegenständen

Ferdinand Hodler, Der Tag, 1900

wie Möbeln, Tapeten, Stoffen, Teppichen, Büchern, Hausgeräten. Trotz eines gewaltigen ökonomischen Aufschwungs, trotz beispielloser technischer Errungenschaften blieb die ästhetische Qualität industrieller Produkte lange Zeit miserabel. Form und Aufmachung waren noch Sache des Fabrikanten, der die Freiheit hatte, die schäbigsten und häßlichsten Dinge auf den Markt zu bringen und das auch tat, solange dies seine Profite nicht schmälerte. Das Arts and Crafts Movement hatte darauf maschinenstürmerisch mit der Forderung nach Rückkehr zur Qualität des mittelalterlichen Handwerks geantwortet und seine Reformvorstellungen, die auf das gesamte gesellschaftliche Leben zielten, in Werkstätten und Kunsthandwerker-Gilden zu realisieren versucht. Der hellsichtige und politisch engagierteste Repräsentant dieser Bewegung, der Kunstgewerbler und Kunstschriftsteller William Morris, erkannte am Ende den idealistisch-utopischen Charakter der Idee einer durch Kunst reformierten Gesellschaft. Seine Einsicht, daß eine neue »Kunst für das Volk« die Überwindung der kapitalistischen Form der Arbeitsteilung und des allein profitorientierten Gebrauchs der Maschine voraussetzte, daß also die Umgestaltung der Gesellschaft selbst Voraussetzung sei für den Erfolg künstlerischer Erneuerung, begründete eine gestalterische Theorie und Praxis, mit der Morris weit in das 20. Jahrhundert hineinwirkte.

Nur wenige Künstler und Kunsthandwerker der Jahrhundertwende machten sich diese Vorstellungen zu eigen, wenn auch die meisten bald zu der Überzeugung gelangten, daß die Entwicklung nicht mehr hinter die industrielle Produktion zurückkönne, diese aber verändert und verbessert werden müsse. Im Desinteresse der Industrie, die noch keine Designer und keine Warenästhetik brauchte, bekamen sie ihre ökonomischen Grenzen zu spüren. Das änderte sich erst, als zu Beginn dieses Jahrhunderts in der Folge von Überproduktion und unter dem Druck der Konkurrenz auf dem Weltmarkt, die Unternehmer gezwungen waren, sich für die Form und Gestaltung ihrer Waren zu interessieren. Die Einstellung des Architekten, Kunstgewerblers und Malers Peter Behrens als künstlerischer Berater des AEG Elektrokonzerns 1907 in Berlin verdeutlicht die veränderte Situation. Im selben Jahr wurde der Werkbund, ein Zusammenschluß von Künstlern, Kunsthandwerkern und Produktionsbetrieben, gegründet mit dem Ziel, die Qualität der Industrieproduktion in bezug auf Material, Verarbeitung und Gestaltung zu steigern und dafür die besten Vertreter von Kunst, Handwerk, Technik, Industrie und Handel zu mobilisieren. Die konfliktreiche Geschichte des Produktdesigns und der Warenästhetik begann.

Das Ziel der Jugendstil-Bewegung, im Rahmen des neuen Stils gleichberechtigt neben den Werken der »hohen Kunst« auch ästhetisch befriedigende Gebrauchsgegenstände für breite Käuferschichten herzustellen, war wegen der weitgehend noch handwerklichen Produktionsbedingungen in Werkstätten und der daraus resultierenden hohen Kosten in der Regel unerreichbar. Maler, Architekten, Kunsthandwerker blieben auf Mäzene, auf wohlhabende Auftraggeber und Käufer angewiesen, die sich das Gesamtkunstwerk, von dem die Kunst der Jahrhundertwende träumte, leisten konnten und zudem bereit waren, sich auf die Vorstellungen des Jugendstils einzulassen. Zu diesen Auftraggebern gehörte der belgische Industrielle Adolphe Stoclet, der sich 1905 in Brüssel eine Villa bauen ließ, das Palais Stoclet. Unter der Leitung des österreichischen Architekten Josef Hoffmann arbeiteten Maler, Kunsthandwerker, Bildhauer zusammen, um ein einheitliches, in allen seinen Teilen und Aspekten aufeinander abgestimmtes ästhetisches Gebilde zu schaffen, in dem die Ausstattung der Innenräume mit der Anlage des Gartens, das Treppengeländer mit dem Kerzenleuchter, das Eßbesteck mit der Tapete korrespondierte. Die dem Gesamtkunstwerk zugrunde liegende Vorstellung eines harmonischen Zusammenhangs, einer lebendigen Einheit aller Teile bestimmte nicht nur das Miteinander der Dinge, sondern auch jeden Gegenstand selbst. Wie Maler versuchten, eine solche Auffassung der Realität in Bildern zu veranschaulichen, zeigt Gustav Klimts Fries für das Eßzimmer im Palais Stoclet. Klimt ornamentalisiert Bäume und menschliche Gestalten so weit, daß sie als flächig-dekoratives, weitgehend abstraktes Muster die Wände überziehen. Um in diesem Flächenornament noch einen Baum oder ein sich umarmendes Paar zu identifizieren, muß der Blick den fließenden, von regelmäßigen Wirbelformen unterbrochenen Linienverlauf zurückverfolgen bis zu den Stellen, wo der Baumstamm, Gesicht und Hände der Gestalten noch nicht im ornamentalen Gesamtzusammenhang aufgegangen sind.

Edvard Munch, Der Schrei, 1895

Marianne Stokes, Melisande, 1898

Die Auffassung, daß alle Erscheinungen der Wirklichkeit von den gleichen Kräften durchströmt seien, daß ein unsichtbarer, niemals endender »Lebensstrom« das eigentliche Wesen der Dinge ausmache, stand im Zentrum der Intentionen des Jugendstils. Nicht der flüchtige, wechselnde, isolierte Eindruck, nicht »Impressionismus« war gewollt, sondern der dauernde, unauflösliche, übergreifende Zusammenhang aller Einzeldinge. Die häufig symbolisch aufgefaßten Motive und Themen des Jugendstils variieren immer von neuem das, was als »Leben« verherrlicht, gefürchtet, erlitten oder genossen wird. Darstellungen der Lebensalter, der Jahreszeiten, des Wechsels von Tag und Nacht sollen den Kreislauf verdeutlichen, in dem Jugend und Alter, Mann und Frau, Mensch und Natur, Leben und Tod einander begegnen und in dem die Jugend als Höhepunkt gefeiert wird. Dabei reflektieren die Erscheinungen der Natur die des menschlichen Lebens und umgekehrt. Die Wellen des Wassers, die Konturen der Berge verweisen auf die Befindlichkeit des Menschen; die Gesten des menschlichen Körpers sprechen von den Vorgängen in der Natur. Die Flut der Haare geht über in die des Meeres, der Saum des Flusses verlängert den des Gewandes. Als »élan vital«, der alle Dinge in den großen Kreislauf des Lebens reißt, erscheinen die Bewegungen des Tanzes, der starken Emotionen, des weiblichen Körpers, der Sexualität. Von ihm eine Anschauung zu gewinnen, bedarf es nach dieser (lebensphilosophischen) Auffassung der Intuition, nicht der rationalen Erkenntnis, des Intellekts. Deshalb begegnen in den Bildern des Jugendstils immer wieder der liebende, der träumende, der gedankenverlorene, der schlafende Mensch, der in solcher »Abwesenheit« den Kräften des Lebens und der Möglichkeit ihrer Erkenntnis besonders nahe erscheint.

Die Flächigkeit des Jugendstils ermöglicht es, die ersehnte Einheit aller Lebenserscheinungen sichtbar zu machen. In der Fläche, dem trennenden räumlichen Kontext entzogen, geraten Menschen und Dinge in jenen engen Zusammenhang, der ihr Ineinandergreifen, ihre Verschmelzung zur Folge hat. Die Linie trägt dazu bei. Meist in weich fließender Bewegung, gewellt, sich schlängelnd, rhythmisch schwingend, zuweilen peitschenschnurähnlich ausfahrend, wird sie sowohl als den Gegenstand bezeichnende Kontur als auch losgelöst von ihm als konstitutives Element ornamentaler Bildstrukturen zum entscheidenden Ausdrucksträger. Der in der Linie sich mitteilende »Lebensstrom« soll auch in der dekorativen Ornamentik des Jugendstils sichtbar bleiben, die über die schmückende Funktion hinaus als symbolisches Zeichen eines als schön und harmonisch vorgestellten Lebenszusammenhangs wirken soll. Die Metapher vom »Teppich des Lebens« (Titel eines 1900 erschienenen Gedichtbandes von Stefan George) entspricht sehr genau den in dieser Zeit verbreiteten Gestaltungsprinzipien der Flächigkeit, der bewegten Linienführung und des Ornamentalen.

Das »Leben«, das in den Mustern und Bildern dieses Teppichs vorgestellt wird, hat mit der Realität, in der dieser Teppich gewirkt wurde, wenig zu tun; jedenfalls kommt sie in ihm nur selten vor. Während es in Wirklichkeit immer schwieriger wurde, Zusammenhänge zu erkennen und herzustellen, während widerstreitende Interessen in allen Bereichen des gesellschaftlichen Lebens, im Verhältnis der Klassen und Schichten ebenso wie in den Beziehungen der Geschlechter, dazu zwangen, in Gegensätzen zu denken und zu handeln, während eine fortschreitende Arbeitsteilung und Spezialisierung die Produzenten voneinander isolierte und ihre Fähigkeiten auf eng begrenzte Tätigkeiten reduzierte, während die Maschine als Gegner der menschlichen Arbeitskraft auftrat und die Menschen in den großen Städten sich der Natur entfremdeten, entstanden die Wunschbilder eines unbeschädigten Lebens. In ihnen reflektierten die Künstler um 1900 – wie bewußt und von welcher Position aus auch immer – das Lebensgefühl ihrer Zeit. Es war in der Tat ein Lebens*gefühl*, das das emotionale Erleben, die starken Gefühle als einzig noch authentische Lebensäußerungen in einer zweckrationalen, fortschrittsgläubigen Gesellschaft begriff. Das Spektrum der Emotionen, die in vielen Bildern das eigentliche Thema sind, ist breit; es reicht von emphatischen Bekundungen der Lebensfreude, der Liebe, der Hoffnung auf Übereinstimmung bis zu den verzweifelten Sehnsüchten und Ängsten, den Äußerungen der Verstörung, die im Werk des norwegischen Malers Edvard Munch begegnen. Für Munch, der sich den realistischen Blick auf die wirklichen Verhältnisse nicht ersparen wollte, scheint »Leben« positiv nur vorstellbar in der Darstellung des Leidens unter den gegebenen Lebensverhältnissen. Leidend negieren seine Figuren das, was ist, bleiben sie lebendig und stark für das, was sein sollte.

Da die ersehnte Einheit nicht nur als ein noch (wieder) zu gewinnendes Paradies erschien, sondern auch als endgültig verlorenes, findet sich neben der lebensbejahenden Perspektive der meisten Bilder auch eine Tendenz zu Weltschmerz und Weltflucht. Der idealistisch verklärenden Utopie von Jugend, Schönheit und »Leben« entzog sich die Décadence des Fin de siècle, die in der Ästhetisierung der Erscheinungen des Verfalls und des Niedergangs, in den sensibel aufgezeichneten Symptomen eines beschädigten Lebens eine andere, ambivalente Form des Lebensgenusses suchte und propagierte. Arbeiten zum Beispiel des Engländers Aubrey Beardsley oder des Österreichers Egon Schiele zeigen, daß die exzentrische Vorliebe der Décadence für das gesellschaftlich Abweichende und nicht Zugelassene, für Sexualität, für sogenannte Perversionen, für Gewalt und Grausamkeit, der Realität häufig näher kam als die hochgestimmten Versuche, die verborgene Einheit aller Lebenserscheinungen zu veranschaulichen. Das geschwächte, erstarrte Leben erscheint noch am lebendigsten dort, wo es sich am Rande, gleichsam in der Illegalität bewegt. Aus dieser Perspektive läßt sich auch in den Bildern der Décadence die Sehnsucht nach einem unbeschädigten, nicht gesellschaftlichen Normen und Zwängen unterworfenen Leben erkennen.

Wie schwer es dem »neuen Stil« fiel, ein realistisches Bild seiner Zeit zu gewinnen, machen vor allem die Frauendarstellungen deutlich. Der von der Kunst der Jahrhundertwende favorisierte Typus der Femme fatale entrückt die Frau ihrer realen gesellschaftlichen Existenz und mythisiert sie als erotische und sexuelle Macht, in deren Sinnlichkeit die Natur noch unmittelbar präsent erscheint; die »Naturgewalt« Frau wird zur vom Mann begehrten und gefürchteten Phantasiegestalt. Als Sphinx, als Schlange, als Raubtier, als Vampir ist sie schön, geheimnisvoll, verlockend auf der einen Seite, ist sie unberechenbar, abweisend, grausam auf der anderen – ist sie Wunschbild und Schreckbild zugleich. Die männermordenden, den Mann entmachtenden biblischen Verführerinnen Salome, Judith und Delila haben im Fin de siècle ihren letzten großen Auftritt.

Die bildende Kunst verschiebt die Ansprüche der Frauenbewegung am Ende des 19. Jahrhunderts fast ausschließlich auf die Ebene des Erotischen. Dabei verdrängt die »sexuelle Frage« nicht nur weitgehend die sozialen und politischen Probleme, mit denen sich die Frauenbewegung auseinanderzusetzen hat; sie dämonisiert zudem den gesellschaftlichen Konflikt der Geschlechter zu einem angeblich in der »Natur« von Mann und Frau begründeten Geschlechterkampf. Die Frau, die sich dem Mann wirklich zu entfremden beginnt, wird in der Gestalt der Verderben bringenden Femme fatale zusätzlich in die Distanz des Mythos gerückt. Dergestalt bleibt sie dem Mann ein ewiges Rätsel; dergestalt hält er sich vom Leib, was ihn mit Ansprüchen und Forderungen nicht nur erotisch bedrängt. Wo die Ausbruchsversuche der Frauen unbegriffen bleiben, können auch weibliche Stärke, Selbstbewußtsein, Genußfähigkeit – auch im Sexuellen – nur als Kräfte der Destruktion mißverstanden und denunziert werden. Die Darstellung der Frau als Schuldige am Sündenfall, die in der kirchlichen Lehre eine lange Tradition hat, bleibt wirksam im Selbstverständnis des Mannes als Opfer grausamer Verführung. Nur selten wird etwas von den realen gesellschaftlichen Problemen der Frauen (und Männer) um die Jahrhundertwende erkennbar: so in Bildern, in denen der Mythos der Femme fatale in die konkrete zeitgenössische Realität zurückgeholt erscheint wie in Max Liebermanns Gemälde »Samson und Delila«, so in Bildern Edvard Munchs, die das gestörte Verhältnis zwischen Mann und Frau als das gleichwertiger Interessen behandeln, so in Käthe Kollwitz' Bild der »schwarzen Anna« im Zyklus »Bauernkrieg«, in dem die politisch aktive Frau nicht nur den häuslichen Raum verlassen hat, sondern auch den Bereich des Mythischen und Allegorischen.

Was sich um 1900 als »neuer Stil« darstellte, war gekennzeichnet von starken Gegensätzen: Neben einem ausgeprägten, zum Teil weltflüchtigen Individualismus fand sich ein

Aubrey Beardsley, The Climax, 1893, Zeichnung zu »Salome«

Max Liebermann, Samson und Delila, 1901/02

deutliches Bedürfnis, sich in Gruppen und Künstlergemeinschaften zusammenzuschließen; neben ästhetisierender Verfeinerung bis hin zur Eleganz des Mondänen und einer zu Mystifikation und Irrationalismus neigenden symbolistischen Stilisierung fanden sich Ansätze zu expressiver Vereinfachung und funktionaler Strenge. In den Versuchen, Altes abzustoßen und Neues zu formulieren, kamen die Widersprüche dieser Zeit zum Vorschein. Das Bedürfnis, sich der Einheit der Lebenserscheinungen zu vergewissern, wie auch das Postulat des Gesamtkunstwerks, die verschiedenen künstlerischen Anstrengungen zu einer neuen Einheit zusammenzufassen, gehörten zu den idealistischen Versuchen, diese Widersprüche zu lösen.

Bereits in den ersten Jahren des neuen Jahrhunderts stieß der Jugendstil auf Ablehnung; wenig später fand die Bewegung ein schnelles Ende. Die Impulse, die von ihr ausgegangen waren und in der Kunst des Jahrzehnts vor dem Ersten Weltkrieg, besonders im Expressionismus und in den Anfängen der abstrakten Malerei, virulent blieben, übermittelten zugleich Einflüsse der Nachimpressionisten und der erst spät erkannten Wegbereiter der Moderne. Das gilt vor allem für die veränderte Auffassung der künstlerischen Darstellungsmittel, für die zunächst provozierende Demonstration, daß Form, Komposition, Farbe, Linie den dargestellten Gegenständen nicht »treu« sein müssen, sondern über eine relative Selbständigkeit verfügen, daß also die natürlichen Lokal- und Beleuchtungsfarben, die bezeichnende und beschreibende Funktion der Linie, die zentralperspektivische Raumdarstellung vernachlässigt werden können. Der Jugendstil hatte mit der Betonung der Fläche und der Linie daraus seine Konsequenz gezogen. Die folgenden Kunstrichtungen der Moderne machten sich diese Auffassung der künstlerischen Mittel ausnahmslos zu eigen.

Der Expressionismus als die bis 1914 in Deutschland dominierende Strömung wie auch der ihm verwandte Fauvismus und Futurismus nutzten ab etwa 1905 die neue formale Freiheit, um sich von der Enge und der Spießigkeit spätbürgerlicher Verhältnisse loszusagen. Farben, Linien, Flächen fungieren als Mittel der Steigerung, als Möglichkeit, das Dargestellte auf neue Weise mit Ausdruck, Emotion, Leben zu erfüllen. Das expressionistische Bild vermeidet die ästhetisch-dekorative Bildstruktur des Jugendstils und arbeitet statt dessen in der Regel mit kräftigen, oft schnell und ungestüm aufgetragenen Farben, mit einer lebhaften, stark subjektiven Pinselführung, mit vereinfachten, flüchtigen Konturen, mit dem Verzicht auf Räumlichkeit und individuelle Besonderheiten des Dargestellten. Der Eindruck des Einfachen und Ursprünglichen, des Natürlichen, Spontanen und Lebendigen, der auf diese Weise zustandekommen und sich gegen die künstlerische Konvention richten soll, geht auf die um 1900 verbreitete Überzeugung (des Symbolismus beispielsweise und der Lebensphilosophie) zurück, daß allen Dingen, auch den alltäglichen und trivialen, eine über ihre bloße Erscheinung hinausgehende Bedeutung, Kraft und Lebendigkeit eigen sei. Ein betont subjektives, intuitives Erleben als Voraussetzung solcher Welterfahrung wurde selbst zum Thema expressionistischer Malerei. Die »Brücke« wurde einigen jungen expressionistischen Künstlern 1905 zum Bild ihres Aufbruchs und Übergangs zu neuen künstlerischen Positionen. Sie erscheinen verkörpert in

Ludwig Kirchner, Signet für die »Brücke«, 1905

Ludwig Meidner, Apokalyptische Landschaft, 1913

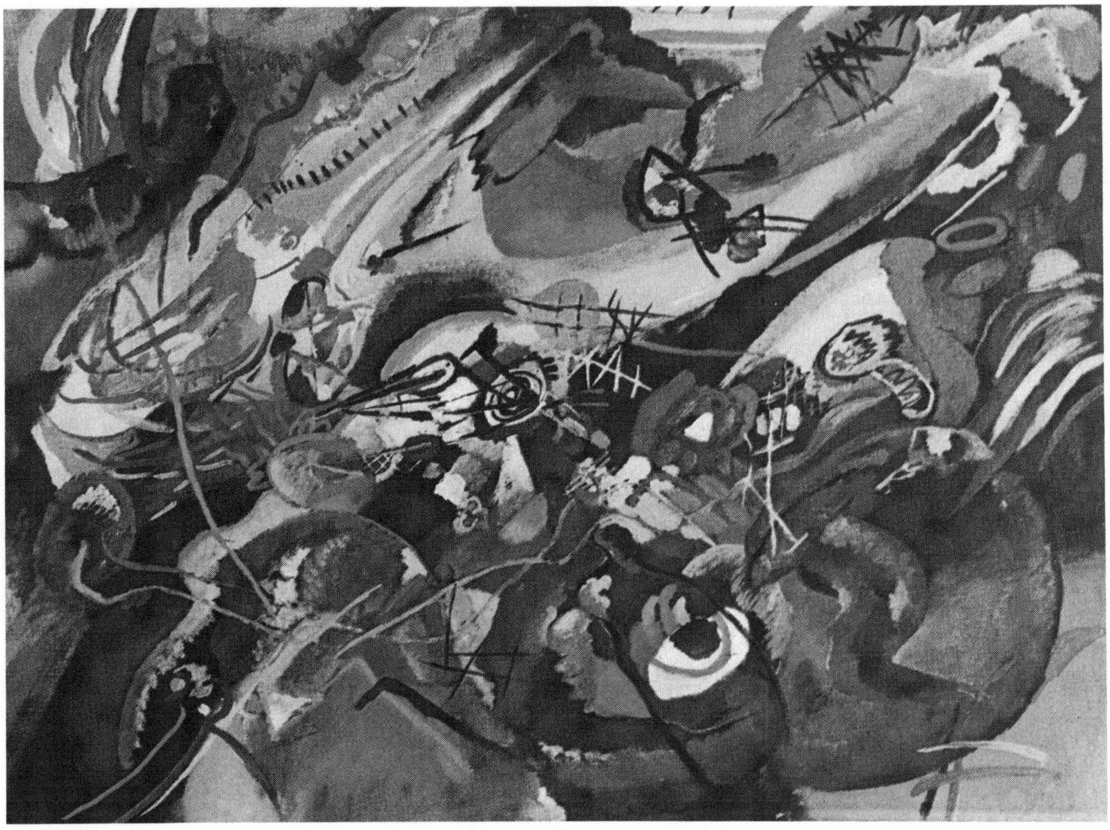
Wassily Kandinsky, Skizze I zu »Komposition VII«, 1913

einer nackten weiblichen Gestalt, die in einem von Ludwig Kirchner entworfenen Signet auf der Höhe der Brücke sitzt und sich mit weit ausgebreiteten Armen dem noch fernen, aber bereits sichtbaren Ufer zugewandt hat.

Die gleichzeitig in Frankreich an die Öffentlichkeit tretenden »Fauves« (französisch: »die Wilden«) akzeptierten die spöttische Bezeichnung des Kritikers Vauxcelles als Namen und bejahten damit das Hedonistische, Wilde und Ungebärdige ihrer Malerei. Ihr Bedürfnis nach unkonventionellen Formen sowie ihre Vorliebe für das sogenannte Primitive und Barbarische machten sie zu frühen Bewunderern der afrikanischen Kunst, deren Einfluß sich wenig später auch im Kubismus und im deutschen Expressionismus zeigte. Die Suche nach neuen Möglichkeiten künstlerischer Artikulation schärfte den Blick der Künstler auch für die bildnerischen Produkte der Kinder und der Psychiatrisierten. Der Futurismus suchte neue Ausdrucksformen in der (Bewegungs-)Fotografie, um seine Vorstellungen von der Dynamik und Simultaneität des rückhaltlos bejahten modernen Lebens zu formulieren. Im Kreis der 1911 gegründeten expressionistischen Künstlergemeinschaft »Der Blaue Reiter« wurde die bereits vor 1900 deutliche Tendenz, die künstlerischen Darstellungsmittel aus ihrer abbildenden Funktion zu entlassen, in der Forderung eines absolut autonomen Bildes radikalisiert. Kompositionen von Wassily Kandinsky gehören neben Arbeiten von Malewitsch, Larionow, Kupka, Mondrian und anderen zu den ersten abstrakten Bildern, die zwischen 1910 und 1914 entstanden. Zur Diskussion steht bis heute die Frage, ob die Entwicklung hin zur völligen Abstraktion eine Befreiung von der »Fessel des Gegenständlichen« darstellt, oder ob die selbstreflexive Vertiefung in den Gegenstand Bild und seine spezifischen Mittel nicht eine Reduktion künstlerischer Möglichkeiten bedeutet, die mit dem Verzicht auf die Darstellung und Aneignung von Realität die Kunst endgültig der Wirklichkeit entfremdet. Von solcher Entfremdung erscheint jedenfalls die antibürgerliche, auf Abgrenzung und Autonomie bestehende Haltung der Künstler in den Jahren vor dem Ersten Weltkrieg nicht frei. Die drohende Kriegsgefahr und die gesellschaftlichen Konflikte, die den Krieg schließlich ermöglichen, kommen in den Bildern vor 1914 kaum vor. Wo die Bedrohung in Bildern thematisiert wird, wie zum Beispiel in den apokalyptischen Landschaften und Städtebildern von Ludwig Meidner, wird sie heftig, aber sehr allgemein und vage erahnt, erfühlt oder als »Vision« vorausgesehen; von den realen Zeitumständen sprechen die expressionistischen Revolten und Aufbrüche nur eine undeutliche Sprache. Wie nahe die künstlerische Opposition den herrschenden Verhältnissen politisch stand, zeigte sich, als beim Beginn des ersten imperialistischen Weltkriegs die große Mehrheit der bildenden Künstler begeistert aufbrach, als gelte es auf Barrikaden zu steigen und nicht in die Schützengräben.

Pablo Picasso, Les Demoiselles d'Avignon, 1907

Umberto Boccioni, Das Leben der Straße dringt in das Haus, 1911

Manfred Wagner

MUSIK UM 1900 ODER ALLES IST ERLAUBT

Ferrucio Busoni

Modest Mussorgski

Arnold Schönberg (Selbstbildnis)

Alexander Zemlinsky

Alexander Skrjabin

Belá Bartók und Zoltán Kodály

Die Zeit um 1900 ist heute allerorten Forschungsgegenstand und bevorzugtes Präsentationsmodell. Das kann schon auch mit der neuentdeckten Vorliebe für den Jugendstil – oder was sich dafür hält – zu tun haben, der allerdings auf das Ornament als kalkuliert eingesetztes Werbekriterium reduziert wird. Es mag aber auch damit zusammenhängen, daß, wie gewöhnlich in der Rezeption vergangener Zeit, zwei bis drei Generationen Abstand zwischen der Innovation und der allgemeinen Inbesitznahme der damals kreierten ästhetischen Richtung liegen. Was allerdings die Zeit um 1900 von allen anderen Jahrhundertwenden und darüber hinaus Stilepochen der Kulturgeschichte unterscheidet, ist die Gleichzeitigkeit von konventioneller Tradition und stürmerischer Avantgarde. Dies betrifft nicht nur die Kategorien der ernsten Musik – um im heutigen Fachjargon zu sprechen –, sondern auch das immer weitere Auseinanderklaffen von anspruchsvoller Kunstmusik und leicht konsumierbarer Unterhaltungsmusik.

Waren zu Beethovens und zu Schuberts Zeiten noch die Kategorien eng verwoben, so begann sich die Schere mit der Hinwendung zur autonomen Musikgestalt (also Form um ihrer selbst willen) immer weiter zu öffnen, soweit, daß beide Sparten durch einen völlig verschiedenen Komponistentypus repräsentiert wurden.

Der Direktor des k.k.Hofopern-Theaters und des Carl-Theaters zu Wien, Franz Jauner, in dessen Person beide Entwicklungen noch einmal institutionell vereinigt waren, scheiterte schon 1878, und von da an wurden aus den Komponisten Spezialisten: Bruckner ein Symphoniker und Hugo Wolf der bedeutendste Liederschöpfer, Johann Strauß der »Walzerkönig« und Carl Millöcker sowie Franz von Suppé klassische Operettenkomponisten, Carl Michael Ziehrer Marschexperte und Arnold Schönberg Avantgardist. Tradition und Innovation fallen auseinander und differenzieren zum Spezialistentum mit allen Konsequenzen.

Daß dies sich nicht nur auf die Ästhetik bezieht, wird aus den Definitionen der Zeit und ihren Widersprüchen sichtbar. So behauptete Roger Shattuck, der texanische Biograph der Belle Epoque, daß das 19. Jahrhundert 1885 begonnen hätte, und so meinte Charles Péguy, daß sich die Welt seit Christi Geburt weniger verändert habe als in den drei Jahrzehnten bis 1913.

Andererseits galt der 1889 zur Weltausstellung in Paris errichtete Eiffelturm noch vielen als eine hybride Nachbildung des Turms von Babel, und die längst getanen Erfindungen von elektrischem Licht, dem Automobil und dem Flugzeug, von Telefon, Grammophon und Cinematograph waren immer noch als extravagante Spielereien fixiert.

Letztlich ist typisch, daß für die Zeit um 1900 auch der internationale Begriff fehlte. In Wien findet sich der erste Beleg über den Terminus Jugendstil erst 1933, Art deco, Belle Epoque, Gründerzeit, Fin de siècle, Art decoratif sind ineinander verschwimmende Termini und wurden – ebenso erstaunlich – eher von amerikanischen Historikern definiert, denn von Europa her bestimmt.

Parallel dazu dominiert die Ideologie vom Weltuntergang für die Zeit, in den Notizen des französischen Klangavantgardisten Erik Satie ebenso häufig aufzufinden wie in den Ausstellungen und dazugehörigen Katalogen unserer Tage.

Schlagartig erhellt wird die Gleichzeitigkeit des Möglichen und die damit verbundene radikalste Pluralität der Anschauungen in der Gegenüberstellung von Komponistennamen, die, jeder für sich, als Repräsentanten eigener Stilmuster bestehen können: Rimski-Korsakow, Rachmaninow und Skrjabin, Grieg, Sibelius und Massenet, Ravel, Saint Saëns, Debussy und Satie, Dvořák und Wolf, Mahler,

Max Oppenheimer, Streichquartett

Schönberg, Webern, Berg, Bartók, Strawinsky, Richard Strauss, Pfitzner, Reger, Busoni, Verdi und Puccini arbeiten alle gleichzeitig und alle an anderen Problemstellungen.

Natürlich spielt wie immer das 19. Jahrhundert als historische Quelle auch hier eine entscheidende Rolle. Reinhard Gerlach schloß in die Genealogie des Jugendstils den dialektischen Idealismus, das logische Musikdenken Beethovens, den magischen Idealismus, die mystische Anschauung der Romantik und Wagners Gesamtkunstwerk mit ein, aber Bruckner und Brahms, die die Jahrhundertwende nur knapp verfehlten, Liszt und Cesar Franck, Borodin und Mussorgsky mögen ebenso auf ihre Weise entscheidende Impulse für die Arbeit am musikalischen Material gegeben haben.

Alexander Zemlinsky (1872–1942) beispielsweise, der Schwager und Lehrer Arnold Schönbergs, ist ein Repräsentant jener Komponistengruppe, die darauf baute, daß mit dem erworbenen historischen Material durchaus antigonaler Prägung, sprich: mit der Akzeptanz von Wagner und Brahms, um die beiden unversöhnlichen Antipoden zu nennen, eine neue musikalische Wirklichkeit der Rehabilitierung des Schönen, des Guten und des Wahren zu finden wäre. Typischerweise, weil er die Realität vor allem in Wien kennt, weiß Zemlinsky, daß diese Wirklichkeit nur in Träumen zu erreichen ist und die Schwestern des Traums, die Mythologie, die Sage und das Märchen jene formalen Behältnisse darstellen, die eine Bühnenrealisierung ermöglichen. Traum oder moderne Vision war ja schließlich auch jenes Schlagwort, das in allen Kunstsparten der Zeit als Motto für zukünftiges Tun definiert wurde.

Dieses Modell der Vision war nicht nur eine inhaltliche Größe für Tendenzen verborgener Zusammenhänge, für das Aufspüren des psychologisch Geheimnisvollen, sondern auch terminus technicus der Zeit, häufig verwendetes Schlagwort für eine Grauzone nicht bestimmbarer oder bewußt freigehaltener Begriffsräume, die von etwas erfüllt werden sollten, das jedenfalls anders sein sollte als das Bisherige, das alternativ zum Gewesenen sein möge.

Deswegen lag auch nahe, daß die Veränderung per se im Kunstschaffen als hoher Wert angesehen wurde, Veränderung, die nicht nur stilistische Pluralität an der Reißlinie divergierender Ästhetik bedeutete, sondern auch Liberalität gegenüber personellen Wenden, wie sie sich am deutlichsten in den von allen künstlerischen Intellektuellen betriebenen Berufswechseln oder Berufsvereinnahmungen – was dasselbe ist – bis hin zum Existenzwechsel, sprich: dem modischen Selbstmord oder seiner Androhung, ausweiteten.

Diese Veränderung war nicht nur eine Art oberstes Gesetz der Zeit, weswegen sie auch alle Widersprüche in sich letztlich problemlos aushielt, sondern auch Krücke für das Überleben in verschiedenen politischen Systemen: vom relativ liberalen Kaiserhaus bis zum strengen Zarismus, von der preußischen Ordnung bis zu den republikanischen Aufbrüchen.

Wieviel Wert dieser Veränderung beigemessen wurde, ist noch aus der Gründungsidee von Arnold Schönbergs »Verein für musikalische Privataufführungen« von 1918 abzulesen, deren Zweckbestimmung nicht war, irgend eine Art von Stellungnahme im Sinn von Beurteilung neuer Musik abzugeben, sondern reine Informationsveranstaltung für Interessenten neuer Musik zu sein. Wichtig war das neue Entstehungsdatum, überhaupt nicht das theoretische Programm oder die stilistische Ausrichtung.

Neu, avantgardistisch war nicht nur die Entwicklung von neuem Tonmaterial, das in der Zweiten Wiener Schule ihre radikalste Formulierung fand, nicht nur die Integration neuer Musikinstrumente, wie sie Strauss und Skrjabin präferierten, sondern auch die neue Präsentation längst verschollenen oder der Konvention der Zeit entschwundenen musikalischen Materials. Die Zwölftontechnik der Wiener Schule machte alle in einer Oktave vorhandenen zwölf Halbtöne zum gleichberechtigten Kompositionsmaterial, entwickelte somit jene emanzipatorische Ordnung der Melodieführung, die in der Ausweitung des vertikalen Zusammenklangs der Harmonik schon vorformuliert war. Als neue Musikinstrumente wurden nicht nur durch die Entdeckung der exotischen Musikkulturen fremdländische Klangerzeuger wie der javanische Gong eingeführt, sondern auch die Bedeutung des Schlagzeuges innerhalb des Orchesters gewaltig gesteigert. Instrumente wie die Celesta, das Xylophon und das Vibraphon spielen in Gruppen oder auch als Soloinstrumente tragende Rollen. Die Fabriksirene und die Schiffsglocke, das Nebelhorn und die Dampfpfeife werden ebenso integriert wie jene alten Instrumente, die längst aus dem klassischen Orchester entschwunden waren: die Block-

Stehplatzpublikum bei einem Nikisch-Konzert in Berlin, 1902

flöte, die Oboe d'amore, die Baßklarinette oder die Baßtrompete.

Der Rückgriff wurde modern: auf alte Formen, aber ebenso auf Folklore und – analog dazu – der Exotik, also gewissermaßen der Folklore aus anderen Ländern.

Es ist nicht untypisch, daß Giuseppe Verdi am Ende seines Lebens erst im »Falstaff« alle seine Vorurteile, die sich auf den Gegensatz zwischen vokaler und instrumentaler, zwischen italienischer und deutscher Musik, zwischen Musik der Vergangenheit und der Zukunft beziehen, begraben kann und damit eine Oper ohne Vorbild und ohne Parallele schafft. Es ist ebenso naheliegend, daß er noch einmal die uralte Tradition der italienischen Vokalmusik im Letztwerk der »Quattro pezzi sacri« anspricht.

Auch Antonin Dvořák (1841–1904) bezog sich auf Urhistorisches. Er vollzog die Versöhnung zwischen absolutem und programmatischem Denken, nicht nur in seinen Sinfonien, die allesamt folkloristische Ebenen ansprechen, sondern auch in seinen Opern, deren panslawistische Ideologien, die Klangfarbe, die Textausdeutung, aber auch die vom russischen Volkslied her bekannte Kleinform verwirklichte.

Derselbe Folklorismus, der Dvořák in der Schau nach rückwärts prägte, trieb Bartók, Kodàly, Strawinsky und auch Leós Janacek in die Zukunft. Aus dem Hinhören auf alte Melodiezusammenhänge, auf Kirchenton- und Fünftonleitern, auf Quarten und Ganztonharmonik, aus dem Belauschen des menschlichen Sprachrhythmus und der Vogelrufe wurden Musiksysteme, die Analogien zu den künstlichen Überlegungen von Arnold Schönberg, Josef Matthias Hauer, Alexander Skrjabin oder Alois Hába darstellen.

Mit der Radikalität der Veränderung, vor allem wenn sie auch die geheiligten Tonsysteme der letzten zweihundert Jahre betrafen, galt es auch eine neue Konsumentenschar mitzuentwickeln, die bereit war, der Konvention zu entsagen und auf den neuen Spuren des entdeckten Materials zu wandeln.

Das Publikum wurde Teil der Künstlerschaft. Künstlerschaft hieß – und dies wurde in den Statuten der Wiener Secession expressis verbis definiert – Gemeinschaft von Künstlern und Kunstliebhabern oder Kunstkonsumenten, also auch Aufhebung der Trennung von einer Produzenten oder Rezipienten vorbehaltenen beziehungsweise divergierend betrachteten Ästhetik. Damit verknüpft war zwangsläufig die Radikalisierung der Anhängerschaft, was zwar auch im 19. Jahrhundert im Streit zwischen Wagnerianern und Brahminen eine bestimmte Rolle spielte, aber im 20. Jahrhundert den Eklat zum musikalischen Alltag erhob.

Vereinfacht gesprochen, ist der Gegensatz zwischen Wagnerianern und Brahminen heute noch präsent. Um die Wagner-Partei sammelten sich jene nationalen Kräfte, die das deutsche Erbe, sprich: Tonalität, leichte Verständlichkeit, den schönen Schein des Erbauungsmoments, die Großmannssucht der Ringstraßenaura, das illusionshafte Moment weltmännischer Bedeutung und die erfahrene nationale Geschichte und deren Interpretation beibehalten wollten, und die keine Öffnung in die immer stärker werdende internationale Szene weder im Einfluß noch im Austauschverfahren dulden wollte.

Die andere Richtung mit dem Musikästheten Eduard Hanslick als Wortführer wurde von dem sinkenden Stern der Liberalen protegiert und von den für Österreichs Geistigkeit unentbehrlichen weltoffenen jüdischen Denkern; sie hielt an der Materialität der Musik fest, wollte sie nicht zum Diener irgendwelcher außermusikalischen Ziele machen und beharrte auf der Auseinandersetzung mit dem musikalischen Material vor jeder inhaltsschweren Botschaft.

Während die konventionellen oder im Sinn der Konventionen weiterkomponierten Musikstücke vor allem von einem Publikum, das sich aus alten Herrschaftsschichten und neuen Industriegewinnlern rekrutierte, gehört wurden, strömten auf der anderen Seite die Intellektuellen, die soziale Veränderung Suchenden und die in eine andere Zukunft Blickenden in die zahlreichen Uraufführungen, die damals noch Prestigewert vor konventionellen Wiederholungskonzerten hatten.

Befreiung hieß ein gemeinsames Schlagwort zwischen Produzenten und Rezipienten, Befreiung, die nun in der Aufhebung des Unterschieds zwischen Konsonanz und Dissonanz bei Arnold Schönberg, in der Neueinführung von ungewöhnlichen Rhythmisierungen vor allem bei Bartók und Strawinsky, in der Entwicklung der neuen Tonsysteme fokussierte (um Vierteltöne kümmerte sich nicht nur Alois Hába, sondern auch in Deutschland Richard Heinrich Stein oder in Petersburg Ivan Wischnegradski, mit Erweiterung des Halbtönigen Ferruccio Busoni oder in Mexiko Julian Carillo).

Die künstlerische Brauchbarkeit des Geräuschs, auch schon in der Alten Musik zur Erhöhung der Wirkung integriert, sollte nun im Hinblick auf eine technische Zukunft neue Bedeutung erlangen. Letztlich sollten Fabriken, Kriegsschiffe, Automobile und Flugzeuge ihre Töne einbringen, wie es knapp nach der Jahrhundertwende die Futuristen forderten, andererseits zwang schon die Suche nach neuen Klängen auch im konventionellen Orchesterapparat zu neuen Spieltechniken, wie sie Schönberg oder Webern forderten. Auch die Gleichzeitigkeit als ästhetisches Dokument der Anforderung an die komplexe Sinneswahrnehmung wurde stärker präferiert als je zuvor. Natürlich war in der Musik seit der ersten Jahrtausendwende die Mehrschichtigkeit immer ein Anliegen gewesen, niemals aber in jener Komplexität, wie sie das 20. Jahrhundert zur Selbstverständlichkeit erhob. Simultanität galt jetzt auch für Tonalität und Rhythmus (Bartók), für Tonarten (Mussorgsky und Rimski-Korsakow), für Akkorde (Debussy und Richard Strauss), für Metrik (Charles Ives) und für Kombinationen aller dieser Faktoren (Alban Berg). Dem Gigantismus auf der einen Seite, den Strauss und Mahler zum Gipfel gebracht hatten, stand eine Art Revisionismus auf der anderen Seite entgegen, wie ihn Schönberg nach der Riesenbesetzung von »Pelleas und Melisande« 1903 und der Sechs Orchesterlieder op.8 1904 mit der Kammersymphonie für fünfzehn Soloinstrumente folgen ließ.

Auf der einen Seite wollten die Musiker die ganze Welt, mit allem, was sie zum Klingen brachte, als Interpreten verpflichten und damit auch wohl die ganze Welt darstellen, auf der anderen Seite entdeckten manche – vielleicht auch schon aus Überdruß – das Reizvolle an »small is beautiful« und reduzierten die Klangwelt fast zu einem Minimalismus, wie er uns heute vertraut ist.

Man kann es auch anders sehen: Der Gigantismus als Kennzeichen für den Glauben an den bedingungslosen Fortschritt eines quantitativen Wachstums auch in der Kunst und den Revisionismus als Zweifel an eben diesem Fortschritt, als Übersprungsmodell zu einer neuen, wohl eher qualitativ ausgerichteten Ästhetik.

Erik Satie (1866–1925) bevorzugte wie weiland Franz Liszt diese revisionistische Haltung: kurze, kleine Klavierstücke von höchster Einfachheit, homophone Faktur, starre Schemata der melodischen Gestalt, Formelhaftigkeit, ein obsessiver Hang zur Wiederholung. Möglicherweise ist in dieser Suche nach der Ausdrucksstärke des Minimalen, wie sie als autonomes Programm Webern für sich in Anspruch nahm, auch eine didaktische Komponente enthalten, die als primäre Erfahrungshilfe der neuen ästhetischen Prozesse für die nicht darauf vorbereitete Konsumentenschar gedacht war. Schönbergs Instrumentierungen von Bach bis zum Wiener Walzer, Debussys und Ravels »Kinderstücke«, Bartóks Volkslieder und die gesamte antiromantische Strömung in Frankreich zielen auf Verständlichkeit, die später zu Unrecht mit Neoklassizismus abgetan wurde, weil sie nur eine Verständnisbrücke zu der individuell aufgeworfenen Problemstellung angeboten hatte.

Hier endete in der Musik das soziale Engagement, weil klar wurde, daß die Utopie der Identität von Kunst und Leben, wie sie spätestens seit der Mitte des 19. Jahrhunderts vehement gefordert wurde, nicht leistbar war. Die Zielvorstellung des Ästheten Eduard Hanslick oder des Kunsthistorikers Rudolf von Eitelberger war letztlich, Identität zwischen künstlerischer Äußerung und alltäglicher Lebenserfahrung herzustellen, die künstlichen Trennungen von autonomer und funktionaler Kunst, also sich selbst genügendem ästhetischen Material und zweckgebundener Anwendungskunst aufzuheben, und damit eine möglichst breite Kunstakzeptanz bei den divergierenden Bevölkerungsschichten zu erreichen.

Hier endete aber auch – zumindest in der Musik – die längst aufgestellte Forderung nach jener Totalität, die mit dem nachlässig-mißverständlichen Wort »Gesamtkunstwerk« angesprochen war, und deren dramatische Ausformulierung Richard Wagner schon längst mit dem »Ring des Nibelungen« vorweggenommen hatte. Daß sich Spuren dieser Totalitätswut auch im Jugendstil und der Architektur der Jahrhundertschwelle wiederfanden, ist aus den Manifesten und Belegen der Secessionisten unschwer abzulesen. Der französische Kunsttheoretiker Jean Clair sah die Entwicklung dieses verhängnisvollen Hangs zum Totalen erst im Speerschen Lichterdom des Nationalsozialismus oder im Nazi-System überhaupt finalisiert, eine These, die immer mehr Bedeutung erhält, wenn man die Sprüche und Aufrufe der italienischen Futuristen als Künder des »facismo« reflektiert oder die ästhetischen Vorlieben der Nationalsozialisten überprüft. Letztlich mußten sie auf historische Musik oder historisierende Komponisten ohne Bedeutung zurückgreifen, weil die Moderne ab 1900 – möglicherweise nur aus der Materialerfahrung heraus – das Ziel des Totalen nicht anpeilte, ein Ziel, das alle anderen Kunstsparten unaufhaltsam in die ästhetische Nähe der Vereinnahmungsmöglichkeiten durch den Nationalsozialismus führte.

Wahrscheinlich waren die Vielfalt des Gleichzeitigen, die Gegensätzlichkeit der Extreme und die Ausgewogenheit von innovatorischer Avantgarde und innovatorischer Wiederentdeckung der Vergangenheit die Balken jener Ausbalancierung, die die Musik um 1900 nicht aus dem Gleichgewicht warf, sondern Ablösungen des 19. Jahrhunderts und Fragestellungen für das gesamte 20. Jahrhundert entwarf.

Davon zehren wir – radikal gesprochen – letztlich noch heute.

Dekorationsskizze des französischen Malers Francis Picabia für ein Werk von Erik Satie

Walter Fähnders

ALLES ZUM RUHME ZARATHUSTRAS

Zur Literatur der Jahrhundertwende

Arthur Schnitzler

Selma Lagerlöf

Ricarda Huch

Paul Heyse

Hugo von Hofmannsthal

Gerhart Hauptmann

»Fin de siècle, fin de siècle. Fin de la culture européenne«, heißt es in dem Roman »Müde Seelen« des norwegischen Schriftstellers Arne Garborg aus dem Jahre 1891. Als im »Bildnis des Dorian Gray« von Oscar Wilde (1890) einmal das Stichwort »Fin de siècle« fällt, beginnt der mörderische Ästhetenheld des Romans zu seufzen: »Ich wollte, es wäre fin du globe«.

Endzeitstimmung, das Bewußtsein vom Untergang einer Epoche, die Sehnsucht nach Weltende waren unter Künstlern und Literaten im ausgehenden 19. Jahrhundert weit verbreitet – für sie bedeutete »Fin de siècle« mehr als bloß der kalendarische Ausgang eines Jahrhunderts. Als griffige Kürzel hatte sich dieses Epochenmerkwort schon früh, seit der Uraufführung des Theaterstückes »Fin de siècle« (von Jouvenot/Micard) 1888 in Paris, durchgesetzt. »Fin de siècle und kein Ende«, spottete 1891 der österreichische Sprachphilosoph Fritz Mauthner.

Als Signatur des ausgehenden – und teilweise noch des neuen – Jahrhunderts steht »Fin de siècle« in der deutschen und europäischen Literatur neben dem Begriff »Décadence«, der Niedergang und Verfall eindeutiger faßt, und beide überlappen sich mit den Kunstströmungen und Stilrichtungen des Ästhetizismus und des Symbolismus, der Neuromantik, des Impressionismus und des Jugendstil. Wichtiger als genaue Definitionen scheint hier der gemeinsame Nenner dieses Stilpluralismus um 1900: er richtete sich ausnahmslos gegen den Naturalismus, der, allen Anfeindungen zum Trotz, seit den siebziger Jahren von Frankreich aus seinen Siegeszug in der europäischen Literatur angetreten hatte und der bis weit in die neunziger Jahre hineinreichte.

Der Naturalismus war eine künstlerische Antwort auf Industrialisierung und wissenschaftlichen Fortschritt im 19. Jahrhundert. Er versuchte nichts weniger als eine naturwissenschaftliche Fundierung der Kunst, und er verstand sich ausdrücklich als »Revolution der Literatur« – so der Titel einer Programmschrift von Karl Bleibtreu aus dem Jahr 1886. Wilhelm Bölsche schrieb 1887 eine Abhandlung mit dem bezeichnenden Titel »Die naturwissenschaftlichen Grundlagen der Poesie«, und Arno Holz stellte für seinen »konsequenten Naturalismus«, der den »Experimentalroman« des großen Vorbildes Emile Zola noch übertreffen sollte, die mathematische Formel auf: »Kunst = Natur – x«; x steht dabei für das gestalterische Eingreifen des Dichters, das gegenüber der zu reproduzierenden Natur möglichst zurücktreten sollte. In seinem zusammen mit Johannes Schlaf verfaßten Prosatext »Papa Hamlet« (1889) ist das zu einem wirklichkeits- und detailbesessenen, phono-photographischen »Sekundenstil« verfeinert.

Über ästhetische Neuerungen hinaus erschloß der Naturalismus neue Inhalte – ›Natur‹ meinte auch die gesellschaftliche Natur der literarischen Gegenstände. Mit der naturalistischen Literaturrevolte betrat zudem der Vierte Stand, das Proletariat, die Literaturszene, und mit ihm alle Unterdrückten und Ausgebeuteten. In Gerhart Hauptmanns berühmtem Stück waren es die aufständischen schlesischen Weber (die Aufführung der »Weber« im Deutschen Theater in Berlin veranlaßte übrigens Wilhelm II., die königliche-preußische Loge aufzukündigen). Henrik Ibsen, der in Deutschland mit Erfolg gespielt wurde, machte Unterdrückung und Emanzipation der Frau zum Thema, im Beispiel des »Papa Hamlet« ging es um das elende Schicksal eines heruntergekommenen Schauspielers. In einer Vielzahl von Romanen, Erzählungen, Theaterstücken und Gedichten wurde nicht ohne Sympathie das Los von Opfern und Außenseitern der Gesellschaft, von Lumpenproletariern, Prostituierten oder deklassierten Intellektuellen geschildert.

Emil Orlik, Plakat zu Gerhart Hauptmanns »Die Weber«, in: Pan 3, 1897

Das war eine Kunst, die Kaiser Wilhelm II. als Kunst des »Rinnsteins« anpöbelte – so 1901 bei der Enthüllung der Denkmalsgruppen an der Siegesallee in Berlin. Um das politische Klima zu bezeichnen, in dem sich Kunst und Literatur zu dieser Zeit überhaupt wiederfanden, sei ein Kernsatz aus dieser Rede zitiert: »Eine Kunst«, so Wilhelm II., »die sich über die von Mir bezeichneten Gesetze und Schranken hinwegsetzt, ist keine Kunst mehr«. Theaterzensur, Literaturprozesse und -verbote, Geld- und Haftstrafen für Autoren und Verleger wegen Majestätsbeleidigung, ›Aufreizung zum Klassenhaß‹ oder Gotteslästerung prägten das Bild eines Wilhelminismus, der am liebsten nur eine Kunst der Hohenzollern-Verherrlichung zugelassen hätte. Frank Wedekind verbrachte wegen eines Gedichtes in der Zeitschrift »Simplicissimus«, in dem er die Orientreise des Kaisers glossiert hatte, den Jahreswechsel 1899/1900 in Festungshaft. Oskar Panizzas Theaterstück »Das Liebeskonzil« (1894) wurde in München konfisziert, der Autor wegen seines »Vergehens wider die Religion« zu einem Jahr Einzelhaft verurteilt.

Daß sich die naturalistischen Schriftsteller, zumal in Deutschland, so vehement der »sozialen Frage« annahmen, hatte Gründe, die über eine zeitgerechte beziehungsweise unzeitgemäße Eroberung neuer Formen und Inhalte noch hinausgingen. Die gescheiterte bürgerliche Revolution von 1848 und die Reichsgründung »von oben« zogen ja nicht nur eine politische (Selbst-)Entmündigung des deutschen Bürgertums nach sich, sondern auch einen rapiden Funktionsverlust für die kulturkritische Intelligenz bürgerlicher Herkunft. Die Intellektuellen waren ganz einfach nicht mehr gefragt, wenn sie sich nicht als Ideologen des Bismarckreiches zur Verfügung stellten, und als sozialkritische Oppositionelle gerieten sie zwangsläufig in gesellschaftliche Isolation. Als Orientierungsfeld kam allenfalls die Arbeiterbewegung infrage, soweit diese sich als radikale Alternative zum herrschenden System begriff. Und in der Tat stand der Naturalismus links, er engagierte sich vor allem während der Sozialistengesetze (1878–1890) für die unterdrückte Arbeiterbewegung – so Karl Bleibtreu, Wilhelm Bölsche, Paul Ernst, die Brüder Heinrich und Julius Hart, die führenden Köpfe des »Friedrichshagener Dichterkreises« in Berlin, Otto Erich Hartleben, Karl Henckell, John Henry Mackay, Bruno Wille und andere. Bruno Wille zum Beispiel war es, der als erster Leiter der von der Sozialdemokratie getragenen »Freien Volksbühne« in Berlin zu Beginn der neunziger Jahre Gerhart Hauptmanns Erstling »Vor Sonnenaufgang« und Hermann Sudermanns »Ehre« spielte. Die sozialistische Presse ihrerseits druckte in ihren Feuilletons naturalistische Gedichte und Romane in Fortsetzungen ab.

Allerdings blieb das eine brüchige Allianz. Die Literaturpolitik der Sozialdemokratie, vertreten vor allem durch Franz Mehring, sah sich auf Dauer vom Naturalismus enttäuscht, weil dessen soziale Milieuschilderungen »im Elend nur das Elend« sahen und nicht auch »die Kraft der aufstrebenden Klasse«. Bei dieser Kritik spielten auch gewisse moralische Empfindlichkeiten gegenüber naturalistischen Tabuverletzungen eine Rolle – Zola wurden »Cochonnerien« vorgeworfen. Kontroversen wurden auf dem Gothaer SPD-Parteitag 1896 deutlich, als die Delegierten über den Naturalismus diskutierten – grundsätzlich orientierte sich die Arbeiterbewegung eher am »fortschrittlichen Erbe« der deutschen Klassik, des jungen Schiller vor allem, als an der »Moderne«.

Umgekehrt blieb für die naturalistischen Literaten das soziale Engagement oft Zwischenspiel – wie der Naturalismus

Kartenausgabe der »Neuen Freien Volksbühne«, 1901

überhaupt eine Episode, ein Durchgangsstadium war und einige seiner Vertreter später sogar nach rechts abdrifteten. Die antibürgerlichen Impulse deckten sich, wie sich herausstellte, nicht mit den Zielen der proletarischen Partei, und mit ihr kollidierte zudem ein gewisser intellektueller Messianismus.

So kristallisierte sich in den neunziger Jahren jene unübersichtliche Vielfalt literarischer Strömungen und Richtungen heraus, von der eingangs die Rede war: als der Naturalismus seine größten Erfolge feierte, trotz Zensur und Theaterskandalen, wurde in den eigenen Reihen schon der Ruf nach seiner »Überwindung« laut (so der einflußreiche Wiener Kritiker Hermann Bahr).

Am ideologischen Himmel der bürgerlich-oppositionellen Literaten gingen zwei neue Sterne auf: Friedrich Nietzsche und Max Stirner. Stirners lange vergessene Schrift »Der Einzige und sein Eigentum« (1844) und Nietzsches »Zarathustra« (1883–1885), in denen ein grenzenloser Individualismus und der heroische Übermensch gefeiert wurden, entwickelten sich zu regelrechten Kultbüchern der neunziger Jahre. Das Zauberwort hieß »Ich«: »Le culte du moi« (1888–1891) überschrieb der französische Décadence-Autor Maurice Barrès seine Romantrilogie – es wurde das Bild einer »Aristokratie des Geistes« entworfen, die über den Klassen stehen wollte. Zumindest richtete sie sich gegen den proletarischen Zukunftsoptimismus, mehr noch aber gegen ein bigottes Bürgertum, das im preußischen Reserveleutnant sein Ideal sah und sich an schnödem Materialismus delektierte – so der Tenor dieser Bourgeoiskritik, die einen Kulturverfall allerorten ausmachte. Heinrich Mann, dem in den neunziger Jahren dekadente Sehnsüchte nicht fremd waren, hat das in seinem Roman »Im Schlaraffenland« (1900) bloßgelegt.

Das ist der Fluchtpunkt, von dem aus Fin de siècle und Décadence ihre künstlichen und künstlerischen Gegenwelten entworfen haben: Todessehnsucht und Lebensrausch, Anbetung des Schönen oder des Häßlichen, Allmachtsphantasien und Vernichtungsvisionen, Nervosität, Hedonismus und Gesellschaftsfeindlichkeit. Schwarze Messen des Satanismus wurden da gefeiert, dem Ideal der Androgynität gehuldigt oder Geschlechterkampf und Inzest vorgeführt – alles Tabuverletzungen, die Ausbruchversuche aus der Gesellschaft und Abkapselungen von ihr signalisierten.

In Oscar Wildes zitiertem Roman führt Dorian Gray ein »gelbes Buch« mit sich, das die kundigen Zeitgenossen unschwer als den Roman »Gegen den Strich« (»A rebours«, 1884) von Joris Karl Huysmans identifizieren konnten. Oscar Wilde selbst hat das bestätigt, als ihm das prüde viktorianische England 1895 wegen seiner Homosexualität den Prozeß machte und ihn ins Zuchthaus sperrte. Huysmans' Buch wurde nicht von ungefähr zur Bibel der Décadence. Es führt einen müden, kränklichen Helden vor, der sich, von der Welt der Bürger angeekelt, in luxuriöse, tote Kunstwelten einspinnt. Es sind die exquisitesten Kostbarkeiten und ausgefallene Reichtümer, mit denen er sich umgibt, weil sie allein seinem abgespannten Körper noch Genüsse verschaffen können; Edelsteine zum Beispiel, der sozial noch unberührte Saphir – und nicht etwa der Diamant, von dem »jeder Kaufmann einen am kleinen Finger trägt«. Oder künstliche Blumen, die die wirklichen täuschend echt nachahmen, bis der Held, ihrer überdrüssig, natürliche Blumen bevorzugt – sofern sie wie künstliche aussehen.

In dieser maßlosen ästhetischen Verfügung über ausgefallene Preziosen, die zum unverzichtbaren Dekor dekadenter Literatur gehören – Dorian Gray sammelt erlesene Gegenstände, alte Bücher, Stickereien und Musikinstrumente – scheinen entfernt gesellschaftliche Hintergründe durch. Stefan George gibt darauf einen Hinweis in seinem berühmten lyrischen Zyklus »Algabal« (1892). Algabal oder Heliogabal war ein für seine Ausschweifungen bekannter spätrömischer Kaiser und eine der Lieblingsfiguren des Fin de siècle. Es heißt dort fast beiläufig: »An allen seiten aufgereiht als spiegel / – Gesamte städte ganzer staaten beute – / Die ungeschmückten platten goldnen ziegel / und an der erde breiten löwenhäute«.

Oscar Wilde

Signet: Franz Stuck

Stefan George, 1906

»Ganzer staaten beute« – so abgehoben von der Realität waren auch ein Stefan George und seine Jüngerschar nicht, daß sie nicht die imperialistische Herkunft der imaginierten Décadence-Schätze ahnten. »Schon eure zahl ist frevel«, heißt es in unnachahmlicher Massenverachtung in Georges Gedicht »Die tote Stadt«, wenn sich der elitäre Blick einmal nach »unten« richtet. Auch der junge Hofmannsthal hat soziale Bewegungen durchaus wahrgenommen. Am 1. Mai 1890 wurde er in Wien Zeuge der Arbeiterdemonstrationen; auf einer Visitenkarte notierte der Sechzehnjährige die Verse: »Laß den Pöbel in den Gassen: Phrasen, Taumel, Lügen, Schein, / Sie verschwinden, sie verblassen – Schöne Wahrheit lebt allein«.

Das sind sozusagen die sozialen Folgekosten dieses Ästhetizismus. Wie denn überhaupt das Gros der Fin de siècle-Autoren – anders als die Naturalisten, die meist aus kleinen und kleinbürgerlichen Verhältnissen stammten – aus wohlsituierten Elternhäusern kam und mit einem gewissen Reichtum durchaus vertraut war. Ihre obligaten Italienreisen jedenfalls ließen sich finanzieren, und in den Metropolen Berlin, München und Wien konnten sie zumeist ökonomisch unabhängig leben, als Rentiers gleichsam, mit feudaler Apanage oder von Mäzenen unterstützt wie Rilke.

Diesen selbstverständlichen Faktor Reichtum spürt man in den verschwenderisch aufgemachten Büchern und Zeitschriften der Jahrhundertwende. Gerade die Zeitschriften mit ihren kostbaren Illustrationen von Beardsley, Gustav Klimt, Franz von Stuck, Heinrich Vogeler und anderen entfalteten eine unglaubliche Pracht: so der »Pan« (1895–1900) in Berlin und sein Wiener Gegenstück »Ver Sacrum« (1898–1903), die »Insel« (1899–1902) oder die »Blätter für die Kunst«, die Stefan George 1892 begründete und die als Privatdruck anfangs nur Eingeweihten zugänglich waren.

Die Décadence zog scheinhaftes Leben aus den toten Reichtümern, Kunst gerann zum eigentlichen Leben, weil eine Versöhnung beider nicht oder nicht mehr (wie noch bei Goethe) möglich schien. Thomas Mann hat diesen Konflikt immer wieder als Künstler-Bürger-Problematik herausgearbeitet, in der Künstlernovelle »Tonio Kröger« (1903) und in den »Buddenbrooks« (1901), deren Untertitel nicht zufällig von »Verfall«, vom »Verfall einer Familie« spricht. Der künstlerisch sensible und im bürgerlichen Sinn untüchtige Hanno Buddenbrook, nach Manns eigenen Worten ein »décadent«, ist als letzter Sproß der Patrizierfamilie Gegenpol zu den Hagenström-Bourgeois, denen die Zukunft gehört. Lebensunfähigkeit und Todessehnsucht, das »in Schönheit sterben«, wie es schon bei dem französischen Symbolisten Paul Verlaine und wieder bei Ibsen heißt, werden zu ästhetischen Formeln: am vollendetsten wohl in Hugo von Hofmannsthals lyrischem Drama »Der Tor und der Tod« (1893), wo ein schöner Tod, nicht der häßliche Sensenmann, dem Toren die Nichtigkeit seines bisherigen Lebens vorführt.

»Der Becher, den uns das Leben hinhält, hat einen Sprung«, schreibt Hofmannsthal in einer Rezension über Gabriele d'Annunzio, den italienischen Décadence-Dichter und späteren Mussolini-Anhänger. Diesen Sprüngen, den Grenzbereichen morbider Ich-Bezogenheit spürte das Fin de siècle nach: In Wien in der – von Freuds Psychoanalyse nicht unbeeinflußten – Caféhaus-Szene um Hofmannsthal, Richard Beer-Hofmann, Arthur Schnitzler und Peter Altenberg, der im Literaturkalender als Adresse angab: »Café

Die Fackel, Nr. 1 von 1899

Heinrich Vogeler, aus: Die Insel 1, 1900

Central, Wien I«. Dort begründete der kritische Karl Kraus 1899 seine Ein-Mann-Zeitschrift »Die Fackel«. In der Wiener Moderne war es vor allem Schnitzler, der Facharzt für Nervenkrankheiten, dem es gelang, weit über die Décadence hinaus skeptische Profile der morschen k. u. k.-Monarchie zu entwerfen – so in dem erotischen »Reigen« (1900 als Privatdruck), der erst 1920 uraufgeführt werden konnte, und in der Erzählung »Leutnant Gustl« (1900), die ihn den Offiziersrang im österreichisch-ungarischen Heer kostete.

Weniger verhalten als im nervösen Wien ging es im Wilhelminischen Berlin zu, das stärker vom Nietzscheanismus geprägt war. Jedenfalls bemerkte 1897 ein Beobachter nicht ohne Süffisanz: »Man machte Schulden, verführte Mädchen und besoff sich, alles zum Ruhme Zarathustras« (Leo Berg in seiner Studie »Der Übermensch in der modernen Literatur«). Künstlertreff war hier das »Schwarze Ferkel«, eine Probierstube an der Neuen Wilhelmstraße/Ecke Dorotheenstraße, die August Strindberg ausgemacht hatte, als er 1892 nach Berlin kam. Hier versammelte sich die künstlerische Prominenz: der Maler Edvard Munch, dessen Bilder gerade einen Skandal ausgelöst hatten, Otto Julius Bierbaum, der mit seinem »Stilpe. Ein Roman aus der Froschperspektive« (1897) der Boheme ein Denkmal setzte, Richard Dehmel, die Brüder Hart, Otto Erich Hartleben, Arno Holz, der Kunsthistoriker Julius Meier-Graefe, der am »Pan« beteiligt war, Paul Scheerbart, der Erzähler des Phantastischen und Grotesken, der Literat und Arzt Carl Ludwig Schleich und andere. Im Mittelpunkt stand neben Strindberg der deutsch schreibende »wilde Pole« Stanislaw Przybyszewski, der nächtens auf genialisch-dilettantische Weise am Klavier zu »chopinisieren« pflegte, und mit ihm die Norwegerin Dagny Juel.

Zu Beginn des neuen Jahrhunderts sammelte sich die Berliner Boheme im Kreise der »Neuen Gemeinschaft« der Brüder Hart, einer Künstler-Kommune in Berlin-Schlachtensee, an der sich auch Anarchisten wie Gustav Landauer und Erich Mühsam beteiligten und zu der der Erzbohemien und Vagant Peter Hille stieß. – Den Rang als Zentrum der Boheme hatte nach der Jahrhundertwende allerdings München der Reichshauptstadt abgelaufen. In Schwabing, kein »Ort«, sondern ein »Zustand«, wie die Bohemienne Franziska Gräfin zu Reventlow schrieb, versammelte sich der Kreis der »Kosmiker«, der »Enormen« um George, Ludwig Klages, Karl Wolfskehl und zeitweilig Franziska zu Reventlow. Frank Wedekind galt als ungekröntesHaupt der Boheme, und das seit 1900 auch in Deutschland florierende Kabarett, vor allem die »Elf Scharfrichter«, schlug erheblich kräftigere Töne an als das Berliner »Überbrettl«. Aber damit ist der Bereich des Fin de siècle eigentlich schon verlassen.

Stellte diese Literatur, wie zuvor der Naturalismus, zweifellos die besondere Kunstleistung der Jahrhundertwende dar, so war es doch nicht die einzige. Bis in die neunziger Jahre reicht das Werk der großen Realisten Wilhelm Raabe und Theodor Fontane, dessen »Frau Jenny Treibel« 1892 erschien, »Effie Briest« 1897. Literatur der Jahrhundertwende hieß aber auch, blickt man auf Breitenwirkung und politische Mächtigkeit: Heimatkunst.

Die Heimatkunst formierte sich seit den neunziger Jahren als konservative kulturpolitisch-literarische Bewegung von erheblicher ideologischer Brisanz. In ihr bündelte sich eine

Eifersucht, Lithographie von Edvard Munch, 1896, links Stanislaus Przybyszewski

aggressive Kritik am Naturalismus und an der Décadence – gegen beider intellektuelle Großstadtkultur setzte sie die Parole »Los von Berlin!«. Die Denunziation der Moderne und insbesondere der Décadence als krank, undeutsch, entartet und intellektualistisch, kurz als dekadent, wie sie später der Faschismus perfektionierte, hat hier seine Anfänge. Mit Leitbegriffen wie Deutschtum, Volk, Sippe, Familie, Heimat polemisierte die Heimatkunstbewegung gegen diese »Dekadenz«, Liberalismus und Sozialismus eingeschlossen. Dabei stützte sie sich zum Teil auf Julius Langbehns »Rembrandt als Erzieher« (1890) und auf die Schriften von Paul de Lagarde; zusammen mit regressiven und reaktionären Traditionen der Bauern- und Dorfgeschichten entstand eine sendungsbewußte Literatur der Scholle und des ständischen Zusammenlebens, in der rassistisch-germanisierende Töne und der Ruf nach Lebensraum laut wurden. Friedrich Lienhard, Adolf Bartels und viele andere waren Apologeten eines völkisch-nationalen Aufbruchs, der bis in den Faschismus reichte: 1933 ging diese Heimatkunst nahtlos in die Blut- und Boden-Literatur über.

In der Mächtigkeit der Heimatkunstbewegung spiegelten sich nichts anderes als die konservativen und reaktionären Grundzüge des Kaiserreiches. Die sozialen Bewegungen der Jahrhundertwende setzten, auch in der Literatur, ihr emanzipatorisches Potential dagegen – vom Damoklesschwert der Zensur zwar immer bedroht, aber doch unter günstigeren Bedingungen als zur Zeit der Sozialistengesetze.

Aus der bürgerlichen und sozialistischen Frauenbewegung heraus entstand eine umfangreiche Literatur von Frauen und die Frauenliteratur: von organisatorisch aktiven

Peter Hille und Erich Mühsam, um 1900

Theodor Fontane

Theodor Storm

Wilhelm Raabe

Karl May

Franziska zu Reventlow

Frauen wie Hedwig Dohm und Lily Braun, von sozialistischen Schriftstellerinnen wie Minna Kautsky und Lu Märten und von Frauen aus dem weiteren Umfeld des Naturalismus wie Margarete Beutler, Helene Böhlau und Clara Viebig, der »deutschen Zolaide«. Dabei suchten die sozialistischen Autorinnen, ganz im Sinne der sozialistischen Frauenpolitik, den Kampf gegen die doppelte Unterdrückung der Frau als Teil des proletarischen Emanzipationskampfes überhaupt darzustellen. Adelheid Popp hat das in ihrer autobiographischen »Jugendgeschichte einer Arbeiterin« (1906) vorgeführt. Ansätze zu einem »weiblichen Schreiben«, das Frauenemanzipation jenseits politischer – und damit männlich mitgeprägter – Kategorien begreift, finden sich insbesondere in den Romanen von Franziska zu Reventlow, die männliche Frauenbilder umstülpt – Bilder, an deren Entwicklung ja das Fin de siècle beteiligt war, als es das »süße Mädel«, die »femme fragile« und die »femme fatale«, den Vamptyp wie in Wedekinds »Lulu«-Tragödien (1895/1902), erfand. Gerade Franziska zu Reventlows Entwurf einer individuellen und erotischen Rebellion verweist zurück auf libertäre Lebensweisen der Boheme, entfernt vergleichbar Else Lasker-Schüler, deren literarische Anfänge in die Jahrhundertwende fallen.

Die sozialdemokratische Literaturbewegung stand nach der wiedererlangten Legalität im spannungsreichen Verhältnis zum Naturalismus – von ihrer Kritik an der Moderne und der Orientierung am bürgerlichen Erbe war schon die Rede. Die Strategiediskussionen und der wachsende Einfluß von Reformismus und Revisionismus in der SPD schlugen sich mittelbar auch in der sozialistischen Literatur nieder: in gewissem Umfang näherte sie sich um die Jahrhundertwende bürgerlichen Vorbildern. Zwar bewahrten viele Autoren ihre Ansprüche einer politisch eingreifenden Literatur, die zu konkreten Anlässen Stellung bezog wie in der Agitationslyrik und die Selbstverständigung und Selbstbewußtsein im Theater oder durch die beliebten Lebenden Bilder demonstrierte. Die Tendenz ging, gerade im Theater, hin zum großen Stück, zur Institution Theater wie der »Volksbühne« in Berlin; das Problem eines kulturellen Selbstlaufes war damit gegeben.

Von Bedeutung bleiben die großen Arbeiterautobiographien zu Beginn des 20. Jahrhunderts – in einer ganzen Serie von proletarischen Selbstdarstellungen von Wilhelm Bromme, Carl Fischer, Franz Rehbein und anderen wurde das Memoirenprivileg der Herrschenden aufgebrochen. Insgesamt aber entwickelte sich Arbeiterliteratur zunehmend zu einer Literatur der ›negativen Integration‹ ins Kaiserreich, wie die Kriegsgesänge von Arbeiterdichtern 1914 dann offen zeigten.

Beim Blick auf die Literatur der Jahrhundertwende, auf das Neben- und Gegeneinander von Naturalismus und Fin de siècle, Heimatkunst, Frauenliteratur, Décadence und Arbeiterliteratur, soll hier eines nicht vergessen werden – daß sich bis heute, durch Kaiserreich und Republik, Faschismus und Nachkriegszeit hindurch, eine Literatur immer noch größter Beliebtheit erfreut, die schon um die Jahrhundertwende ihre Leserinnen und Leser gefunden hat. Es sind die Werke von Hedwig Courths-Mahler, Ludwig Ganghofer, Wilhelm Busch und Karl May.

Die »Modernen« an ihrem Stammtisch im Café des Westens, 1905

Fest bei der »Neuen Gemeinschaft«

Hermann Hofer

DÉCADENCE UND BELLE EPOQUE IN FRANKREICH

Frankreich erholt sich wirtschaftlich schnell nach der Niederlage von 1870 und der Zerschlagung der Kommune 1871. Die Reparationsleistungen dem Deutschen Kaiserreich gegenüber werden rasch abgetragen. Die Niederlage der Kommune aber hat die Arbeiterbewegung entscheidend geschwächt; Einzelerfolge wiegen das negative Fazit nicht auf: Louis-Auguste Blanqui wird 1879 Deputierter, Streiks erfolgen schon ab 1872. Eine kraftvolle Organisation erwächst dem französischen Arbeiter erst in der 1895 gegründeten Confédération générale du travail, der C.G.T. Frankreich war durch die Kommune entscheidend verändert worden, auch wenn es sie damals noch zu verleugnen und zu verdrängen suchte: Es gab kein Zurück hinter das, was die Kommunarden an Forderungen aufgestellt hatte. Von den Intellektuellen hatten übrigens nur wenige sie unterstützt, Victor Hugo, Arthur Rimbaud und Paul Verlaine, und nur ein einziger Dichter, der zugleich einer ihrer maßgebenden Führer gewesen war, Jules Vallès, machte sie zum Hauptgegenstand eines Entwicklungsromans, »Jacques Vingtras«.

Daß Adolphe Thiers, der Hauptverantwortliche für die blutige Niederwerfung der Kommune, erster Präsident der Dritten Republik wird, ist ebenso bezeichnend wie das Faktum, daß man eine Amnestie für die Kommunarden erst 1884 erläßt. Der neue Republikanismus in Frankreich ist widersprüchlich, widersprüchlich sind auch seine verschiedenen Präsidenten und Minister der Epoche, die allerdings für Frankreich ein Höchstmaß an Stabilität, Sicherheit und Ordnung garantieren. Jules Grévy stellt sich ab 1879 als Staatspräsident jeder Art von Nationalismus und dem

Zwischen 1887 und 1889 für die Weltausstellung erbaut, war der Eiffelturm damals das höchste Gebäude der Welt

L'AURORE

Littéraire. Artistique. Sociale

J'Accuse...!

LETTRE AU PRÉSIDENT DE LA RÉPUBLIQUE

Par ÉMILE ZOLA

Links: Alfred Dreyfus, daneben Emil Zola und das Faksimile der Pariser Zeitung »L'Aurore« vom 13. Januar 1898: »Ich klage an...!«

Paul Verlaine

Marcel Proust

Toulouse-Lautrec, »La Gaulue«

Arthur Rimbaud

Konzert im Studio bei Rodin

Revanche-Gedanken entgegen, und unter Jules Ferry erfährt die Pressefreiheit ihre gesetzliche Verankerung. Zwischen 1870 und 1914 steigen denn auch die Auflagen der Pariser Tageszeitungen von einer Million auf rund 5,5 Millionen Exemplare täglich. Zugleich wird der Sieg des öffentlichen, konfessionslosen Schulprinzips erfochten und die Kostenfreiheit der Primarschule durchgesetzt; die Vorstellung aber, daß die Kolonien, die die Stoffe für Pierre Lotis publikumsmächtige Romane abgeben, zum legitimen Besitz der Nation gehören, bleibt auch unter so fortschrittlichen Politikern wie Ferry unangetastet.

Krisenmomente der Republik machen die Wachheit und die erschreckende Gewalttätigkeit der reaktionären Rechten deutlich: Der General Boulanger kann in den achtziger Jahren ein Komplott gegen den Staat vorbereiten, und die von ihm geschürte Reaktion bleibt nach seinem Selbstmord unangetastet. Der Antisemitismus wird virulent: Edouard Drumont publiziert 1886 sein dickleibiges Buch »Das jüdische Frankreich«. In der Dreyfus-Affäre erlebt die Dritte Republik ihre größte Gefährdung: Der Hauptmann Alfred Dreyfus – Jude und Offizier im französischen Generalstab – wird angeklagt, militärische Geheimnisse an Deutschland verraten zu haben. Er wird 1894 zur Deportation auf die Teufelsinsel verurteilt und vor allem durch das mutige Eingreifen des Dichters Emile Zola sowie von Anatole France und einiger jüngerer Autoren wie Marcel Proust gerettet. Die Intellektuellen, die für Dreyfus eintreten, begreifen sich als Korrektiv von Machtpolitik – ein in der Geschichte Frankreichs oft zu beobachtendes Phänomen. Durch Zolas Intervention, der am 13. Januar 1898 in Georges Clémenceaus Zeitung »L'Aurore« den bekannten Artikel »J'accuse«, »Ich klage an«, publiziert, wird die Fahrlässigkeit der Beweisführung entlarvt und Dreyfus schließlich rehabilitiert. Der Fall Dreyfus machte offenbar, daß das Militär eine eigene Politik anstrebte, sich zudem mehr und mehr der politischen Staatskontrolle entzog und sich als Staat über dem politischen Staatsgebilde begriff. Parallel dazu verfestigen sich die Strukturen der politischen Rechten, die in Charles Maurras ihren Führer findet, der bis in den Vichy-Staat Pétains hinein, unter deutscher Besatzung im Zweiten Weltkrieg, tonangebend sein wird: »L'Action française« heißt sowohl die von ihm begründete Bewegung als auch seine Tageszeitung. Die Führer der Linken, Jules Guesde und Jean Jaurès, werden 1898 bei Wahlen entscheidend geschlagen, und die von Jaurès 1904 gegründete »L'Humanité« fristet zunächst ein klägliches Dasein.

Die Kultur der Epoche ist von einer einmaligen Dichte und Qualität. Frankreich wird zum Monopolland der modernen Lyrik und Malerei. Der literarische Symbolismus, vertreten von Paul Verlaine, Arthur Rimbaud, Stéphane Mallarmé, Lautréamont, Tristan Corbière, Charles Cros, Germain Nouveau, Jules Laforgue, und die Lyrik bis hin zu Guillaume Apollinaire und Paul Valéry machen Frankreich zur Geburtsstätte der neuen Poesie. In der Malerei ist Frankreich mit Henri Matisse, Georges Braque, Gustave Moreau, Georges Rouault bis weit ins 20. Jahrhundert hinein führend. Die Impressionisten stellen 1874 zum erstenmal als Gruppe gemeinsam ihre Werke aus. Das Vorbild der jungen Prosaautoren Marcel Proust, Elémir Bourges, Georges Bernanos, Joséphin Péladan, Jean Lorrain, Paul Bourget, Joris-Karl Huysmans, der nun schon alte Barbey d'Aurevilly, veröffentlicht 1874 »Die Teuflischen«, sechs Novellen, die den Selbstzerstörungscharakter bürgerlicher Ordnungen und Werte mit moralischer Gewagtheit und erotischer Offenheit darlegen. Der Staat reagiert mit einer für Frankreich überraschenden Brutalität: Das Buch wird eingezogen, verboten, der Autor (übrigens Katholik und Monarchist!) verurteilt. Emile Zola, der Widerpart Barbeys, sorgt mit seiner Darstellung von sozialem Elend in dem Zyklenroman »Die Rougon-Macquart« für einen ähnlichen Eklat: Seine Darstellung einer Familie aus dem Zweiten Kaiserreich lebt von den Erkenntnissen der Nachkommunarden und liefert ein Sittenbild von tiefem Pessimismus, in dem das in »Germinal« auflodernde Fanal der Revolution die einzige Morgenröte einer

BOCK
CAFÉ
20c
AVEC PETIT VERRE

menschlicheren Zukunft ankündigt. Zola ist ein Anhänger der modernen Wissenschaft seiner Zeit, von Hippolyte Taine, Charles Darwin, Emile Durkheim, des Begründers der modernen Soziologie, Claude Bernard, von Jean-Martin Charcot, des Pariser Lehrers von Sigmund Freud. Er überträgt die Methoden der Naturwissenschaften seiner Epoche auf die Arbeitsweise des Romanautors und fordert in der Schrift »Der Experimentalroman«, der Romancier solle ein wissenschaftlich abgesichertes Weltbild vorlegen.

Als 1885 Victor Hugo stirbt, bereitet Frankreich dem großen republikanischen Autor, der als einziger Dichter von poetischer Weltgeltung die Kommune verteidigt hatte, ein Nationalbegräbnis, das größte, das das Land seit Voltaire erlebt hat: Es belegt, welche Geltung und Wirkung das Wort in seinem Land besitzt. Seine Auffassung vom politischen Wächteramt des Dichters (auf das sich in Deutschland Heinrich Mann beruft) lebt weiter in Charles Péguy, Georges Darien und Romain Rolland, für die, wie für den Dichter der »Elenden«, Literatur nur als engagiertes Schrifttum sinnvoll sein kann. Die jüngeren Autoren – André Gide, 1908 Mitbegründer und Hauptinspirator der bei dem Verlag Gallimard erscheinenden literarischen Zeitschrift »La Nouvelle Revue Française« (N.R.F.), Colette, Edouard Dujardin, der Joyce-Inspirator und »Erfinder« des inneren Monologs, Marcel Proust – sind weniger Menschen des politischen Engagements als Vertreter von neuen Formen jenseits politischer Sinnstiftung: Sie empfinden das Jahrhundertende als Herausforderung, als Bedrohung, als Ende, als Jüngstes Gericht. Die Epoche gibt sich selbst den Namen »Décadence« (vom lateinischen »cadere«, »fallen«, abgeleitet), doch zugleich erlebt sie sich auch als »Belle Epoque«, als Epoche des schönen Lebensstils.

Am eindrücklichsten hat Huysmans in seinem Roman »Gegen den Strich« (1884) das Fin-de-siècle als Dekadenzepoche gestaltet. Ein Schlüsselroman der Zeit: Der Antiheld des Buches, des Esseintes, ist ein Zuspätgeborener, biologisch erschöpft, am Ende seiner Lebensmöglichkeiten angelangt. Körperlich und seelisch krank, mit einem Hang zur Perversion (er erzieht einen jungen Mann durch Geldentzug zur Kriminalität), ist er auch ein sensibler Ästhet, ein Moderner, der mit Scharfblick artistische Avantgarde vom Mittelmaß der Routine zu scheiden weiß. Er lebt nicht mehr, sondern sein Dasein erschöpft sich in Kunstrezeption, die ihm letztlich auch nicht genügt. Der Roman, der den Lebensverlust zum Thema hat, endet mit des Esseintes' Hinwendung zum Glauben. Konversionen sind im Fin de siècle häufig; sie kommen vor bei Péguy, Leon Bloy, einem der Lieblingsautoren von Franz Kafka und von Ernst Jünger,

Mobilmachung
August 1944

bei Paul Claudel, Georges Rouault, Charles Péguy... Sie decken eines der Gesichter des Jahrhundertendes auf, das im bedingungslosen Glauben die Antwort auf die Apokalypseerwartung sieht. Bourget, ein wichtiger Anreger des ihn bewundernden Friedrich Nietzsche, auch er Konvertit, hat ein in Nihilismus und Dekadenz verwurzeltes Epochenbewußtsein als Signum dieser Modernität benannt, die einem seelischen Krebsgeschwür keinen Abwehrwillen mehr entgegenzusetzen hat. Jules Verne thematisiert ganz im Gegensatz dazu in seinen Romanen eine auf Wissenschaftsgläubigkeit beruhende Welterfahrung und liest aus ihr eine fortschrittsgläubige Lebensphilosophie.

Henri Bergson hat am wirksamsten und sinnfälligsten, auch für ein großes mondänes Publikum, die Widersprüche und Mißklänge des Epochengefühls zugunsten des Lobpreises auf einen »Lebenstrieb«, den »élan vital«, aufgehoben, was ihn zum gefeierten Lehrer und Philosophen einer Generation am Collège de France in Paris werden ließ, aus dessen Lehre von der sakralen und bewahrenden Kraft des Gedächtnisses auch Proust ein bestärkendes Moment für sein Romanwerk »Auf der Suche nach der verlorenen Zeit« (dessen erster Band 1914 erscheint) bezog.

In der Musik tritt Richard Wagner, schon vor 1870 von Gérard de Nerval, Théophile Gautier, Champfleury und Charles Baudelaire enthusiastisch gefeiert und entdeckt, seinen Siegeszug an: Die französische Geistesgeschichte vermischt sich mit einer luziden und begeisterten, aber gleichzeitig auch apolitischen Wagner-Deutung. Hector Berlioz, nach seinem Tod 1869 aus dem halben Vergessen heraufgeholt (namentlich mit »Fausts Verdammung«), kann sich gegen den deutschen Rivalen nur schwer behaupten. Doch die eigenständige musikalische Epoche in Frankreich bezieht ihren Standpunkt aus einem Anti-Wagnertum, das in der Rückbesinnung auf François Couperin und Jean-Philippe Rameau seine Selbstdefinition und Erweiterung der Hörerfahrung herleitet. Ihre Hauptvertreter heißen: Claude Debussy, César Franck, Gabriel Fauré, Georges Bizet, Albéric Magnard, Edouard Lalo, Florent Schmitt, Henri Duparc, Louis Vierne, Charles Widor, Gabriel Pierné, Maurice Ravel, André Messager, Alfred Bruneau, Gustave Charpentier, Vincent d'Indy, der Gründer der Schola cantorum in Paris 1894, Paul Dukas, Camille Saint-Saëns, Albert Roussel. Ihre Musik vermeidet Pathos und ideologische Walkürenritte im Partiturgewebe, will Klarheit und Licht, setzt Formensprache gegen die Künstlichkeit ideologischer Musikverfremdung. Zu ihren Höhepunkten gehören die von Nietzsche als Wagnerüberflügelung gerühmte »Carmen« (1874) von Bizet und Debussys einzige Oper »Pelleas und Melisande«, die Vertonung eines Dramas des belgischen Symbolisten Maurice Maeterlinck, 1902 in Paris uraufgeführt. Beide Werke setzen sich nur langsam und mühsam durch: Die Moderne gibt sich auch darin zu erkennen, daß sie ein auf sie vorbereitetes Publikum nicht mehr voraussetzen kann.

Die Augenoffenheit der impressionistischen Maler für die Sinnenfreuden der Welt und die Farben der Natur finden bei Bizet wie bei Debussy Entsprechungen, die nach Kontrapunkten suchen. Diese finden sich in der Malerei von Henri de Toulouse-Lautrec, in der sich die Trivialität der Plakatkunst und Sozialanalyse mischen, in der Halb- und Unterwelt ihre Sujetfähigkeit für die moderne Kunst belegen, oder in der schaurigen, visionären Malerei von Moreau, der aus Mythen übersättigte Triebe herausdestilliert und die alten Archetypen malerisch illustriert als die Todesengel der modernen Welt. Kraft und Verfall, Hoffnung und Verzweiflung, Lebensoffenheit und Lebensabgewandtheit, sie gehören in dialektischer Verbindung zu den Grundbefindlichkeiten des Lebensgefühls einer Epoche, die sich nicht als Vorkriegsfeld begreift, sondern als unendlich reiches geistiges Experimentierfeld.

Am Vorabend von 1914 veröffentlicht Alain-Fournier den »Großen Kameraden«, die Traumgeschichte einer Liebe, die nur im Jenseits der Phantasie möglich ist. Der Autor fällt im ersten Kriegsjahr, es fällt auch Péguy, der militante sozialistische Christ, und es wird an den Kriegsfolgen sterben Apollinaire, einer der Stammväter der modernen Lyrik. Am unmittelbaren Vorabend des Ersten Weltkriegs wird Jaurès ermordet. Fanatisch begrüßt werden die Kriegsereignisse von dem zum Nationalisten gewordenen Autor des Romans »Die Entwurzelten«, Maurice Barrès, und von Claudel, Frankreichs größtem Dramatiker im 20. Jahrhundert, und ihnen antworten – nicht minder echauffiert – Gerhart Hauptmann und Thomas Mann. Über sie halten Gericht Proust, der in seiner Redaktion der »Suche nach der verlorenen Zeit« gleichsam vom Weltkrieg überrascht wird, und Rolland, Pazifist, Sozialist, Musikologe, Dichter, während des Ersten Weltkriegs Haupt der Antikriegsbewegung und in den dreißiger Jahren Verteidiger der spanischen Republik gegen den Faschismus.

Walter Benjamin

GESELLSCHAFT

Meine Mutter hatte ein Schmuckstück von ovaler Form. Es war so groß, daß man es auf der Brust nicht tragen konnte, und so erschien es jedesmal, wenn sie es antat, an ihrem Gürtel. Sie trug es aber, wenn sie in Gesellschaft ging; zu Hause nur, wenn wir selber eine hatten. Es prunkte mit einem großen, blitzenden und gelben Steine, der die Mitte war, und einer Anzahl mäßig großer, die in vielen Farben – grün, blau, gelb, rosa, purpur – ihn umstanden. Dies Schmuckstück war, so oft ich es erblickte, mein Entzücken. Denn in den tausend kleinen Feuern, die aus seinen Rändern schossen, saß, vernehmlich, eine Tanzmusik. Die wichtige Minute, da die Mutter es der Schatulle, wo es lag, entnahm, ließ seine Doppelmacht zum Vorschein kommen. Es war mir die Gesellschaft, deren Sitz in Wahrheit auf der Schärpe meiner Mutter war; es war mir aber auch der Talisman, der sie vor allem schützte, was von draußen bedrohlich für sie werden konnte. In seinem Schutze war auch ich geborgen.

Nur konnte er nicht hindern, daß ich auch an jenen seltnen Abenden, an denen es ihn zu sehen gab, zu Bett gehen mußte. Doppelt verdroß mich das, wenn bei uns selbst Gesellschaft war. Doch drang sie mir über meine Schwelle, und ich stand in dauerndem Rapport mit ihr, sobald das erste Klingelzeichen erschollen war. Für eine Weile setzte nun die Klingel dem Korridor fast unablässig zu. Nicht weniger beängstigend, weil sie kürzer, präziser anschlug als an andern Tagen. Mich täuschte sie darüber nicht, daß sich ein Anspruch in ihr verlautbarte, der weiter ging als der, mit dem sie sonst sich geltend machte. Und dem entsprach es, daß das Öffnen diesmal im Augenblick und lautlos vor sich ging. Dann kam die Zeit, in welcher die Gesellschaft kaum daß sie sich zu bilden begonnen hatte, schon wieder am Verenden schien. In Wahrheit hatte sie sich nur in die entfernten Räume zurückgezogen, um dort im Brodeln und im Bodensatz der vielen Schritte und Gespräche zu verschwinden wie ein Ungeheuer, das, kaum hat es die Brandung angespült, im feuchten Schlamm der Küste Zuflucht sucht. Von dem, was jetzt die Zimmer füllte, spürte ich, daß es ungreifbar, glatt und stets bereit war, die zu erwürgen, die es jetzt umspielte. Das spiegelblanke Frackhemd, das mein Vater an diesem Abend hatte, kam mir nun wie ein Panzer vor, und in dem Blick, den er vor einer Stunde noch hatte über die menschenleere Stühle schweifen lassen, entdeckte ich jetzt das Gewappnete.

Inzwischen war ein Rauschen bei mir eingebrochen; das Unsichtbare war erstarkt und ging daran, an allen Gliedern mit sich selbst sich zu bereden. Es horchte auf sein eigenes dumpfes Raunen, wie man in eine Muschel horcht, es ging wie Laub im Winde mit sich selbst zu Rate, es knisterte wie Scheite im Kamin und sank dann lautlos in sich selber zusammen. Jetzt war der Augenblick gekommen, da ich es bereute, noch vor wenigen Stunden dem Unberechenbaren seinen Weg gebahnt zu haben. Das war mit einem Griff geschehen, durch den der Eßtisch sich auseinandertat und eine Platte darunter zum Vorschein kam, die, aufgeklappt, den Raum zwischen den Hälften derart überbrückte, daß alle Gäste unterkommen konnten. Dann hatte ich beim Decken helfen dürfen. Und nicht nur, daß Gerätschaften dabei durch meine Hände gingen, die mich ehrten, die Hummergabeln oder Austernmesser, auch die geläufigen des Alltags traten in feierlicher Spielart in Erscheinung. Die Gläser in Gestalt der grünen Römer, der kurzen, scharf geschliffnen Portweinkelche, der filigranbesäten Schalen für den Sekt; die Näpfe für das Salz als Silberfäßchen; die

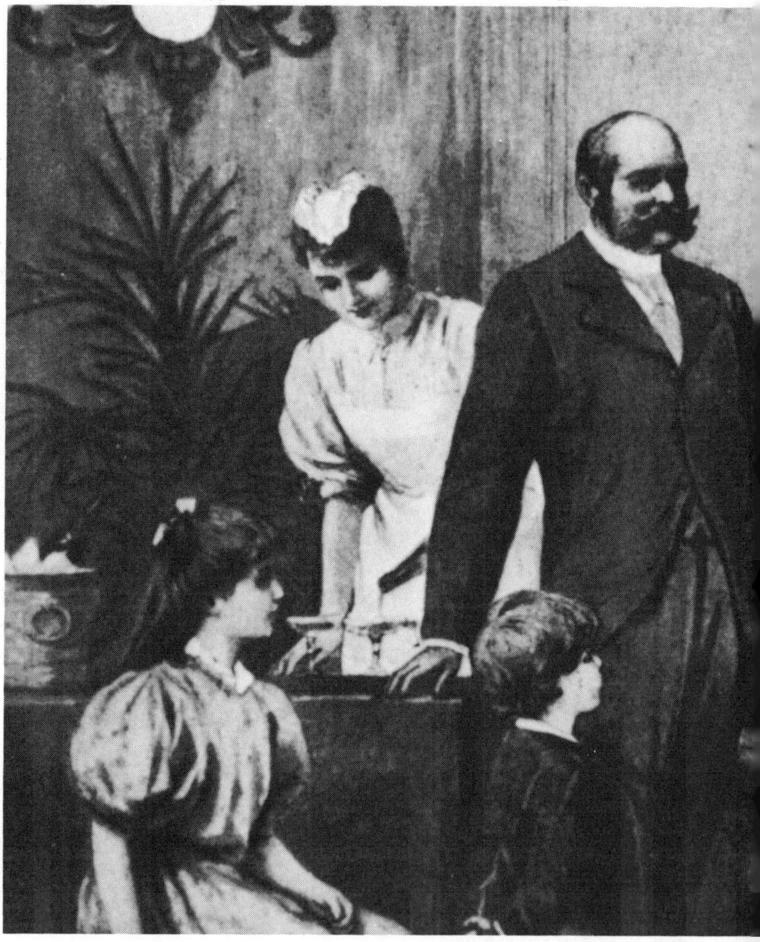

Pfropfen auf den Flaschen in Gestalt schwerer, metallner Gnomen oder Tiere. Endlich geschah es, daß ich auf das eine der vielen Gläser jedes Tischgedecks die Karte legen durfte, die dem Gast den Platz angab, der auf ihn wartete. Mit diesem Kärtchen hatte ich das Werk gekrönt; und wenn ich nun zuletzt bewundernd die Runde um die ganze Tafel machte, vor der nur noch die Stühle fehlten – dann erst durchdrang mich tief das kleine Friedenszeichen, das mir von allen ihren Tellern winkte. Kornblumen waren es, die das Service aus makellosem weißen Porzellan mit einem kleinen Muster überzogen: ein Friedenszeichen, dessen Süßigkeit allein der Blick ermessen konnte, der vertraut mit jenem kriegerischen war, das ich an allen anderen Tagen vor mir hatte.

Ich denke an das blaue Zwiebelmuster. Wie oft hatte ich es im Lauf der Fehden, die an dem Tisch ausgetragen wurden, der jetzt so schimmernd vor mir lag, um Beistand angefleht. Unzählige Male war ich seinen Zweigen und Fädchen, Blüten und Voluten nachgegangen, hingebener als je dem schönsten Bild. Nie hatte man um Freundschaft rückhaltloser sich beworben als ich um die des blauen Zwiebelmusters. Ich hätte es so gerne zum Verbündeten in dem ungleichen Kampf gehabt, der mir das Mittagessen oft verbitterte. Doch das gelang mir nie. Denn dieses Muster war käuflich wie ein General aus China, welches denn auch an seiner Wiege gestanden hatte. Die Ehrungen, mit denen es von meiner Mutter überhäuft ward, die Paraden, zu denen sie die Mannschaft einberief, die Totenklagen, die aus der Küche jedem Glied der Truppe, das gefallen war, nachhallten, machten meine Werbung aussichtslos. Denn kalt und kriechend hielt das Zwiebelmuster meinen Blicken stand und hätte nicht das kleinste seiner Blättchen detachiert, um mich zu decken.

Der feierliche Anblick dieser Tafel befreite mich von der fatalen Zeichnung, und das allein hätte genügt, mich zu entzücken. Aber je näher der Abend rückte, desto mehr umflorte sich das Selige, Leuchtende, das er um Mittag mir versprochen hatte. Und wenn dann meine Mutter, trotzdem sie im Hause blieb, nur flüchtig kam, um mir Gute Nacht zu sagen, fühlte ich verdoppelt, welch Geschenk sie sonst mir um die Zeit aufs Deckbett legte: das Wissen um die Stunden, die für sie der Tag noch hatte, und die ich getrost, wie einst die Puppe, in den Schlummer mitnahm. Es waren diese Stunden, die mir heimlich, und ohne daß sie es wußte, in die Falten der Decke fielen, die sie mir zurechtzog, und eben diese Stunden, welche selbst an Abenden, da sie im Fortgehen war, mich trösteten, wenn sie in der Gestalt der schwarzen Spitzen ihres Kopftuchs, das sie schon umgenommen hatte, mich berührten. Ich liebte diese Nähe, und was sie an Duft mir zugab; jede Spanne Zeit, die ich im Schatten dieses Kopftuchs und in Nachbarschaft des gelben Steins gewann, beglückten mich mehr als die Knallbonbons, die mir im Kuß für morgenfrüh von ihr versprochen wurden. Wenn dann von draußen mein Vater nach ihr rief, erfüllte mich bei ihrem Aufbruch nur noch Stolz, so glänzend sie in die Gesellschaft zu entlassen. Und ohne es zu kennen, spürte ich in meinem Bette, kurz bevor ich einschlief, die Wahrheit eines kleinen Rätselworts: »Je später auf den Abend, desto schöner die Gäste.«

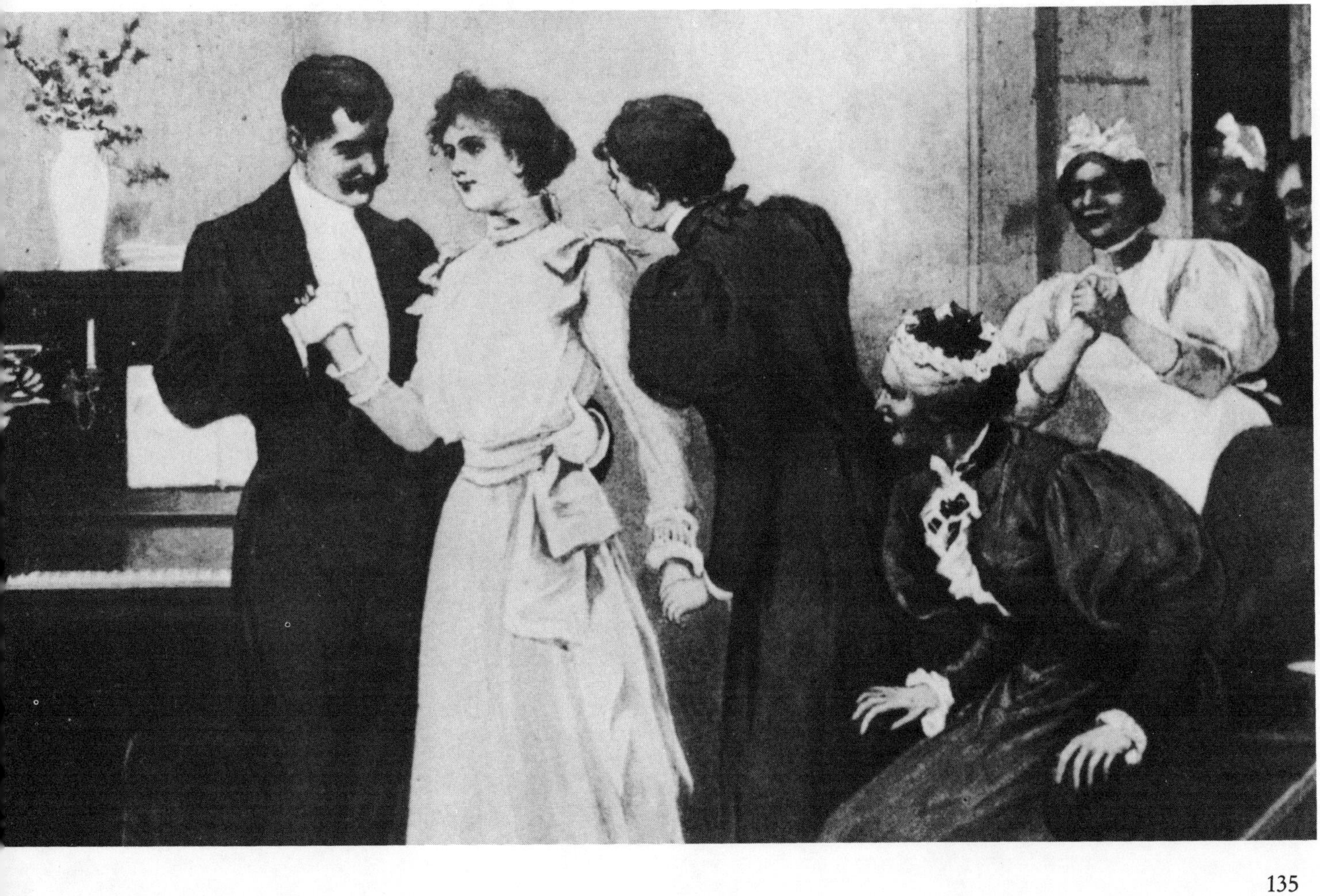

Hermann Peter Piwitt

POLITISCHER DANDYISMUS UND DER IMPERIALISTISCHE INTELLEKTUELLE

Friedrich Nietzsche als Soldat

»Wes' Brot ich ess', des' Lied ich sing«. Das Volk kennt sich aus. Aber daß der Satz, das Sein bestimme das Bewußtsein, auch für den Geist Geltung habe – damit tun sich sogar solche Intellektuelle schwer, die ihn gern im Munde führen. Für sie stand und steht der Geist gewissermaßen von Natur aus auf Seiten der Armen und Unterdrückten, also links.

Das galt zumindest für die Jahrhundertwende nicht. Rudyard Kipling und Gabriele d'Annunzio, zwei der berühmtesten Schriftsteller ihrer Zeit, waren Imperialisten, Militaristen und Rassisten nicht nur ihrem politischen Bekenntnis nach, sondern auch nach dem Zeugnis vieler ihrer Bücher. Und doch sind sie nicht in toto der Barbarei zuzuschlagen. Kiplings Kinder- und Tiergeschichten sind bis heute lebendig geblieben. Und kein geringerer als Hofmannsthal verehrte d'Annunzio, wenn auch mit wachsender Reserve bis hin zum endgültigen Bruch mit ihm bei Kriegseintritt Italiens gegen Österreich. d'Annunzio betörte den jungen Musil. Unter seinem Einfluß schrieb Heinrich Mann seine frühen Romane »Die Göttinnen«. Und Brecht erweist ihm nicht nur in den »Geschäften des Herrn Julius Caesar« die Ehre (dort heißt er Vastius Adler), er konzediert ihm auch, im »Arbeitsjournal«: »Dieser Scharlatan schrieb Hirtengedichte, die kaum untergehen werden.«

Das »Sein« in Europa zur Jahrhundertwende ist bekannt. Zwei zu spät gekommene Nationen, Deutschland und Italien, voller Reichsträume – und voll von der frischen Erinnerung an bisher beispiellose wirtschaftliche Kollapse im Anschluß an die Gründerjahre. Eine dritte, Frankreich, die Revanche will und, obschon in Europa besiegt, ihr Kolonialreich relativ ungestört vergrößert. Und eine vierte, England: Nach der These Chamberlains, daß die Demokratie zwei Dinge brauche, Imperialismus und soziale Reform, versuchen seine politischen Führer die sozialen Probleme im Land loszuwerden, indem sie sie in Übersee verschärfen, Vorbild darin für die führenden kapitalistischen Demokratien bis heute.

Und der Überbau? Hier noch abgestoßen von der Suprematie der Maschine und des Mammons, an die man die Menschheitsideale (des Bürgertums) verraten sieht, und da schon fasziniert von den Möglichkeiten, sich und die Rasse, die Nation, zu der man sich bekennt, mit Hilfe von Maschine und Mammon, mit Maschinengewehren und Flugzeugen, Automobilen und Torpedobooten zu verwirklichen.

Anything goes: Antizivilisatorische, antidemokratische und antiintellektuelle Affekte gegen den big Sinn, mit dem das Jahrhundert angetreten war. Und die Beschwörung des »Echten«, »Gesunden«, »Natürlichen«, »Starken«, »Wilden« aus dem ethischen Nichts. Und »Mystizismus« (dieser bald franziskanisch, bald slawisch, bald buddhistisch, bald modernistisch oder katholisch oder erotisch. Theosophie, Magie und ähnliches.)«[1] Rührend gleichwohl die Nobelsten in ihren Werken, wo sie dem flüchtigen schönen Schein der Wirklichkeit, seinen atmosphärischen Valeurs, seinen Reizen und Nervenerregungen dennoch ihre Trauer beimischen über die Antiquiertheit des Menschen, will sagen einer Aristo-Bourgeoisie, der alle Voraussetzungen fehlen, mit der technischen und industriellen Entwicklung politisch, moralisch und ästhetisch fertigzuwerden. »Die Schönheit aller Formen zu verstehen / und unserm eigenen Leben zuzusehen« (Hofmannsthal).

Als Sensualist, als Dandy, als Flaneur der im verzückt-traurigen Anschaun des Verfalls sich selbst genügte, hat auch der Franzose Maurice Barrés (1862–1923) angefangen mit »Der Tod Venedigs«. Die Titel der Bücher, die darauf folgen, sind Programm für die Entwicklung des imperialistischen Intellektuellen jener Jahre: »Der Kult des Ich« (1888–

91) und »Blut, Wollust und Tod« (1894). Mit siebenundzwanzig Jahren, während er den Egoismus zum Idol erhebt, läßt sich Barrés für die extreme Rechte ins Parlament wählen, engagiert sich (»Daß D. zum Verrat fähig ist, schließe ich aus seiner Rasse«) als Antisemit im Dreyfuß-Prozeß und schreibt Blut-und-Boden-Oden. Sein Stil gilt gleichwohl als streng, aber brillant und soll Montherlant und Malraux beeinflußt haben.

Der Dandy, heißt es bei Baudelaire, trete vornehmlich in Übergangszeiten auf, in denen die Demokratie noch nicht allmächtig und die Aristokratie erst halb erschüttert und heruntergekommen sei. Plötzlich erlauben die brüchig gewordenen Hierarchien und Maßstäbe einigen den Durchmarsch nach oben. Der Dandy versteht es, »die da oben« in Atem beziehungsweise bei Laune zu halten und dem kleinen Mann zu imponieren, ohne daß er sich der einen oder andern Seite zuschlagen ließe. (Einer plötzlichen sozialen Aufwallung folgend wechselt der Dandy d'Annunzio im Jahr 1900 im Parlament von der äußersten Rechten auf die Seite der Linken, ehe er dann allerdings die Lust am Parlamentarismus ganz verliert). Selten verwendet er seine Kraft an Aufgaben, die ihm allzu großen Genußaufschub abverlangen. Im Wind des Zeitgeistes einen besonders spektakulären Törn zu segeln, ist seine Sache. Trotzdem umgibt ihn die Aura von Originalität und Autonomie.

Rudyard Kipling (1865–1936) war kein Dandy. Seine Anpassungsleistung drückt sich eher in Sätzen wie diesem aus: »Im Krieg ist es wie in der Liebe: Ob sie gut oder schlecht ist, man gibt sein Bestes.«[2] Kipling lebte und arbeitete unter den Bedingungen des britischen Kolonialreichs, der Pax Britannica, als seien es Bedingungen der Natur selbst. Aber auf dem Weltreich liegt bereits jenes Abendrot, bei dem sich – Fontanes Preußen, Scotts Schottland, Löns' Heide, Focks Finkenwerder, Grass' Danzig – erfahrungsgemäß vermehrt die Dichter und Nostalgiker einfinden. Kiplings Utopie war, die in seinen Augen überzivilisierte und intellektualisierte Welt der Weißen an die spirituellen Quellen der Naturmenschen anzuschließen – so als sei nicht auch dies Kolonialismus oder: Kraftabschöpfung. Orwell nennt den Nobelpreisträger von 1907 den »Propheten des britischen Imperialismus in seiner expansionistischen Phase«. Seine Schilderungen des Lebens und der Kämpfe der britischen Truppen in Indien hielten die Zeitgenossen für naturgetreu. Tatsächlich – so ein Vertrauter des Autors – redeten und agierten Offiziere und Soldaten so wie bei Kipling erst, *nachdem* sie seine Bücher gelesen hatten. Sie streckten sich sozusagen nach der Decke der Idole, die er nach ihrem Bild entwarf. Und starben dann im Geist seines Patriotismus.

Kipling selbst war wegen seiner schlechten Augen nie Soldat. Daß der Aktionismus vieler Intellektueller jener Jahre, ihre Verachtung für Intellekt und kontemplatives Leben, ihre Begeisterung für das Starke, Wilde, die Tat in einem ursächlichen Zusammenhang stehe mit überreizten schwachen Nerven oder körperlichen Gebrechen, die es zu kompensieren galt, darauf hat Wolfdietrich Rasch in »Die literarische Décadence um 1900« hingewiesen. Der Mythologe deutscher Seefahrtsherrlichkeit, Gorch Fock (gestorben 1916): ein ewig seekranker, kleiner Kontorist. d'Annunzio (»ich bin zu allem fähig«): ein feminin wirkender Winzling. Und ausgerechnet der immer kränkelnde Nietzsche verkündet in »Ecce homo«: »Ich kenne die Lust am Vernichten in einem Grade, die meiner Kraft am Vernichten gemäß ist«.[3]

Gemessen an solchen Malaisen ist der unbekannte deutsche Professor, der lehrend, schreibend und nicht selten dichtend dem Nationalismus, dem Rassismus, dem Militarismus huldigt, geradezu die Krankheit, die Seuche selbst.

Rudyard Kipling bei einer Ansprache

Ihm fehlt noch jener Schein der Autonomie, um dessentwillen es sich gelohnt hätte, sich seinen Namen zu merken. Jener weltmännische Sinn für Modernität, für Tollheiten, mit denen sich ein d'Annunzio, ein Marinetti – wie auch immer – unvergeßlich gemacht haben. Bendetto Croce: »Deutschland hatte einen Überfluß an Professoren... die zumeist recht beschränkt... waren... Diese Professoren trugen dazu bei, daß das deutsche Philistertum jenes sogenannte ›Sedanlächeln‹ auf den Lippen spielen ließ, dieses Gefühl der Überlegenheit über andere Völker, diese Verachtung für die dekadenten oder bereits degenerierten lateinischen Rassen, für die moralische Korruption und die elenden parlamentarischen Kämpfe.«[4]

Wenn ein Buch Zeugnis ablegt von der spezifisch deutschen, dumpfen Abart des imperialistischen Intellektuellen, so ist es Julius Langbehns (1851–1907) »Rembrandt als Erzieher« (1890). »Die Deutschen sind bestimmt, den Adel der Welt darzustellen. Deutschlands Weltherrschaft kann nur eine innerliche sein, wie auch sein Aristokratismus nur ein innerlicher sein kann; aber beide werden sich trotzdem äußerlich betätigen und geltend machen müssen. Das deutsche Wahrwort muß auch ein Machtwort sein.«[5] Wo ein d'Annunzio – schlimm genug – eine dandyhafte Lust am Erobern, Rauben und Triumphieren propagierte und auslebte, da verankert der deutsche Protestant in seinem Buch (das um 1933 bereits die 80. Auflage erreichte) die »Raffgier des Dekadentismus« (Croce) als inneren Wert in der schönen deutschen (Volks)seele selbst, als Gebot des Gewissens, das sich dann, wie wir wissen, umso reibungsloser verstaatlichen ließ.

Der Dandy, so Baudelaire, ist der letzte éclat des Heroismus in der Décadence. Ein Lord Byron war stark genug, sein Verlangen nach Heroismus mit dem Freiheitskampf der Griechen gemein zu machen. Für Ernst Jünger – als Dandy bereits so hoffnungslos hinter seiner Zeit zurück wie das Deutsche Reich – ist der Krieg nur noch »l'art pour l'art«, eine Gelegenheit zu fühlen, daß dabei »in uns der große Rhythmus des Lebens schwingt.«[6]

Bevor der italienische Dichter, der politische Propagandist, Kriegs- und Frauenheld Gabriele d'Annunzio (1863–1938) sich der Politik, dem Aktionismus, der Tat und dem Lobpreis der Tat verschreibt, schildert er seine Welt, die Welt der Décadence in einem Kommentar zu einem seiner Bücher, »Il libro delle Vergini«, so: »Seine (des Buches) Szenen alternieren zwischen Kirche und Bordell, zwischen dem Duft von Weihrauch und dem Gestank nach Verwesung.«

Beachtliches leistet d'Annunzio in seiner Jugend als literarischer Impressionist. Aber sein Sensualismus verkommt bald zu einem Kult des Schönen, zu einem Ästhetizismus *auch* des Verbrechens, der Grausamkeit und der Gewalt. Und das ändert sich nicht von dem Moment an, wo er sein Segel in den aufkommenden Wind des italienischen Imperialismus aufzieht. Sein Schauspiel »La Nave« (Das Schiff) zum Beispiel, ein Memento auf die alte Seemacht Venedig, mischt geschickt nationale Ressentiments mit sexueller Blutrünstigkeit: Dem Schicksal, lebend an den Bug eines venezianischen Schiffes genagelt zu werden, entzieht sich Basiliola, die Heldin, durch den Opfertod am Altar. »Bewaffnet den Bug zum Angriff auf die Welt!« ruft d'Annunzio seinen Landsleuten zu. Und das Publikum rast. Der König gratuliert. Und Österreich protestiert offiziell beim italienischen Außenministerium – was dem Dichter natürlich am meisten schmeichelt. Aus dem Dunkel der Renaissance, des römischen Reiches beschwört er, nach Lektüre Nietzsches, den Italienern den lateinischen Übermenschen, der das mare nostrum wieder, wie einst, beherrscht. »Berge von Gold«, »Ströme von Blut«, »Scharen von geraubten Frauen«, »Sklaven« geistern durch seine Gedichte. »Sehnsucht, Wollust, Stolz und Instinkt« nennt er seine »imperiale Quadriga«. Die kolonialen Eroberungen Italiens in Afrika preist er in Versen. Und auch hier, wie schon bei Kipling, ist die Wirkung des Dichterworts auf die Soldaten dokumentiert. So überliefert Graf Sforza, italienischer Außenminister nach dem Ersten Weltkrieg, daß schlichte Offiziere nach der Lektüre d'Annunzios ihre Tagesbefehle plötzlich in schwülstige und überladene Prosa kleideten. Und er befindet: Sie waren die ungebildeten Opfer d'Annunzios.

Croce nennt ihn den »geistigen Vater des Imperialismus in Italien«.[7] Für andere ist d'Annunzio der Johannes der Täufer des Faschismus. Nachdem ihm das Kunstwerk der eigenen Person im Dandy gelungen ist, erfüllt sich der Dandy den Traum vom Kunstwerk der Tat im Krieg: Als Offizier aller drei Waffengattungen betätigt er sich in meist marginalen, aber nicht selten tollkühnen und immer spektakulären Aktionen. Und natürlich mit den gerade modernsten und kunstreichsten unter den damals gebräuchlichen Waffen: Flugzeug und Torpedoboot.

Gabriele d'Annunzio in seinem Garten...

Hier ist von einigen Literaten der Jahrhundertwende die Rede. Nicht von so einflußreichen Kulturphilosophen und Rassentheoretikern wie Joseph Arthur Gobineau (1816–1882) oder Houston Stewart Chamberlain (1855–1927), dem Schwiegersohn Wagners. Von Literaten, vom Ästhetizismus des Fin de siècle – und von den Versuchen, ihn kraft einer Ästhetik des Erlebnisses, der Tat buchstäblich mit Gewalt zu überwinden. Dabei wäre es unsinnig, wollte man vom Sensualismus, vom Kult der Sinne und des Schönen im Fin de siècle eine Einbahnstraße konstruieren zum Kult der Tat in Krieg und Faschismus. Andererseits gilt durchaus, daß das Sinndefizit, das der Sensualist aus Ekel vor den ihm unglaubwürdig gewordenen alten Idealen in Kauf nimmt, ihn äußerst anfällig macht für *andere* Ideen und Ideale, die verheißen, wonach er sich sehnt: Den einmalig starken, die ganze Existenz erschütternden Reiz. Wobei es dann fast gleichgültig ist, was den Hunger danach stillt: Das bedenkenlose Schwelgen in Luxus und Hedonismus, der

...und in seinem Haus in Gardone am Gardasee

Tod in der sexuellen Umarmung, die ständige Lebensgefahr im »Stahlbad« des Krieges, das faschistische Massenerlebnis oder der Anblick detonierender Fliegerbomben zwischen kauernden Arabern, der Filippo Tommaso Marinetti (1876–1944) entzückt.[8] Auf den Tod Venedigs in Schönheit des jungen Barrés antwortet der Ästhet der Tat Marinetti mit dem Plan der Industrialisierung und Militarisierung der Stadt. Und er schreibt auch dies: »Das logische Ergebnis des Faschismus ist die Einführung des Ästhetischen in das öffentlichen Leben. Alle Anstrengungen, die Politik zu ästhetisieren, kulminieren in einer einzigen Sache: dem Krieg. Der Krieg allein kann den Massenbewegungen im größten Ausmaß ein Ziel bieten.«[9]

Ist die Schönheit des Scheins erst einmal um die Schönheit der in ihr verborgenen Wahrheit gebracht, sind Freiheit, Gleichheit, Brüderlichkeit oder internationale Solidarität oder nur sorgende Neugier und Mitleid erst einmal, weil historisch kompromittiert, als Menschheitsideale an sich verabschiedet, so kann die tiefe ästhetische Erfahrung, die die neuen Ideologien des Rassismus, des Kolonialismus, des Krieges, des Faschismus und des Imperialismus bereithalten, endlich rein und unirritiert von alten Werten gemacht werden. Und alsbald läßt sich schwärmen – wie Mussolini in seinem Kriegstagebuch – von der »Sinfonie unserer Geschütze« und den Detonationen, die »fast wie ein Choral klingen.«[10]

Anmerkungen

1 Zit. n. Benedetto Croce: »Geschichte Italiens 187–1915«, Berlin, 1928.
2 zit. n. John Gross: »Rudyard Kipling. The man, his work and his world.«, London 1871.
3 zit. n. Wolfdietrich Rasch: »Die literarische Décadence um 1900«, München 1986.
4 zit. n. Benedetto Croce: »Geschichte Europas im 19. Jahrhundert«, Zürich/Wien 1947.
5 zit. n. »Rembrandt als Erzieher. Von einem Deutschen« (Julius Langbehn), Leipzig 1890.
6 zit. n. Wolfdietrich Rasch, a.a.O.
7 zit. n. Benedetto Croce: »Geschichte Italiens...«.
8 Filippo Tommaso Marinetti: »Futuristischer Bericht der Schlacht von Tripolis, 26. Oktober 1911«.
9 zit. n. »Observer«, 3.12.1972.
10 zit. n. Benito Mussolini: »Mein Kriegstagebuch«, Zürich/Leipzig/Wien, 1930.

Felix Semmelroth

NONCHALANTER NIEDERGANG

Großbritannien – der klassische Kapitalismus

Naßkalt war es Ende Januar 1901, die Trauergäste fröstelten, doch die Beerdigung der Königin war eine gelungene Inszenierung; die Briten bewiesen, damals ungewohnt, Improvisationsvermögen. Die ausländischen Hoheiten waren beeindruckt. Kaiser Wilhelm II. hatte seiner Großmutter, Königin Victoria, in ihrer Todesstunde beigestanden. Gemeinsam mit dem Leibarzt Dr. Reid hatte er sie gestützt, ihren letzten Worten gelauscht, ein bekümmerter Enkel. Schloß Osborne auf der Isle of Wight, wohin sich Victoria zurückgezogen hatte, war überfüllt, ein bescheidenes Schlößchen ganz nach dem Geschmack der bürgerlichen Königin. Eine holsteinische Prinzessin mußte bei einem Hofsekretär untergebracht werden.

Victoria, die Königin der middle class; keine Verschwenderin: Gelagen war die korpulente Dame abhold, auch kein Geizhals. Nach 64 Jahren auf dem Thron starb sie als Regentin eines Landes, das stilvoll vor sich hindämmerte. In der ehemaligen »Werkstatt der Welt« war das Fortschrittstempo gedrosselt, die Great Depression, die erste große Wirtschaftskrise Ende der siebziger Jahre, war zwar überwunden, auf den Weltmeeren jedoch tummelten sich die Konkurrenten, im Unterhaus saß ein Sozialist, Keir Hardie, in Südafrika hatte die Armee Rebellen hingemetzelt, die alte Dame versuchte im Vorjahr ihres Todes die aufmüpfigen Iren durch einen mutigen Besuch von weiteren Schandtaten gegen Krone und Kolonialismus abzuhalten. Alle waren zumindest beeindruckt.

Eines würde der Thronfolger, Prince Edward (Bertie), gewiß nicht sein: ein bürgerlicher König. Sechzig Jahre und kaum weise war Bertie, sein Bart schimmerte so grau wie

Queen Victoria mit Familie und indischen Dienern

der des soliden und langweiligen Premierministers Lord Salisbury. Bertie war ein Aristokrat aus dem Bilderbuch: ein Epikureer mit Embonpoint, den zu verstecken die teuersten Schneider machtlos waren. Ein Bonvivant, ein Décadent, der seiner Mutter viel Kummer bereitet hatte. Kein Flaneur, ein Schürzenjäger, der zahllose Geliebte hinter sich ließ. Nach der Heirat mit Alexandra, Prinzessin von Dänemark, wurde das Sorgenkind nicht ruhiger. Der heutige Duke of York und sein Fotomodell sind vergleichsweise Musterexemplare. Bertie schlug sich die Nächte um die Ohren, er stellte mit Zechkumpanen einen Polizisten auf den Kopf und malte ihn überdies rot an. Ein Teddy-Boy, dem seine Mutter vorhielt, ihren Gatten allzu vorzeitig unter die Erde gebracht zu haben. Prinz Albert von Sachsen Coburg Gotha starb an Typhus, was angesichts der miserablen Kanalisation Londons nicht erstaunlich war. Es stank zum Himmel.

Nüchternheit, Sparsamkeit, Respektabilität, Utilitarismus sind die viktorianische Epoche charakterisierende Stichworte. Die realistischen Romanciers schufen ihre Werke, die Bourgeoisie scheffelte Geld, die Proletarier darbten, die Aristokraten besuchten dinner parties. »What's it good for?« war eine viktorianische Standardfrage. »Hilf dir selbst, dann hilft dir Gott«; sicher kein reicher Mann. Obwohl die Straßen im Dreck versanken, Sauberkeit mußte sein. Ein betuchter Wohltäter schenkte der Heilsarmee 1000 Pfund, nachdem er gehört hatte, ihre Schützlinge hätten sich Hals und Ohren gewaschen. Die Mittelklasse: Industrielle, Bankiers, Geschäftsleute, Anwälte machten Kasse. So sollte es weitergehen. Auch die Königin mochte keine Veränderungen, weder beim Wahlrecht noch sonstwo. Die Mutter von neun Kindern hielt nichts von den Suffragetten. Manchen Anschlag hatte sie überlebt, in England wie in Irland, die Chartisten konnten die Veränderung nicht erzwingen, die Sozialisten waren noch schwach, aber als natürliche Weltordnung wurde die Gesellschaft, so wie sie war, nicht mehr angesehen.

Trotz hoher Arbeitslosigkeit in den siebziger und achtziger Jahren blieben die Gewerkschaften zahm: »free collective bargaining« (das Aushandeln der Löhne) bedeutete, nicht mit Streik zu drohen. Der Gewerkschafter Robert Applegarth hatte sich während des großen Booms in den vierziger Jahren gerühmt, niemals ein böses Wort mit einem Unternehmer gewechselt zu haben. Die Great Depression ging mit einer Zunahme an Millionären einher: 1880 waren es 27, zur Jahrhundertwende schon 60 und 1914 schließlich 101. Eine Zunahme an Pleiten war ebenso zu verzeichnen, mancher Lord heiratete ein bürgerliches Mädel, nobilitierte deren Blut und sanierte die eigene Familie. Auf dem Heiratsmarkt wurde kein Pardon gegeben. In seinem Roman »The Way We Live Now« (1873) stellt Anthony Trollope das Rattenrennen dar. Vom Marquis bis zum Bankrotteur schallte der Ruf: Wo ist eine Frau mit Geld? Wie gewonnen so zerronnen, ein Hochstapler verkehrt in der feinen Gesellschaft, weil er als Superfinanzier gilt, obgleich er eigentlich von der Hand in den Mund lebt. Zum Bargeld drängt's, an Bargeld mangelt's.

Zwischen 1837 und 1873 hatte sich der britische Welthandel verfünffacht, die Investitionen waren von 150 Millionen Pfund auf eine Milliarde Pfund gestiegen. Das Land verfügte über ein ausgebautes Eisenbahnnetz, ein strenges Drei-

Beerdigung der Queen Victoria, 1901

Eduard VII. und die Damen der englischen Aristokratie veranstalten ein Schubkarren-Rennen

Klassen-System – wer konnte wohl verreisen? Satte 200 Millionen Pfund nahmen die Grundbesitzer im Jahre 1870 ein, das meiste aus Pachten. 4200 Personen besaßen die Hälfte des schönen Landes, 7000 Bürger teilten sich ein Fünftel. Mitte der achtziger Jahre wohnte die Hälfte der Bevölkerung bereits in Städten. Der clerk war längst vom mißachteten Schreiberling zur guten Partie für Arbeitermädchen avanciert, saubere Hände zogen an. Furore machte erneut der unternehmerische Draufgänger, der Entrepreneur. Das Elend bannte man mittels eines funktionierenden kollektiven Abwehrmechanismus aus der Wahrnehmung. Der Premierminister Lord Salisbury verstand die Welt ohnehin nicht mehr, einen Anschlag auf den deutschen Kaiser kommentierte er mit den Worten: »Die Häufung solcher Attentate ist ein ganz furchtbares Kennzeichen der modernen Gesellschaft.«[1]

Leicht hätte es ja auch mal Victoria, die Kaiserin von Indien, treffen können. Lord Salisbury mußte bei dem Gedanken schaudern: die Untertanen des Imperiums, weit über zwei Drittel der Weltbevölkerung, schlagen zurück! Die Tage sollten kommen.

Ein rebellisches Volk, Aufruhr des Mobs? Die verwöhnte Ober- und Mittelklasse vermochte sich den Sozialismus um die Jahrhundertwende nicht vorzustellen. Sie hielten sich Kutscher und Butler, Köchinnen und Ankleidemädchen, welche den Damen Kleider anzogen, die doppelt so viel kosteten wie ihr Jahreslohn ausmachte. Ganz intakt war die natürliche Ordnung dennoch nicht mehr. Der liberale Premier Gladstone berief am 2. Februar 1886 mit Henry Broadhurst einen Gewerkschafter ins Kabinett, der Plebs bekam einen Fuß in die Tür. Mußte das nicht den Beginn des Niedergangs markieren? Die Automatik des gewohnten Fortschritts schien zu haken. Ein Sir Felix Carbury, Nichtsnutz in Trollopes »The Way We Live Now«, wartet spielend, trinkend, dösend auf bessere Zeiten und eine finanzstarke Ehefrau. Wohl galt es weiterhin als en voque, den ostentativen Müßiggang zu pflegen, das heißt bis 11.00 Uhr zu schlafen, in Ruhe zu frühstücken, ein bißchen in französischen Romanen zu blättern, im Club zu lunchen, anschließend im Park zu lustwandeln, irgendwo den Tee zu nehmen und gepflegt privat zu Abend zu essen; die nächtlichen Vergnügungen waren Männersache, Diskretion!

Die Konkurrenz überließ der Adel gern den nouveaux riches, die Parvenüs verstanden zweifellos mehr davon. Das protestantische Arbeitsethos hatte die Aristokratie nie geteilt, ihren Wohlstand zu rechtfertigen wäre schlicht vulgär gewesen. »To be in trade«, peinlich. Trollopes »Duke of Omnium« wird landesweit verehrt, weil er gerade absolut nichts tut: weder politisch, sozial oder ökonomisch. Er hat – neben Eskapaden – eine wunderschöne Villa bei Como.

Das Wort arbeitslos wird erstmals 1882 im Oxford English Dictionary aufgeführt, Arbeitslosigkeit, das gesellschaftliche Phänomen mithin, findet sich erst 1888. Der bürgerliche Geldadel löst immer mehr die eingesessene Landaristokratie auch auf der politischen Ebene ab. Wer nicht in Kohle oder Stahl beziehungsweise in der City investiert

Redner auf einer Arbeitslosendemonstration in London, 1908

hatte, sah schlecht aus. Amerikanisches Getreide überschwemmte Albion, von Einfuhrbeschränkungen nach Art der berüchtigten Corn Laws von 1815 sprach niemand mehr, so gut wie niemand. In den letzten dreißig Jahren des Jahrhunderts sank der Getreidepreis in Großbritannien um die Hälfte. Als Victoria den Thron bestieg, führte das Land zwei Prozent seines Getreideverbrauchs ein, als sie starb, waren es 50 Prozent. Ökonomische Abhängigkeiten hatten sich im Zuge der kolonialen Eroberungen immens verstärkt. Unter dem Strich war Victorias Imperium ein Verlustgeschäft. 1895 lief die deutsche Stahlindustrie der britischen den Rang ab. Was tun? Verstaatlichungen blieben ein anderes Thema. Wieso zum Teufel geht es nicht weiter aufwärts wie bisher!

Über 560000 Menschen lebten nach amtlichen Angaben in bitterer Armut. Doch selbst der Londoner Polizeipräsident Sir Charles Warren fürchtete 1886 keine Unruhen: Ein paar ausländische Agitatoren, die britischen Sozis wollten praktische Anliegen durchsetzen, kürzere Arbeitszeit, mehr Lohn, mit umstürzlerischen Ambitionen hatten sie nichts im Sinn. Unter der Oberfläche der Normalität rumorte es, gelegentlich stiegen Blasen auf, noch blieben die meisten auf ihren angestammten Plätzen. Der Künstler als respektabler Exzentriker, der brave Arbeiter, der mittelständische Unternehmer; erst nach 1914 ließ sich das Kabinett, durchweg Mitglieder der Oberklasse, herab, zur Vermeidung von Streiks mit den Gewerkschaften zu verhandeln, um die Kriegsproduktion nicht zu gefährden. Als gar zwei ehemalige Gewerkschaftsführer in die Regierung eintraten, kräuselten sich die stiff upper lips wohl noch ein bißchen mehr, als es der Weltlauf rechtfertigte.

Wen wundert's, daß nun vom Ende geredet wurde. 1914 bemitleidete sich die Mittelklasse als Zitrone, die zwischen gierigen Proletenhänden und feingliedrigen Adelsfingern zerdrückt wurde.

Das Land ging, so der Tenor, wieder einmal vor die Hunde. Sozialer Frieden? Papperlapapp, die harte Hand war vonnöten. »Humanity, Humanitomtity«, spottet schon in der Mitte des 19. Jahrhunderts Lord Romfrey in George Merediths Roman »Beauchamp's Career«. Humanitätsduselei auf schlecht deutsch. Traditionsbewahrung hieß vorrangig, die eigenen Privilegien zu sichern. Von der Jahrhundertwende bis heute stiegen in Japan die Einkommen um das 170fache, in der Bundesrepublik um das 34fache, in Frankreich um das 17fache, in England um das achtfache, genauer: die Durchschnittseinkommen stiegen von 320 Pfund 1890 auf 2800 Pfund 1975.

Bescheidenheit, Dezenz, Zurückhaltung blieben verhaltensbestimmend, ein Gentleman fällt nicht auf, eine Lady erst recht nicht. Man hat – das reicht. Wehe dem, der es mißachtet. Gegen Ende des Jahrhunderts entließ eine vermögende Dame ihr Dienstmädchen wegen des Diebstahls einer Ein-Penny-Briefmarke, Männer von Geld, die eine Arbeiterin vergewaltigten, kamen mit wenigen Wochen Gefängnis davon. Armut, Elend, Krankheit, Dreck nahm man als Preis des Fortschritts bedauernd hin.

Bloß nicht die Contenance verlieren. Der Artist, insbesondere der Maler, wurde herablassend in den Salons willkommen geheißen, demonstrative Nonchalance verstand sich von selbst. Man fragte nicht nach der Privatschule, der Makel des Lebensunterhalts mußte wenn irgend möglich retuschiert werden. Zu enger Kontakt mit dem Mammon galt als depravierend, angemessen waren ein hübsches hohes Einkommen aus Pacht, Vermögenszuwachs und so weiter. In Saus und Braus lebte der Adel: französische Köche, Gelage, exotische Speisen gerieten zur Obsession der Reichen. Die Königin an der Spitze symbolisierte Frugalität und Pflichtbewußtsein. Der englische Dandy ließ sich nicht wie sein Pendant bei Baudelaire das Schrittempo vorschreiben, er suchte bei dinner parties zu brillieren. Ein Dandy wie Oscar Wilde stilisierte sich als Gebrauchskunstwerk.

Wilde mokierte sich über die Mehrheit der Rechtschaffenen: »Der einzige Unterschied zwischen dem Heiligen und dem Sünder besteht darin, daß der Heilige eine Vergangenheit hat und der Sünder eine Zukunft.«[3] Victoria mochte dergleichen Sentenzen nicht hören, sie wollte, wie die Mittelklasse, Klarheit, keine Epigramme. Der Dandy wollte sich durch Selbststilisierung darstellen, zuschulden kommen lassen durfte er sich nichts. Den ersten Stein zu werfen, war eine spätviktorianische Leidenschaft. Die Neureichen wollten durch Esprit statt durch Eskapaden auffallen. Dem Futterneid der notorisch zu hoch entlohnten Arbeiter durfte keine Nahrung geliefert werden. Die Sorge war unbegründet: Nach dem Tod Victorias schufteten die Verkäuferinnen die Nächte durch, um die Schaufenster mit Trauerflors zu dekorieren.

Die Beleidigten und Erniedrigten, die oft 12 Stunden täglich rackernden Fabrikarbeiter, die zahllosen jugendlichen Näherinnen, die während der Saison in London (April bis Oktober) bis zu 20 Stunden am Tag in schlecht belüfteten Dachkammern bei Dämmerlicht edle Stoffe behandelten und ihre Wirbelsäulen ruinierten, begehrten nicht auf ob des demonstrativen Müßiggangs; die da oben, wir hier unten – *such is life*. Sonntags Kino? Davon konnte noch keine Rede sein. Nach des harten Tages Last wurde der »Feierabend« in überfüllten, zumeist feuchten Wohnungen verbracht, zu den Extravaganzen gehörten fish and chips, Bier, Fusel, gelegentlich ein Besuch der Music Hall. Facharbeiter oder erste Verkäufer leisteten sich Weihnachten den obligatorischen Truthahn und christmas pudding. Die Abstinenzlerbewegung der Jahrhundertmitte war gescheitert, Männer soffen, Frauen soffen, Kinder soffen, getrunken wurde in den feinen Clubs wie in elenden Spelunken. Dienerinnen und Diener ließen hier und da was mitgehen, bei 20 Pfund Lohn im Jahr wohl verständlich. Was sollte ein armes Mädchen tun? Verkäuferin, Fabrik oder Service; miserable Heiratschancen angesichts eines hohen Frauenüberschusses.

Was blieb als Freude am Leben? Die Queen und mit ihr der Rest der Welt, fast zwei Drittel wurden unter britischer Flagge beherrscht. Für die professionelle Mittelklasse bedeutete es eine Strafe, nach Indien, Pakistan oder Kenia versetzt zu werden, die Reichen bereicherten sich nach Kräften, die Arbeiterklasse ergötzte sich an der Größe des Imperiums, die Straffälligen bekamen Freifahrtscheine nach Australien. The greatest people in the world. Das war was. Das Empire ermöglichte den alltäglichen Großmachtrausch in der kalten Küche oder unter Tage. Die Devise der Herrschenden gegenüber den Kolonien lautete darum: Nicht nachgeben! Die unten bauten sich an denen oben, an der symbolischen Größe auf. Die Wahrheit war allzu deprimierend. Sozialisten und Intellektuelle wie William Morris oder George Bernard Shaw vermochten nichts auszurichten. Our glorious Queen Victoria: Kaiserin von Indien. Typhus in den Städten, Unterernährung auf dem Land, den Schwarzen wollte man es dennoch zeigen. Politik fand das Volk langweilig, Kolonialkriege hingegen spannend.

Soldaten des British Empire

Um die Jahrhundertwende verdichteten sich die schwarzen Wolken über Albion. Das Empire geriet unter Druck, die alte Königin dachte wehmütig an früher, ihr Premierminister ersehnte sich Ruhe, den Viktorianern wuchs ihre Gesellschaft über den Kopf. Das Ideologem von der natürlichen Ordnung der Gesellschaft blockierte einen Diskurs

über Interessen. Als 1914 der Krieg zwischen dem englischen Onkel und seinem deutschen Neffen unvermeidlich geworden war, konnte umstandslos an den Patriotismus der Massen appelliert werden. Weder die Mittel- noch die Oberklasse begriffen die soziale Dimension zunehmender Technisierung und Funktionalisierung, des Auseinanderfallens von Recht und Moral, Liebe und Lust, Kunst und Kunstgewerbe, Politik und Wirtschaft. Die Mittelklasse klagte routiniert über proletarische Nichtsnutze, alles wurde teurer. Der englische Ästhetizismus machte dissonante Begleitmusik. Oscar Wilde war ein Preis, den sich die Bourgeoisie sorglos leistete. Der Adel wahrte die Form und blieb bis auf weiteres in bewährter Manier im (Staats-)Geschäft.

Anmerkungen

1 Zit. nach Karl Heinz Wocker, Königin Victoria: Eine Biographie, Düsseldorf 1978, S. 480.
2 Ralph-Rainer Wuthenow, Muse, Maske, Meduse: Europäischer Ästhetizismus, Frankfurt am Main 1978, S. 149.
3 Oscar Wilde, A Woman Of No Importance, in: Complete Works, London and Glasgow 1970, S. 462.

Mechthild Leutner

»YIHETUAN – FÜR GERECHTIGKEIT UND FRIEDEN«

Boxeraufstand und Kolonialkrieg in China

Die »Erschließung«

»Wir Deutsche haben unseren ersten Kolonialkrieg geführt, wir haben ihn geführt nicht um des Christentums willen, nicht um der Kultur willen, sondern um unseres Handels und unserer Weltmachtstellung willen.«

Der Kriegsberichterstatter Rudolf Zabel benannte klar die Motive der militärischen Intervention in China im Jahre 1900.

Die »Erschließung« des an Bodenschätzen und Bevölkerung reichen Landes war in den Opiumkriegen (1840–42 und 1856–60) mit Waffengewalt erzwungen und eingeleitet worden. Englische und französische Kanonen sicherten die Profite der ausländischen Kaufleute und das Eindringen der Missionare ins Innere des Landes. In den für den Handel mit dem Ausland geöffneten Häfen nahmen sich die imperialistischen Mächte die Rechte der Exterritorialität und Konsulargerichtsbarkeit und der Überwachung der Seezölle und Finanzen des chinesischen Reiches. Selbst vom Bemühen reformorientierter und national gesinnter chinesischer Regierungsbeamten, die militärische Verteidigung zu modernisieren, profitierten die ausländischen Kapitalisten. China wurde zum bevorzugten Absatzgebiet deutscher Waffen und Industrieausrüstungen.

Nach der Niederlage Chinas im Krieg gegen Japan 1895 wurden die Einflußsphären der ausländischen Mächte weiter ausgebaut. Die Aufteilung des halbkolonialen Landes schien unmittelbar bevorzustehen.

Die Ermordung zweier deutscher Missionare bot im Jahre 1897 den auf Aggression drängenden Kreisen des Wilhelminischen Reiches willkommenen Anlaß, die Bucht von Jiaozhou (alte Schreibweise: Kiautschou) in Shandong (Schantung) zu besetzen und sich damit ein Stück des »chinesischen Kuchens« zu sichern. Das Pachtgebiet Jiao-

Bewaffnete Yihetuan

zhou als Kohlen- und Flottenstation der deutschen Marine in Ostasien mit dem »Hinterland« Shandong sollte Rohstofflieferant der deutschen Industrie und Absatzmarkt für deutsche Produkte werden und als »Eingangspforte« für den gesamtchinesischen Markt dienen.

Diese ganze halbkoloniale Herrlichkeit schien nun durch die aufständischen Boxer in Nordchina bedroht.

»Vernichtet die Ausländer«

Seit Mitte der neunziger Jahre hatten lokal begrenzte Unruhen und Ausschreitungen gegen Missionare und die mit ähnlichen Privilegien versehenen chinesischen Konvertiten, die vielfach als »Reischristen« bezeichnet wurden, landesweit zugenommen. Ein hoher Bevölkerungsanstieg bei nur geringer Ausdehnung der Anbaufläche, die Überschwemmung des Landes mit ausländischen Industrieprodukten und die Integration Chinas in den Weltmarkt hatten die Verelendung der bäuerlichen Bevölkerung vorangetrieben. Zerstörungen durch den Krieg mit Japan und als Folge des Krieges Steuererhöhungen verschärften die Krise insbesondere in den nordostchinesischen Provinzen. Die bereits in der zweiten Hälfte des 18. Jahrhunderts als Geheimbund gegründete Bewegung der »Boxer«, chinesisch »Yihequan« (»Fäuste für Gerechtigkeit und Frieden«), riefen 1898 zum Aufstand gegen das Herrscherhaus und gegen die Ausländer auf. Die Kaiser-Dynastie der Mandschu, welche China seit 1644 (und bis 1911) regierte, galt ihnen als Fremdherrschaft. Die Aufständischen fanden Zulauf vor allem in der ländlichen Bevölkerung zunächst in Shandong, wo sie, mit Schwertern, Spießen und Stöcken bewaffnet, Angriffe auf Missionsstationen und ausländische Unternehmen durchführten. Noch im gleichen Jahr suchte der Gouverneur von Shandong die Boxertruppen zu neutralisieren, indem er sie als Miliz anerkannte. Damit waren die jetzt in »Yihetuan« (»Milizen für Gerechtigkeit und Frieden«) umbenannten aufständischen Truppen zumindest in dieser Provinz keine Gefahr mehr für die Regierung.

Den auf Tianjin und Peking vorrückenden Boxertruppen schlossen sich Tausende verzweifelter Bauern an. Auf Mißernten, Überschwemmungen und eine Heuschreckenplage folgten im Frühjahr 1900 ungewöhnliche Trockenheit und erneut Ernteausfälle. In Weissagungen war das Jahr 1900 als Jahr der großen Katastrophen prophezeit worden. Verantwortlich dafür machten die Boxer die Fremden und die chinesischen Christen, die die Lehren der Weisen und Götter verhöhnt hatten, die die Grabstätten der Ahnen durch den Bau von Eisenbahnen zerstört und viele Fuhrleute arbeitslos gemacht hatten. *»Es ist der Wille des Himmels, daß zuerst die Telegraphendrähte durchschnitten, danach die Schienen zerstört und danach die fremden Teufel zu Tode gebracht werden müssen«*, lautete eine Proklamation der Boxertruppen. Die Rückwärtsgewandtheit ihrer Anschauungen tat den Intentionen und Zielen des Aufstandes keinen Abbruch: Es war eine nationalistische Reaktion von »Patrioten«, so urteilte der deutsche Sozialdemokrat August Bebel.

Die Belagerung der Gesandtschaften

Beim Vormarsch der Boxertruppen auf die Hauptstadt wurden Eisenbahnstationen und Kirchen zerstört, Ausländer und chinesische Christen vertrieben oder erschlagen. Den Forderungen der ausländischen Gesandten, gegen die Boxer vorzugehen, kam die Regierung aufgrund interner Meinungsverschiedenheiten um die Behandlung der Boxer nur teilweise nach. Doch erfüllte sie die ultimative Forderung der ausländischen Vertreter nach Verstärkung der Gesandtschaftswachen um weitere 450 Mann. Diese marschierten Ende Mai und Anfang Juni 1900 provokativ in Peking ein und demonstrierten militärische Überlegenheit. Der Provokation folgten verstärkte Angriffe der Boxertruppen auf die Bahnlinie Peking-Tianjin, die Zerstörung der ausländischen Rennbahn-Gebäude, der russischen Kirche und einer Missionsstation. Der Versuch der Gesandten, weitere zusätzliche ausländische Truppen – ohne Zustimmung der chinesischen Regierung – nach Peking zu beordern, schlug fehl. Der Vormarsch des mehr als 2000 Mann starken Korps, rekrutiert aus den vor Tianjin liegenden Kriegsschiffen Englands, Rußlands, Frankreichs, Italiens, der USA, Österreichs und des Deutschen Reiches, unter Admiral Seymour, wurde durch getrennt operierende Boxer- und Regierungstruppen gestoppt.

Am 13. Juni 1900 griffen die Boxer auch Missionsstationen innerhalb der Pekinger Stadtmauern an und ermordeten zahlreiche dorthin geflüchtete chinesische Christen und einige Missionare. Andere Ausländer und chinesische Christen brachten sich im Gesandtschaftsviertel in Sicherheit. Die ausländischen Truppen schlugen zurück. So ließ der deutsche Gesandte von Ketteler trainierende Boxer und Schaulustige von der Stadtmauer aus beschießen. Die aufgebrachte Menge zerstörte daraufhin alle Gebäude der Stadt, die zu Ausländern in irgendeinem Bezug standen.

Am 17. Juni 1900 erstürmten ausländische Streitkräfte die Forts vor Tianjin und erkämpften damit den freien Zugang zur Stadt. Diese militärische Aggression führte zur Kriegserklärung des chinesischen Auswärtigen Amtes an die ausländischen Mächte. Den Gesandten wurde ein Ultimatum zum Abzug gestellt, dem sie aber nicht in der geforderten Eile nachkommen konnten. Als sich von Ketteler in demonstrativer Überheblichkeit in einer offenen Sänfte zum Auswärtigen Amt tragen ließ, um eine Revision des chinesischen Ultimatums zu erwirken, wurde er von einem Offizier der Regierungstruppen erschossen. Nach Ablauf des Ultimatums begann die Beschießung und Belagerung des Gesandtschaftsviertels durch die Boxer- und Regierungstruppen, und die Verbindung zur Außenwelt wurde unterbrochen. 1000 Ausländer und 2700 chinesische Christen wurden fünfundfünfzig Tage lang belagert; die Schießereien waren von kurzen Waffenstillständen und dem Austausch von Noten unterbrochen.

Die »heldenhafte« Verteidigung der Gesandtschaften durch die erfindungsreichen Europäer und Amerikaner sind der Haupttenor zahlreicher Augenzeugenberichte über diese »55 Tage in Peking«.

Am 14. August besetzten die ausländischen Truppen die Stadt. Der Belagerungszustand wurde aufgehoben und die Stadt drei Tage lang zur Plünderung freigegeben. 66 Tote und 150 Verwundete hatten die Ausländer zu beklagen, die eingeschlossenen chinesischen Christen, die angesichts ihrer geringen Nahrungsvorräte halb verhungert waren, hatten ein Vielfaches an Verlusten.

Expeditionskorps

Die Geschehnisse in China gerieten als »chinesische Wirren« in die Schlagzeilen deutscher Zeitungen. Am 16. Juni 1900 meldeten die Nachrichtenagenturen die Besetzung des Gesandtschaftsviertels und die angebliche Ermordung aller Ausländer. Zwar erwies sich diese Meldung als falsch, doch das »Blutbad von Peking« – so die Schlagzeile der Vossischen Zeitung – diente dazu, die Stimmung gegen China zu schüren und den Krieg als notwendige Rache- und Bestrafungsaktion zu propagieren. Kaiser Wilhelm II. veranlaßte umgehend – unter Mißachtung der gesetzmäßig vorgeschriebenen Zustimmung des Reichstages – die Mobilisierung des I. und II. Seebataillons. Anfang Juli wurden etwa 2500 Mann nach China verschifft. Am 9. Juli erging ein weiterer Befehl des Kaisers zur Aufstellung eines aus Freiwilligen gebildeten Ostasiatischen Expeditionskorps. Anläßlich der Verabschiedung dieser Truppen in Bremerhaven

Deutsche Soldaten in China

hielt Wilhelm II. seine »Hunnenrede«, ein Zeugnis kulturellen Überlegenheitsdenkens:

»Kommt Ihr vor den Feind, so wird er geschlagen, Pardon wird nicht gegeben; Gefangene nicht gemacht. Wer Euch in die Hände fällt, sei in Eurer Hand. Wie vor tausend Jahren die Hunnen unter Ihrem König Etzel sich einen Namen gemacht, der sie noch jetzt in der Überlieferung gewaltig erscheinen läßt, so möge der Name Deutschland in China in einer solchen Weise bekannt werden, daß niemals wieder ein Chinese es wagt, etwa einen Deutschen auch nur scheel anzusehen.«

Die sozialdemokratische und die liberale Presse übten heftige Kritik an diesen Äußerungen, doch breite nationale und konservative Kreise teilten die Haltung des Kaisers. Das Vorgehen der deutschen wie auch der anderen ausländischen Truppen in China in den folgenden Monaten entsprach der Forderung des Kaisers nach »Rache« und »Vergeltung«.

Mit schließlich mehr als 20000 Mann stellte Deutschland den größten Anteil der ausländischen Streitkräfte, die die imperialistischen Mächte (neben Deutschland vor allem England, Frankreich, Japan, Rußland und die USA) zum Krieg gegen China mobilisierten. Graf Waldersee, der frühere Chef des kaiserlichen Generalstabes, wurde auf persönliche Intervention des Kaisers zum Oberkommandierenden aller ausländischen Streitkräfte ernannt; er übernahm am 17. September in Tianjin das Kommando über die Truppen. Zu diesem Zeitpunkt war die Belagerung der Pekinger Gesandtschaften längst aufgehoben, und die Friedensverhandlungen mit der chinesischen Regierung hatten begonnen. Hauptaufgabe der Truppen war es daher, den Forderungen der Mächte militärisch Nachdruck zu verleihen. Über die militärische Präsenz hinaus dienten dazu vor allem Strafexpeditionen gegen vemeintliche Boxer, Widerstand leistende Regierungstruppen und gegen die Bevölkerung. Mehr als fünfundsiebzig solcher Strafexpeditionen ordnete Waldersee an. Wie bereits bei der Einnahme Pekings, so wurde auch bei diesen Aktionen im Namen der europäischen Kultur und des Christentums gemordet und geplündert. In zahlreichen Erlebnisschilderungen von Teilnehmern des deutschen Ostasiatischen Expeditionskorps wurden gerade diese brutalen Übergriffe deutscher Truppen heroisiert. Diese Art Literatur prägte lange Zeit das Bild von China als einem »schmutzigen« Land und zeichnete Chinesen als Spottfiguren. So trug auch der Kolonialkrieg in Asien schon zur ideologischen Einstimmung auf den Weltkrieg bei.

Gefesselte Kämpfer des Yihetuan

Deutsche Soldaten prügeln Aufständische

»Man vergißt es, ob man einmal Mensch war«

Das Morden an der Zivilbevölkerung, die Folterungen und Hinrichtungen gefangener Aufständischer, die Plünderungen und Bereicherungen stießen nicht bei allen Kriegsteilnehmern auf Zustimmung. Eine Reihe junger Männer – ausgezogen voller Sendungsbewußtsein und nicht zuletzt Abenteuerlust – lehnte sich gegen die Brutalität des Krieges auf. In Briefen an Angehörige berichteten sie von den Greueltaten, zeigten tiefste Betroffenheit und Ablehnung. Sozialdemokratische und liberale Zeitungen machten diese als »Hunnenbriefe« bezeichneten Dokumente öffentlich. Im Brief eines Soldaten an seine Mutter heißt es:

»(...) denn so ein Gemorde und Geschlachte ist geradezu toll (...) alles wird erschossen oder, um die Patronen zu sparen, sogar erstochen. Am Sonntag Nachmittag (...) haben wir 74 Gefangene mit dem Bajonett erstechen müssen (...) Laß mich schließen in der Hoffnung, daß es nicht mehr solange dauert, denn sonst weiß man schließlich nicht mehr, oder vielmehr man vergißt es, ob man einmal Mensch war.«

Im November 1900 wurden die »Hunnenbriefe« zum Gegenstand heftiger Debatten im Reichstag. Es waren insbesondere die Sozialdemokraten mit August Bebel als Sprecher, die den Krieg verurteilten. »Nein, kein Kreuzzug ist's, kein heiliger Krieg; es ist ein ganz gewöhnlicher Eroberungskrieg und Rachezug, und weiter nichts«, rief Bebel am 19. November den Reichstagsabgeordneten zu. Hatten die Sozialdemokraten noch 1898 die Besetzung Jiaozhous als eine »natürliche Sache« bezeichnet, da sie die damit gegebenen Absatzmöglichkeiten für deutsche Waren begrüßten, stellten sie sich nun auf die Seite der chinesischen »Patrioten« und des chinesischen Volkes. Bebel warf den imperialistischen Mächten vor, »in unerhörter Weise das chinesische Volk in Peking provoziert (und) es auf das unerhörteste verbittert« zu haben. Die wirklichen Urheber der »Wirren« sah er in Europa und den Vereinigten Staaten.

Die Idee der Überlegenheit der europäischen Kultur und Zivilisation, der weißen Rasse überhaupt, wurde von Bebel angezweifelt. Eine solche kulturrelativistische Grundhaltung spürten auch seine Kritiker, und so warf der nationalliberale Abgeordnete Bassermann dem Abgeordneten Bebel vor, »vom Gedanken der Gleichstellung der Chinesen mit den Kulturnationen« beherrscht zu sein.

Die Ausraubung

Militärische Präsenz und Strafexpeditionen diktierten den Friedensvertrag, der am 7. September 1901 von den Vertretern der ausländischen Mächte und den Bevollmächtigten der chinesischen Regierung unterzeichnet wurde. Im sogenannten »Boxerprotokoll« wurde festgelegt, daß China im Laufe von 39 Jahren 1,4 Milliarden Mark Kriegsentschädigung zu zahlen hatte, an Deutschland allein 280 Millionen Mark. Zur wirtschaftlichen Ausbeutung kam die militärische Kontrolle und politische Demütigung unter anderem durch die befohlene Schleifung der Forts vor Tianjin, die Einrichtung eines exterritorialen Gesandtschaftsviertels in Peking mit 2000 Mann »Schutzwache« sowie weitere sogenannte »Schutzwachen« an strategisch wichtigen Punkten, die Bestrafung einiger »Hauptschuldiger« und die Entsendung einer Sühnemission an den deutschen Kaiserhof: Persönlich hatte ein kaiserlicher Prinz für die Ermordung des deutschen Gesandten Abbitte zu leisten.

Die Bedingungen des Boxerprotokolls schränkten Chinas Souveränität weiter ein: Die Ausraubung des Landes ging weiter.

Uwe Timm

PFLANZSTÄTTE DEUTSCHEN WESENS

Die deutschen Kolonien

Der Bremer Kaufmann August Lüderitz

»›Das also sind die berühmten Tropen‹, dachte Marianne am nächsten Morgen. (...) Wenn die weiß bedachten Faktoreien, die spärlich genug vertretenen Palmen und die schwarzen Menschen nicht gewesen wären, wegen des sandigen Strandes und des kaum dreiviertel Meter hohen Busches hätte man sich ebenso gut an der sommerlichen Nordsee, etwa auf einer der friesischen Inseln befinden können, wie im tropischen Westafrika.«

Die Rede ist von Togo. Dort spielt der 1910 erschienene Roman »Fetisch« von Richard Küas. Der Unterschied zwischen den friesischen Inseln und dem westafrikanischen Strand liegt, da die schwarzen Bewohner von der Heldin kaum wahrgenommen werden, allein in dem Licht, in dem sie das Land sieht. *»›Ja, das mag wohl die Sonne machen, die darauf liegt‹, meinte Pahlen.«*

Es ist eben jener Platz an der Sonne, von dem viele Deutsche in der Jahrhundertwende, aber auch später noch, träumten – von einem großen deutschen Kolonialreich.

Deutschland hatte sich, im Gegensatz zu Portugal, Spanien, Holland und England, erst spät Kolonien erobern können.

Erst die Reichsgründung 1871 schuf dafür die militärische Voraussetzung, und mit ihr wurde auch in der Bourgeoisie der Ruf nach überseeischen Besitzungen laut. Begründet wurde das mit der expandierenden Wirtschaft, die neue Märkte bräuchte, und zwar mit einem Absatzmonopol für die deutschen Waren. Zugleich müßten die Überseebesitzungen billige Rohstoffe liefern. Nebenbei erhoffte man sich durch den daraus resultierenden wirtschaftlichen Aufschwung eine Immunisierung der deutschen Arbeiter gegen revolutionäre Einflüsse.[1]

1882 wurde der Deutsche Kolonialverein gegründet mit dem Ziel, deutsche Kolonialunternehmungen zu fördern. Bismarck, der kolonialen Erwerbungen kritisch gegenüberstand, sollte gedrängt werden, wenigstens die letzten, noch »herrenlosen« Gebiete in Afrika und in der Südsee zu okkupieren.

In fast allen diesen Gebieten waren schon seit der Mitte des 19. Jahrhunderts deutsche Missionare und Kaufleute tätig geworden, wie in Kamerun, Togo, Südwestafrika und auf den Südseeinseln. Die koloniale Besitzergreifung im 19. Jahrhundert zeigt, im Pazifik wie in Afrika, das gleiche Muster. Missionare kommen ins Land und beginnen unter den Einheimischen mit ihrer Missionsarbeit. Überzeugt von ihrer evangelischen Sendung, wollen sie den Heiden das christliche Heil bringen und tragen wesentlich dazu bei, daß die kulturelle Eigenart dieser Ethnien zersetzt wird und bereiten so die spätere Kolonisierung vor.

Kaufleute kommen ins Land und errichten ihre Faktoreien. Sie tauschen Produkte der Sammelwirtschaft gegen europäische Waren, vor allem gegen Gewehre und Branntwein. Wobei der Branntwein nachgerade einen idealen Tauschwert hat, denn sein Gebrauchswert verfliegt mit dem Rausch. Der Nachdurst muß abermals mit Branntwein gelöscht werden, der wieder gegen Elfenbein, Schildpatt oder Straußenfedern getauscht wird, und die sich einstellende Sucht garantiert andauernd Tauschwillige.

Der Hamburger Kaufmann und Reeder Adolf Woermann hatte früh die Bedeutung des Branntweins im Handel mit den »Primitiven« erkannt. Es war der Branntwein, der die in sich ruhenden wirtschaftlichen Verhältnisse der Eingeborenen zum Tanzen brachte. Das Hamburger Handelshaus C. Woermann wurde denn auch im 19. Jahrhundert zum größten Handelsunternehmen an der afrikanischen Westküste.

Gegen Branntwein und irgendwelchen Tand wurde den

Völkern auch ihr Land abgekauft, wobei die meisten Häuptlinge und Könige nicht wußten, daß sie mit ihren drei Kreuzen auch ihre eigene Abdankung unterzeichneten. Oder sie wurden, wie von dem ehrbaren Bremer Kaufmann Lüderitz, kräftig übers Ohr gehauen. Lüderitz schloß mit dem Kapitän der Namas von Bethanien einen Vertrag über den Verkauf eines Küstenstreifens vom Oranjefluß bis zum 26. Breitengrad. Dabei ließ er die Namas in dem Glauben, dem Vertrag läge die ihnen bekannte englische Meile zugrunde, tatsächlich aber hatte er – mit Beglaubigung eines Missionars – die geographische Meile festgeschrieben. Die Namas hatten damit ein Gebiet verkauft, das fünfmal so groß war, wie sie geglaubt hatten.

Diese privaten Landkäufe in Südwestafrika wurden schließlich 1884 von Bismarck mit sogenannten Schutzbriefen unter den völkerrechtlichen Schutz des deutschen Reichs gestellt. Kurz darauf folgten die Gebiete Togo, Kamerun, Neuguinea, Ostafrika, verschiedene Südseeinseln, etwas später Kiautschou und Samoa.

Diese Gebiete wurden dann auch nicht Kolonie sondern Schutzgebiete genannt, ein Euphemismus in Anbetracht der Tatsache, daß die Einwohner dieser Gebiete immer wieder von deutschen Marine- und später Schutztruppensoldaten mit dem Bajonett von ihrer Schutzbedürftigkeit überzeugt werden mußten.

Nach der »völkerrechtlichen Inanspruchnahme« der letzten noch »herrenlosen« Gebiete begann das, was mit einem anderen Euphemismus die Erforschung des Landes genannt wurde.

Der ehemalige Gouverneur von Deutsch-Ostafrika, Heinrich Schnee, beschreibt in seinem Buch »Die Deutschen Kolonien« den »Erwerb« von Togo: »In den ersten Jahrzehnten nach der Flaggenhissung gingen militärische Besetzung und wissenschaftliche Forschung Hand in Hand.«

Im Gefolge der Militärs, der »Schutztruppe«, die sich aus eingeborenen Soldaten unter der Führung deutscher Offiziere und Unteroffiziere zusammensetzte, kamen Händler, Prospektoren und Landagenten.

Bei dieser Landnahme wurden die sogenannten Eingeborenen selbstverständlich nicht gefragt, denn das waren die Wilden, die Primitiven, die Unzivilisierten, die »inferiore Rasse« wie der Kolonialtheoretiker Professor Hans Meyer in dem von ihm 1909 herausgegebenen Standardwerk: »Das deutsche Kolonialreich« schrieb. Den »Erwerb« der Kolonien durch das Deutsche Reich begründet er so: *»Wir haben aber weder darum allein die Kolonien erworben, um kaufmännische Geschäfte dort zu machen, noch allein deswegen, weil wir, wie England immer von seiner Kolonialpolitik emphatisch verkündet, die heidnischen Schwarzen um der Menschlichkeit willen christianisieren und zivilisieren wollen, sondern weil uns die Kolonien ein Stück überseeisches Deutschland werden sollen, Pflanzstätte deutschen Wesens, Kraftquellen für die Heimat, Stützpunkte deutscher Macht, Siedlungszweig des deutschen Stammes. Und dazu gehört auch die Mitarbeit des Negers im Dienst unsrer nationalen Zwecke.«* [2]

Es ist eben dieser Aspekt, die Kolonien müßten »Pflanzstätte deutschen Wesens« sein, der dem deutschen Kolonialismus gegenüber dem anderer europäischer Staaten seine besondere Prägung gab. Am deutschen Wesen sollte ja die Welt genesen. Zugleich wurde aber auch programmatisch Siedlungsraum reklamiert, und da es Raum ohne eingesessene Bevölkerung nicht gab, stellte sich die Frage, wo man mit den Ansässigen, den Eingeborenen bleiben sollte. Einerseits brauchte man dort, wo Plantagenwirtschaft getrieben wurde, die afrikanischen Arbeiter, andererseits mußte man, wo Deutsche angesiedelt werden sollten, die dort ansässigen Afrikaner vertreiben oder aber – umbringen.

Der deutsche Kolonialismus hat von allen drei Möglichkeiten Gebrauch gemacht, von Zwangsarbeit, Umsiedlung und Mord, wobei es auch unter den Kolonisatoren zu widersprüchlichen Einschätzungen und Handlungsweisen kam.

In der ersten, extensiven Phase, die man auch die Branntwein- oder Glasperlen-Phase nennen könnte, wurden die Gebiete und die Bevölkerung einfach durch ungleichwertigen Tausch ausgeplündert.

In einer zweiten Phase, etwa seit 1906, begann dann eine intensive wirtschaftliche Ausbeutung der Kolonien. 1906 wurde Bernhard Dernburg, ein Bankdirektor, in die Kolonialabteilung des Auswärtigen Amts berufen, 1907 wurde er Staatssekretär des neugeschaffenen Reichskolonialamtes. Mit Dernburg, der Mitglied in achtunddreißig Aufsichtsräten war, begann eine neue Ära in der deutschen Kolonialgeschichte. Eisenbahnen wurden gebaut und Straßen, die Banken investierten in koloniale Firmen beziehungsweise erwarben die Aktien der großen Kolonial-Gesellschaften. Plantagen wurden angelegt und Minen erschlossen. Dafür brauchte man Arbeiter. In Afrika gab es aber, zum Kummer der Kolonialgesellschaftler, keine disziplinierte Arbeiterklasse. So kann man denn auch schon bald über das ganze Brimborium der selbstgewählten kulturellen Aufgabe, die Afrikaner zu zivilisieren, zum harten ökonomischen Kern. Es begann eine Diskussion, wie man den Afrikaner zur Arbeit erziehen könne. Hans Meyer schreibt in dem schon oben erwähnten Werk: *»Die Grenze (der »brauchbaren Arbeiter«, U.T.) ist durch die Bedürfnislosigkeit des männlichen Negers und durch seine starke Abneigung gegen jede anhaltende energische Arbeit gezogen. Fremde farbige Arbeiter einzuführen, hat viele Übel im Gefolge, und im Grunde kommt es uns doch gerade auf die Ausnutzung der großen natürlichen Arbeitskräfte unserer eigenen Schutzgebiete an. Daher bedarf es auch in der Plantagenwirtschaft wie in den Volkskulturen eines gewissen Drucks auf die Eingeborenen, um durch ihre Mitarbeit die Kolonien weiter zu entwickeln. Am wirksamsten und zugleich auch am wenigsten fühlbar wird immer der indirekte Zwang sein, der durch die Konkurrenz einer starken Bevölkerungszunahme ausgeübt wird. Eine Land- und Bevölkerungspolitik, die auf Einschränkung der durch die jetzige Wirtschaftsmethode der Eingeborenen ungeheuer ausgedehnten Landnutzung, auf Begrenzung der Freizügigkeit (z.B. durch Paßvorschriften) und auf Vermehrung der Menschen abzielt (durch Bekämpfung der Seuchen, der Vielweiberei, der weitverbreiteten Abtreibung und enormen Kindersterblichkeit), erreicht den Zweck am natürlichsten. Wenn Wettstreit um die Lebensmittel geführt werden muß, kann der männliche Neger nicht mehr neun Zehntel seines Lebens im Nichtstun verbummeln. Aber dieses Verfahren des Konkurrenzzwanges dauert Jahrzehnte, bis es merkbare Resultate zeitigt. So lange kann unsere Plantagenwirtschaft nicht warten; sie bedarf noch anderer Mittel.«*

Es war ganz selbstverständlich, daß dieses andere Mittel die körperliche Züchtigung war, Prügelstraße und Kettenhaft. (Und nur in Klammern sei angemerkt, daß selbst die sogenannten »humanen« Errungenschaften des deutschen Kolonialismus, auf die man sich heute noch gern etwas zugute hält, der Bau von Krankenhäusern, die Bekämpfung von Seuchen, durchaus auch in einem anderen Licht gesehen werden können: als eine aus einem ökonomischen Kalkül geplante Überpopulation, mit dem daraus resultierenden Hunger als Stimulanz zur Arbeit.)

Geprügelt wurde damals in allen afrikanischen Kolonien, in den englischen, französischen, belgischen und portugiesischen, in den deutschen wurde aber darüber auch noch Buch geführt.

Deutsche Kolonialbeamte führten einen umfangreichen Aktenkrieg über die Prügelmethoden. Sollte man mit dem Tauende prügeln, bei dem zuweilen auch die Nieren des Delinquenten zerschlagen wurden, der damit für immer oder für längere Zeit als Arbeiter ausfiel? Oder war die Nilpferdpeitsche als Züchtigungsinstrument geeigneter?

»Es ist fast unvermeidlich, daß von den Hieben der Flußpferdpeitsche Löcher in die Haut gerissen werden und gerade an der Stelle, die dem Menschen und besonders dem Auge des Verletzten am schwersten zugänglich ist. Eine Wundpflege ist daher für den Geprügelten selber recht schwer, die Wunden sind schwer reinzuhalten, der Verletzte bedarf seines Gesäßes zum Sitzen, die Wunde wird schmutzig, eitert und der Gezüchtigte bleibt wochenlang arbeitsunfähig. Wie so anders die Züchtigung mit dem Tauende. Der Missetäter fürchtet sie sicher ebenso wie die mit dem Kiboko. Aber die Folgen sind bei weitem nicht so schwer, sie sind milder, menschlicher und doch von pädagogisch nachhaltiger Wirkung. Der Schmerz ist heftig, brennt heiß und juckend, aber die Haut wird nur selten verletzt. Das Tauende scheint mir das Ideal eines Züchtigungsmittels für Disziplinarvergehen, für Entlaufen oder Drücken vor der Arbeit, Beharren im Ungehorsam, gröbliche Verletzung des Pflichtverhältnisses und dergl. – gez. v. Doering, Bezirksamtmann von Atakpame in Togo.«

Staunend registrierten die Kolonisatoren, daß die solchermaßen in Zucht Genommenen immer wieder aufmuckten. Einzelne, aber auch ganze Sippen und Stämme, schließlich auch Völker revoltierten.

Die Geschichte des deutschen Kolonialismus ist auch die Geschichte seiner Aufstände. Keine Kolonie, in der es nicht zu Revolten gekommen wäre. Die letzte größere in Ostafrika, der Maji-Maji-Aufstand, wurde von der deutschen Schutztruppe 1907 niedergeschlagen. Man schätzt, daß damals 100000 Afrikaner ihr Leben verloren haben.

In Süd-Westafrika kam es, nach zahlreichen kleineren, zu zwei größeren Aufständen. Sie waren anders als in Ostafrika und Kamerun, wo die Plantagenwirtschaft vorherrschte, also Arbeiter gebraucht wurden, die Folgen einer beginnenden Siedlungspolitik, von der sich die Hereros und Namas bedroht fühlten. Zu Recht, wie sich im Verlauf und vor allem nach der Niederschlagung der Aufstände zeigen sollte. Denn die sogenannte Niederschlagung des Hereroaufstands war der Versuch eines Völkermords.

Die Hereros bewohnten ein Gebiet in Südwestafrika, das sich klimatisch für eine dauerhafte Besiedlung durch Deutsche eignete. So hatten sich seit der Besitzergreifung dieses Gebietes immer mehr Farmer dort niedergelassen, und unter den Siedlern wurde ein Plan diskutiert, die Hereros in ein Reservat einzuweisen.

Am 14. Januar begann, für die deutschen Kolonisatoren völlig überraschend, der Aufstand der Hereros. Es gelang diesen, alle Ortschaften und Militärstationen im Norden der Kolonie einzuschließen. Der deutsche Generalstab schickte Truppenverstärkung. Die Mittel für diese Truppenverstärkungen wurden am 19.1.1904 im Reichstag bewilligt, unter anderem auch, weil die SPD-Abgeordneten, die sonst immer gegen die Kolonialpolitik der Reichsregierung gestimmt hatten, sich der Stimme enthielten. Eine Vorahnung auf die von der SPD bewilligten Kriegsanleihen im Jahre 1914.

Eingeborene in Ketten (um 1900)

Die Truppen wurden nach Südwest-Afrika eingeschifft, die belagerten Orte entsetzt, ein Rachefeldzug beginnt.

Die Hereros werden am 11.8.1904 in der Schlacht am Waterberg geschlagen. Die überlebenden Hereros, hauptsächlich Frauen und Kinder, fliehen in die Wüste Omaheke. Der Kommandeur der deutschen Truppen, Generalleutnant von Trotha, gibt den Befehl, jene Hereros, die, vom Durst getrieben, aus der Wüste zurückkehren wollen, um sich zu ergeben, zurückzutreiben oder zu erschießen: *»Innerhalb der deutschen Grenzen wird jeder Herero mit oder ohne Gewehr, mit oder ohne Vieh erschossen. Ich nehme keine Weiber und Kinder mehr auf, treibe sie zu ihrem Volk zurück oder lasse auf sie schießen.«*

Und der Chef des Generalstabs, Generaloberst Graf Schlieffen, schrieb an die Kolonialabteilung: *»Daß er (General Trotha, U.T.) die ganze Nation (der Hereros) vernichten oder aus dem Land treiben will, darin kann man ihm beistimmen. Ein Zusammenleben der Schwarzen mit den Weißen wird nach dem, was vorgegangen ist, sehr schwierig sein, wenn nicht erstere dauernd in einem Zustand der Zwangsarbeit, also einer Art Sklaverei erhalten werden. Der entbrannte Rassenkampf ist nur durch die Vernichtung einer Partei abzuschließen.«*

Das ist – obwohl es den Begriff zu dieser Zeit noch nicht gab – die Endlösung der Hererofrage.

Von 80000 Hereros wurden 65000 erschossen, gehenkt, sie verhungerten und verdursteten. Die Überlebenden wurden, wenn sie sich nicht auf britisches Gebiet retten konnten, in Ketten gelegt, kamen in Konzentrationslager und mußten Zwangsarbeit verrichten.

Der totale Völkermord konnte verhindert werden, weil die Öffentlichkeit in Deutschland mobilisiert wurde durch die SPD, aber auch durch die Missionskirchen.

Wie kam es bei den Kolonisatoren zu dieser ungehemmten Bereitwilligkeit, den Kolonisierten zu töten? Einmal weil seine Herrschaft durch die Geknechteten immer bedroht war, ja, allein durch deren Existenz in Frage gestellt wurde. Zum anderen tötete er vielleicht mit dieser kulturellen Genugtuung, weil er in sich selbst etwas Ungelebtes ganz abtöten mußte, eine andere Art zu leben, eine fremde Welt. Diese fremde Welt war ja auch zugleich Fluchtpunkt für all seine Sehnsüchte, Wünsche und Träume, die in der Enge der eigenen Gesellschaft keine Erfüllung fanden.

Die ferne, exotische Welt wird in einer seit 1884 neu entstehenden, literarischen Form, dem Kolonial-Roman, dargestellt. Schwülstig schwüle Schilderungen tropischer Nächte, faule, gutmütige Neger, die aber stets unberechenbar bleiben und ganz plötzlich zur tückischen Grausamkeit neigen, laszive schwarze Frauen, nackt (nur die Brust von schwarzen Frauen durfte im sonst so prüden Wilhelmismus nackt zur Schau gestellt werden), mit geschmeidigen Bewegungen, der weiße Mann, ein Deutscher, der trotz all der sinnlichen Lockungen, trotz Malaria und fauliger Hitze seinen Weg durch die Wildnis geht, das sind die trivialen

Tropen in den Romanen, deren Titel schon ihr Programm vertraten, wie »Fetisch« oder »Gift des Vergessens«.

Eine Analyse dieser umfangreichen Kolonialliteratur würde sicherlich interessante Aufschlüsse geben über die damalige Vorstellung der Deutschen von sich selbst und von den fremden Völkern, die sich wahrscheinlich in den Jahren, als Deutschland Kolonialmacht wurde, geändert haben, und damit änderte sich auch die Vorstellung vom Exoten, der »deutscher Untertan« geworden war.

Den Exoten kannte man zuvor nur aus vereinzelten Reisebeschreibungen, aus den Kuriositätenkabinetten des Jahrmarktes, später dann auch aus den sogenannten Völkerschauen, wie Hagenbeck sie veranstaltet hatte nach dem Motto: Wilde Menschen, wilde Tiere.

Die Völkerschauen, die sehr populär waren, brachten als Anschauungsobjekt den Exoten mitsamt seiner »Lebensweise« nach Deutschland. Die Ethnologen Margitta Ogundare und Graham Norris, die darüber gearbeitet haben, zitieren einen Bericht über eine Völkerschau, die 1896 anläßlich einer Kolonial-Ausstellung gezeigt wurde: *»Blickt man über den Wasserspiegel des Karpfenteichs, so sieht man links die Thürme und Häuser des alten Berlins aufragen, während rechts einige seltsame Hütten an den Teich herangebaut worden sind, aus Birken und Palmenblättern hergestellt, an ihren grell bemalten Giebeln mit Hörnern und verbleichten Thier- und Menschenschädeln ›verziert‹: vor ihnen, nahe einem scheusslichen Götzenbilde, tummeln sich dunkle halbentblösste Gestalten umher, die jetzt eines der roh gezimmerten, langen, scheinbar schwerfälligen Boote besteigen und mit ihm pfeilschnell die Wogen durchschneiden. Landsleute sind's von uns, die fremdartigen Gesellen mit ihrem dichten, fetteingeriebenen Haar, ihren Tätowierungen an Gesicht und Brust, ihren musculösen Körperbau, Leute aus Neu-Guinea…«*[3]

Da ist also mitten in Berlin die Exotik, und der Berichterstatter kann sich sogar den Kalauer erlauben, diese Menschen, die, wie die Deutschen, Untertanen des Kaisers sind, als Landsleute zu apostrophieren, wissend, daß Welten dazwischen liegen, zwischen den Hütten mit ihren Palmenblattdächern und den Türmen und Häusern der Stadt Berlin. Und auch die damaligen Ethnologen holten sich ihre Eindrücke von den fremden Völkern bei einen nachmittäglichen Spaziergang in den Zoo.[4]

Hagenbeck muß übrigens eine Zeitlang den Plan verfolgt haben, in seinem Tierpark Menschen zusammen mit Tieren auszustellen. Es ist durchaus nicht verwunderlich, daß die sich von Jahr zu Jahr verstärkende Gruppe derer, die in die Kolonien reisten, die Afrikaner und Polynesier mit den Augen der Völkerschaubesucher sahen, man reiste in die Fremde und war doch zu Hause. Die Berichte der Reisenden, die Romane, die Tagebücher und Briefe all der Beamten, Siedler, Schutztruppensoldaten lesen sich denn meist auch so, als reisten ihre Verfasser durch einen gigantischen Zoo mit Völkerschauen. Man sah immer nur das Exotische, das wie im Kuriositätenkabinett belächelt oder bestaunt wurde, die Ohrpflöcke, Lendenschurze, Haartrachten, und zum anderen stieß man immer wieder auf das ganz und gar Vertraute, man benutzte ja deutsche Eisenbahnen, trank deutsches Bier, aß im Restaurant in Dar-Es-Saalam schwäbische Maultaschen, traf Bekleidungsamts-Assistenten, Obermaschinisten, Zahlmeister-Aspiranten, Ober-Lokomotivführer und Unterveterinäre. Nur daß hier auch der letzte Dienstbote von zu Hause, noch allein Kraft seiner weißen Hautfarbe, plötzlich zum Herrn, nämlich über alle Schwarzen, wurde.

Der Neger war drollig und gefährlich zugleich. Dem Bild vom Wilden entsprechend, strickten zu Hause die Frauen

vom Frauenbund der deutschen Kolonialgesellschaft Pudelmützen für die kleinen Neger und sammelten zugleich Geld für die Invaliden der Schutztruppe, die in den Kämpfen gegen die »aufständischen braunen und schwarzen Unmenschen« verwundet worden waren.

Vom Platz an der Sonne träumte man zu Hause am kolonialen Stammtisch und beim Lesen der neuesten Kolonialwerte. Die Werte stiegen, so beispielsweise der Kurs der Westafrikanischen Pflanzungs-Gesellschaft Victoria, der Plantagengesellschaft in den deutschen Kolonien, von 75% im Jahre 1907 auf 450% im Jahre 1914. Und am kolonialen Stammtisch wurden, wie man der Zeitschrift »Kolonie und Heimat« entnehmen kann, solche Witze erzählt: *»Worin besteht der Unterschied zwischen afrikanischen Kriegern und deutschen Kunstmalern? In Afrika bemalen sich die Krieger, in Deutschland bekriegen sich die Maler.«*

Während sich am Stillen Ozean das Deutsche Wesen in Kegelabenden, Schlachtfesten, Weihnachtsfeiern und Ostereiersuchen breit machte, drang die domestizierte tropische Wildnis in die bürgerlichen Salons und Boudoirs vor. Antilopenhörner als Kleiderständer, Zebrafelle als Bettvorleger, Elefantenfüße als Hocker, Elefantenzähne als Spiegelrahmen, Straußenfedern, Schildpattkämme, Scheitelaffencapes,

Krokohandtaschen. Aus dieser fernen Welt kamen so köstliche, den Bourgeois stimulierende Genußmittel wie Kaffee, Kakao, Tee und Rohrzucker. Diese Länder hätten, wären da nicht noch die Wilden gewesen, das Paradies sein können.

Es war der heimische Traum von einem anderen, erfüllteren Leben, das eben nicht in Pflicht, Arbeit und Disziplin aufging, der Traum von einer Fremde, in der alles anders war und die doch etwas Anheimelndes hatte, eben wie jenes tropisch-friesische Togo.

Das wurde, gleich nach Ausbruch des Ersten Weltkriegs, 1914, also nach dreißigjähriger deutscher Herrschaft, von britischen und französischen Truppen besetzt und nach dem Friedensvertrag von Versailles 1919 als Mandatsgebiet unter England und Frankreich aufgeteilt, wie all die anderen deutschen Kolonien, wobei Südwestafrika als Mandatsgebiet an Südafrika fiel.

Der deutsche Traum vom Platz an der Sonne war damit zwar noch nicht ausgeträumt, aber der Platz war nun endgültig von anderen besetzt.

Aus der Zeit der deutschen Kolonien sind ein paar Denkmäler geblieben, hier und da, meist auf Dörfern, sieht man noch Kolonialwarenhändler, manchmal Straßennamen, wie in München die Von-Trotha-Straße oder der Askaripfad, geblieben sind auch noch ein paar deutsche Namen auf der Weltkarte, der Caprivizipfel, der Bismarckarchipel, die Lüderitzbucht, geblieben ist vor allem Namibia, das ehemalige Deutsch-Südwestafrika, seit 1919 unter der Herrschaft Südafrika, bis heute eine Kolonie, und geblieben ist schließlich bei uns ein Alltagsbewußtsein, das noch immer den Reichtum in unserem Land ganz selbstverständlich als den eigenen betrachtet, der tatsächlich aber jenen Völkern geschuldet ist, die damals wie heute ausgeplündert werden und für unsere Fettlebe hungern.

Anmerkungen

1 Vgl. »Drang nach Afrika«, hg. von Helmuth Stoecker, Berlin 1977, S. 15.
2 »Das Deutsche Kolonialreich«, hg. von Hans Meyer, Leipzig 1909.
3 Margitta Ogundare / Graham Norris in: päd. extra, Heft 9, 1987, S. 4ff.
4 Stefan Goldmann in »Wir und die Wilden«, hg. von Thomas Theye, Hamburg 1985.

Samoarinnen im Tierpark Hagenbeck in Hamburg

Bernd Greiner

DER STURM AUF DIE FREIHEITSSTATUE

Die USA um die Jahrhundertwende

Ankunft von Einwanderern in New York, 1905

1887 ist ein symbolträchtiges Jahr. Edward Bellamy, Pfarrersohn aus Massachusetts, veröffentlicht den utopischen Roman »Looking Backward 2000–1887«. Das Publikum ist von diesem Rückblick aus dem Jahr 2000 fasziniert. Die Vision eines genossenschaftlichen Idealstaates erhitzt die Gemüter, halb Amerika diskutiert über die klassenlose Gesellschaft, in der Privateigentum und Ausbeutung abgeschafft sind und deren Staat das größte Glück der größten Zahl organisiert. Amerika hat wieder eine Zukunft – jenseits der Streiks, der Wirtschaftskrise, der wilden Spekulation und des Wuchers.

Bellamys Utopie erobert den Markt, als ein amerikanischer Traum Konkurs anmeldet: der Traum von der unbegrenzten Expansion. Im gleichen Jahr 1887 rufen die Eigner der großen Eisenbahngesellschaften den bürgerlichen Staat um Hilfe an. Sie haben sich übernommen, sind schneller gewachsen, als der Markt verkraften kann, haben Strecken angelegt, die niemand befahren will, graben sich in einem mörderischen Preiskampf gegenseitig die Profite ab. Jetzt soll eine »Interstate Commerce Commission« die Weichen im Konkurrenzkampf stellen. Den Lokomotiven der industriellen Revolution in Amerika geht der Dampf aus. Sie sind Opfer ihres extremen Wachstums geworden.

Jetzt beginnt die politische Karriere der Eisenbahngesellschaften und anderer führender Industrieunternehmen. Sie legen Baupläne für eine neue Wirtschafts- und Gesellschaftspolitik vor. Ihr Credo: »Wir schaffen das neue Amerika«, den kapitalistischen Idealstaat des 20. Jahrhunderts. Die Unternehmer gehen mit missionarischem Eifer daran, ihre Utopie zu realisieren. Sie forcieren die »Reform von oben«.

Eine der vordringlichsten Aufgaben besteht darin, die anarchische Akkumulation des Kapitals zu regulieren. Diese Anarchie wird nämlich immer bedrohlicher: extremes Wachstum und unkontrollierte Dezentralisierung sind die Hauptprobleme. In dieser Zeit durchlebt die amerikanische Wirtschaft eine historisch beispiellose Expansion. Selbst auf dem Höhepunkt des Konzentrations- und Monopolisierungsprozesses steigt die Zahl der Industrieunternehmen noch einmal um 29%. Die Marktanteile der Branchenführer (zum Beispiel der Standard Oil, International Harvester, United Steel, AT&T) gehen sogar zurück. Von nationaler Integration der Wirtschaft kann keine Rede sein. Der Wirtschaftsatlas des Landes gleicht einem Flickenteppich. Ständig »wandern« die Wirtschaftszentren, entstehen neue lokale oder regionale Gruppierungen. Die großen Unternehmen stehen dieser Entwicklung zunächst macht- und ratlos gegenüber. Sie können den Prozeß nicht mehr steuern, weil elementare Voraussetzungen fehlen. Die größten Banken an der New Yorker Wallstreet verfügen nur über 18% der nationalen Bankresourcen. Ganze Industriezweige entstehen oder gehen unter, ohne mit dem Herren aller Bankiers, J. P. Morgan in New York, jemals in Verbindung gestanden zu haben. Bundesstaatlich lizenzierte Banken erledigen die Geschäfte. Kein Wunder also, daß Morgans Partner, Henry D. Davison, mit dem Klagelied zitiert wird: »Ich hätte lieber Regulierung und Kontrolle als freie Konkurrenz.«

Bald beschäftigen sich die Aufsichtsräte und Vorstände im ganzen Land nur noch mit einem Thema: »Nationale Regulierung«. Modernes Wirtschaften heißt politisches Wirtschaften. Wo private Absprachen nicht weiterhelfen, ist der Staat gefordet, die Auswüchse von Expansion, Konkurrenz und Dezentralisierung zurückzuschneiden. Nach dem Vorbild der »Regulierung der Eisenbahnen« geht man jetzt daran, auch in anderen Branchen den Konkurrenzkampf politisch zu bändigen. Der weitblickende J. P. Morgan erkennt, daß eine solche Beruhigung und Stabilisierung

Auspeitschung eines Schwarzen

des Wirtschaftslebens die notwendige Voraussetzung ist, um den Kampf um den Weltmarkt aufnehmen zu können. Nicht zuletzt deshalb honoriert er die politische Hilfestellung aus Washington großzügig und leiht im Jahr 1895 dem Schatzamt der Regierung 65 Millionen Dollar – in Gold, versteht sich. Die Grundlagen der modernen politischen Ökonomie sind jetzt auch in den USA gelegt. So gesehen, kann man den Kapitelüberschriften in den Geschichtsbüchern sogar etwas abgewinnen: dort ist nämlich ständig von der »progressive period« die Rede.

Die große Reform der Ökonomie hat natürlich ihren politischen Preis. Soll sie Bestand haben, so ist dafür eine Utopie abzugeben – die Utopie »that all men are created equal«, die Utopie, daß diese von Geburt aus »gleichen Menschen« das Recht haben, in freier Entscheidung jederzeit ihre Regierung zu stürzen und sich eine neue gesellschaftliche Verfassung zu geben. Die USA hatten zu Beginn des 19. Jahrhunderts bekanntlich als erste die Massendemokratie eingeführt. Diese ist knapp hundert Jahre später nicht mehr zeitgemäß. Es wird so lange reformiert, bis aus einem leidlich demokratischen System eine Oligarchie geworden ist. Die Freiheitsstatue muß fallen, damit die ökonomische Modernisierung in Ruhe und jenseits des »plebejischen Drucks« voranschreiten kann. Hinter dem Rücken der Betroffenen vollzieht sich eine grundlegende Umverteilung politischer Macht – zugunsten einer Elite, die auch hier im Gewand der »progessiven Reform« auftritt.

Die »Progressiven« setzen zunächst eine Wahl- und Parteienreform in Gang. Fortan kann nicht mehr jeder umstandslos zur Wahl gehen. Man muß sich vorher über zahlreiche bürokratische Hürden quälen und Name, Stand, Wohnsitz und politische Neigung in Wählerlisten eintragen. Je nach Bedarf wird diese Registrierung so weit manipuliert, daß am Ende der schwarzen Bevölkerung das Wahlrecht wieder einmal entzogen ist. Bereits in der Präsidentschaftswahl des Jahres 1896 zeigt sich bislang Unbekanntes. Aus den Reihen der Arbeiterklasse gehen wesentlich weniger Bürger zur Urne als aus den Mittel- und Oberschichten. 1920 wird sich die allgemeine Wahlbeteiligung (die 1880 noch bei 70% gelegen hatte) auf 33% eingependelt und den Durchschnittswert der Moderne erreicht haben.

Diese rückläufige Beteiligung am politischen Geschehen ist auch darauf zurückzuführen, daß den Parteien Schritt für Schritt die Kontrolle über den politischen Prozeß entzogen wird. Beispielsweise können Präsidentschaftskandidaten nicht mehr von den Mitgliedern in den Parteiorganisationen gekürt werden. Fortan entscheiden »Vorwahlen«, in denen Mitglieder einer Partei und deren Sympathisanten gleiches Stimmrecht haben. Die Parteien sind entmündigt und werden in der Folge von ihren Bürgern entsprechend behandelt. Niemand interessiert sich mehr für ihre Arbeit, keiner erkennt in ihnen ein Instrument zur Formulierung oder gar Durchsetzung politischer Interessen. Aus Parteien sind Vereine geworden. In der Vereinskasse klingelt es nur, wenn die

Baumwollernte

Geldgeber die jeweiligen Kandidaten für den Senat oder das Weiße Haus für »würdig« befinden.

Der politischen Willensbildung und Artikulation des »gemeinen Volkes« werden rechtzeitig Grenzen gesetzt. Die Regulierung erstickt die hoffnungsvollen Ansätze zum Aufbau einer klassenbewußten Arbeiterpartei. Wer von den Arbeitern überhaupt noch seine Stimme abgibt, wählt nicht »links«, sondern das vermeintlich »kleinere Übel« im bürgerlichen Lager. Es kommt nämlich nur auf den Sieger an, Stimmen für die Verlierer landen im Reißwolf. Diese Entmachtung der Öffentlichkeit ist wahrscheinlich die größte historische Leistung der »progessiven Erneuerer«. Die amerikanische Bourgeoisie entwaffnet ihren Gegner, bevor dieser die Arena betreten hat. Die Freiheitsstatue wird gestürmt, bevor andere zum Sturm auf das Kapitol blasen können. In dieser Hinsicht wird Amerika lange vor seinen ökonomischen Konkurrenten in Europa »modern«.

Um die Jahrhundertwende wird auch der Beweis erbracht, daß das System funktioniert. Ohne eine einflußreiche Arbeiterpartei im Rücken, ist die Gewerkschaftsbewegung der Modernisierungsoffensive des Kapitals ausgeliefert. Die Abwehrkämpfe gegen die Mechanisierung und gegen die sozialen Folgen technologischer Innovation steigen zwar sprunghaft an, werden aber von Jahr zu Jahr verlustreicher. 1898–1901 registriert die nationale Streiktabelle 54,4% von 7556 Streiks als »gewonnen« und lediglich 30% als »verloren«; 1902–1905 können sich die Gewerkschaften nur noch in 38,5% aller Fälle durchsetzen. Sie verlieren fast die Hälfte der 11000 Streiks jener Jahre.

Es ist daher nicht überraschend, daß sich die agrarische Opposition zur Hauptform des Widerstandes gegen die kapitalistische Modernisierung entwickelt. Abseits der Metropolen und jenseits aller Parteiapparate entsteht der Populismus und entwickelt sich zu einer libertinär-radikalen Massenbewegung. Im mittleren Westen und Süden zentriert, kritisieren die Populisten die landwirtschaftlichen Besitzverhältnisse und fordern wirtschaftliche Reformen gegen Überproduktion und Landkonzentration. Sehr schnell begreifen sie den Zusammenhang zwischen forcierter Industrialisierung und Vertreibung der Landbevölkerung. Auch sie können sich freilich auf Dauer dem ökonomischen Druck nicht entziehen. Um die Jahrhundertwende ist klar, daß mit der Landflucht auch die Opposition buchstäblich in alle Winde verweht wird. Einige Regionen in Kansas verlieren 70% ihrer Bevölkerung; ganze Städte werden verlassen. Zwischen 1898 und 1914 wandern aus den Hochburgen des agrarischen Protestes eine Million Amerikaner nach Kanada aus (und begründen dort die sozialdemokratische Arbeiterbewegung). Zwei Millionen Schwarze verlassen nach 1910 den ländlichen Süden. Es gibt keine rassenübergreifende Sozialrevolte in den USA. In den Städten – ausgerechnet dort – verliert sich der Protest. Neue Arbeitsplätze, relativer Wohlstand, der Zwang zur Anpassung an neue soziale Milieus tragen auf Dauer sehr effektiv zur Entpolitisie-

Das erste Fließband der Welt: Ford-Werke, 1911

rung bei. Die »City« wird zum politischen »Sicherheitsventil«.

Mittlerweile ist das Kapital flügge geworden. Es drängt über den Binnenmarkt hinaus in die Fremde. Unternehmer, Finanzmanager und Politiker preisen in blumigen Reden das neue Zeitalter und verkünden mit strotzendem Selbstbewußtsein, wer alsbald auf dem Weltmarkt die Kurse diktieren wird. »Amerika schickt Kohle nach Newcastle, Baumwolle nach Manchester, Scheren und Messer nach Sheffield, Kartoffeln nach Irland, Champagner nach Frankreich und Uhren in die Schweiz.« Nicht um die Eroberung von Territorien geht es – davon hat man wirklich in Hülle und Fülle. Die US-Konzerne fühlen sich stark genug, Märkte ohne politischen und militärischen Zwang beherrschen zu können. Wie auch immer – die Expansion wird zum Kernstück der Moderne: ohne sie kein Wohlstand und keine Stabilität im Innern. Das Lebenselixier für die Gesellschaft der Zukunft liegt jenseits ihrer Grenzen.

Der »Drang nach draußen« wird zu einer wahrlich nationalen Unternehmung. Die große Koalition von Unternehmern, Politikern und Intellektuellen heilt sogar Wunden des Bürgerkriegs und versöhnt feindliche Brüder aus dem Norden und Süden. So schließt sich John Tyler Morgan, ein politisches Schwergewicht aus Alabama und Mitglied im Auswärtigen Ausschuß des Senats, den Expansionisten an. Er hofft, daß die Südstaaten durch eine Exportsteigerung endlich werden mit dem Norden konkurrieren können. Schon sieht er im Golf von Mexiko das neue Mittelmeer – ein Handelsmekka am Tor zum Pazifik (vorausgesetzt, es wird endlich jener Kanal durch Mittelamerika geschlagen, von dem seit Jahren alle reden). Dann kontrollieren nämlich New Orleans, Baton Rouge oder Houston die Handelswege, und die verdammten Eisenbahnen können endgültig abdanken.

Ganz ohne politische und militärische Korsettstangen aus Washington geht es auch hier nicht. Selbstverständlich will (wieder mal) keiner der Beteiligten Krieg; aber alle verlangen etwas, was nur durch Krieg zu erreichen ist. Zunächst fängt es noch ganz harmlos an, mit einer Farce eigentlich. Im Streit um die Südseeinsel Samoa treffen 1889 erstmals deutsche, britische und amerikanische Kriegsschiffe in feindlicher Absicht aufeinander. Es reicht allerdings nur zu flüchtigem Blickkontakt, weil im entscheidenden Augenblick ein Wirbelsturm den Hafen von Apia heimsucht und die Schiffe (bis auf eines) vernichtet. Unter Präsident McKinley – der Nachwelt auch als Namensgeber des höchsten Berges in den USA vertraut – wird es dann allerdings Ernst. Er nimmt eine Revolte auf Kuba zum Anlaß, gegen den Kolonialherren der Insel, Spanien nämlich, in den Krieg zu ziehen.

Sicherlich spielt bei dieser Entscheidung die Tatsache eine Rolle, daß die amerikanische Geschäftswelt während der achtziger Jahre circa 40 Millionen Dollar in kubanischen Zuckerplantagen investiert hatte. Aber McKinley bewegen solche Kleinigkeiten nur am Rande. Er denkt strategisch und blickt weiter als manche seiner Zeitgenossen (auf alle

Fälle weiter als manche Historiker, die ihn heute noch als tumben Toren beschimpfen). Die Kampfansage an Spanien ist keine Tagespolitik, sondern langfristiges Programm. Die Europäer sollen aus Lateinamerika verschwinden. Die Zeiten eines Cortez sind für immer vorbei, der neue Hegemon ist der Yankee. So hatte es zwar auch schon der selige Monroe verlangt, aber seine Doktrin nimmt sich im Vergleich zu McKinleys Dogmen geradezu großväterlich aus. Wieso noch niemand auf den Gedanken gekommen ist, von einer McKinley-Doktrin zu sprechen, verstehe wer will. Fest steht, daß der Mann einer doktrinären Vision nachjagte. Die politische Kontrolle über Lateinamerika wird es den USA erlauben, Kanäle zu graben. Und diese Kanäle werden die Handelstür nach China weit öffnen. Spätestens als die USA den spanisch-amerikanischen Krieg zum Anlaß nehmen, die Philippinen zu annektieren, begreifen die Europäer die Zeichen der Zeit. Der Kampf gegen Spanien hat zwar wegen Kuba begonnen, aber Kuba ist nicht mehr als das Sprungbrett nach Asien. Wall Street wird nicht tatenlos zusehen, wie sich die Europäer die dortigen Märkte, insbesondere den chinesischen, aufteilen. So ist das Telegramm von William C. Reick, dem Herausgeber des New York Herald, an seinen Bekannten John Russell Young zu verstehen: *»Die großen Kapitalgesellschaften hier glauben jetzt, daß es Krieg gibt. Ich glaube, sie würden ihn alle als Entladung der Spannungen begrüßen.«* So gesehen, sind die USA sehr europäisch: an der Wiege ihres Weltmachtdaseins steht Krieg.

In Kuba hatte sich ein Kavallerieregiment von Freiwilligen, die »Rough Riders«, zweifelhaften Ruhm erworben. Ihr Anführer, Theodore Roosevelt, wird 1901 nach der Ermordung McKinleys neuer Präsident – der erste »moderne amerikanische Präsident«, wie es heißt. Mit ihm erreicht die Moderne in den Vereinigten Staaten zweifellos ihren vorläufigen Höhepunkt. Der Mann, dessen Spitznamen noch heute Millionen wehrloser Stoffbären tragen müssen, geht einen weiten Weg. Einst Polizeipräsident von New York, wird er wenige Jahre später im Weißen Haus zum Philosophen der neuen Zeit. Er zimmert den weltanschaulichen Entwurf für die rüde Praxis des »neuen Nationalismus«. Demnach kennt die Menschheit drei Stufen geschichtlicher Entwicklung. Erst kommt der Wilde, dann der Barbare und schließlich der Zivilisierte. »Zivilisation« ist rasch definiert: sie ist angelsächsisch, weiß, männlich, gegen Müßiggang und Luxus gefeit und missioniert den Rest der Welt. Für Roosevelt dreht sich alles um die Nord-Süd-Achse. Das größte vorstellbare Verbrechen in der internationalen Politik – neben der Abrüstung – liegt vor, wenn Befreiungsbewegungen (wie etwa die philippinische) geduldet und »Barbaren« das Selbstbestimmungsrecht zuerkannt wird. Frieden ist erfolgreicher Imperialismus. Wer dies nicht freiwillig anerkennt, muß eben mit Waffengewalt davon überzeugt werden. Diese Befriedung wird lange dauern – um die Jahrhundertwende ist sie noch Vision: *»Wenn China so zivilisiert wäre wie Japan, wenn das Türkenreich beiseite geräumt würde, und wenn das ganze unzivilisierte Afrika und Asien in der Hand Englands oder Frankreichs oder Rußlands und Deutschlands wären, dann, so glaube ich, wären wir nahe an einer Zeit, wo ein allgemeines internationales Abkommen geschlossen werden könnte – ein Abkommen, um Armee und Marine so weit abzubauen, daß sie nur noch die Aufgaben einer nationalen und internationalen Polizei wahrnehmen.«* (Theodore Roosevelt).

Spätestens seit »Teddy« Roosevelts Amtsantritt wird auch dem begeistertsten Leser Edward Bellamys klar, daß der genossenschaftliche Idealstaat vorerst Utopie bleiben wird – mindestens bis zum Jahr 2000, wenn nicht sogar länger. Von Bellamys Annahmen wird um die Jahrhundertwende nur

eine, die schlechteste ausgerechnet, bestätigt: die Arbeiterbewegung und der Populismus erleiden schwere Niederlagen und scheiden in der Tat als Subjekte revolutionärer Umgestaltung in den USA auf lange Sicht aus. An ihre Stelle setzt Bellamy den mündigen Intellektuellen, unter dessen Führung alle Klassen und Schichten zu einer harmonischen Zusammenarbeit finden. Doch die Realität erschüttert sehr schnell auch diese Hoffnung. Die Gewalt der Modernisierung erstickt die politische Phantasie der amerikanischen Intellektuellen. Ihre Opposition gegen das neue Zeitalter ist am Ende nur noch rührend – etwa wenn sie einem Andrew Carnegie Beifall spenden, als dieser vorschlägt, mit 20 Millionen Dollar aus seiner Privatschatulle die Unabhängigkeit der Philippinen von der Washingtoner Regierung zurückzukaufen. Roosevelt glaubt solche Leute genau zu kennen, die Carl Schurzes, Mark Twains, William D. Howells' und Ralph Waldo Emersons: *»…ganz einfach noch nicht gehängte Verräter.«*

Bereits vor Roosevelt waren die Utopien der Aufklärung und die Visionen der Demokratie zu Grabe getragen worden. Jetzt werden sie noch einmal posthum denunziert. Die Freiheitsstatue kann nur noch den Einwanderern, den Unerfahrenen Hoffnung geben. Aber diese Einwanderer kommen noch immer zu Hunderttausenden, alle in der Erwartung einer besseren Zeit. Eben deshalb wird die US-amerikanische Gesellschaft sozial und politisch nicht »befriedet« werden können. Der Traum lebt fort – in Kopf und Seele eines jeden Einwanderers, im kollektiven Gedächtnis der Nation. »All men are created equal..« Folglich kann ein Theodore Roosevelt einen Edward Bellamy nur denunzieren; überleben kann er ihn nicht. Schon gar nicht im Einwandererland USA um die Jahrhundertwende.

Theodore Roosevelt, der erste »moderne« amerikanische Präsident.
Links: Der Apachenhäuptling Geromino sitzt 1905 mit Zylinderhut am Steuer eines Automobils – Karikatur seiner selbst.
Unten: Eisenbahn in Oakland, 1910

Bernd Bonwetsch

EIN KOLOSS AUF TÖNERNEN FÜSSEN

Rußland an der Jahrhundertwende

Einweihung einer Brücke der Transsibirischen Eisenbahn

Das Zarenreich trat ebenso janusköpfig ins 20. Jahrhundert, wie es das 19. verlassen hatte: Ein riesiges Territorium – etwa ein Sechstel der Landmasse der Erde –, ungeheuere, noch kaum genutzte Naturschätze, eine rapide wachsende Bevölkerung von bereits über 130 Millionen Menschen. Kein Wunder, daß Rußland nach einer zehnjährigen Phase phantastischen wirtschaftlichen Aufschwungs das Bild eines neuen Amerika, eines neuen Landes der nahezu unbegrenzten Möglichkeiten bot.

Nach außen hin schien alles zum Besten zu stehen: Alle Industriezweige vermeldeten Produktionsrekorde; die russischen Zuwachsraten der neunziger Jahre übertrafen die aller anderen Länder beträchtlich. Insbesondere der staatliche Eisenbahnbau hatte einen stimulierenden Spin-off-Effekt für die gesamte Industrie bewirkt. Der Bau der Transsibirischen und anderer Bahnlinien ließ das russische Schienennetz in den neunziger Jahren um mehrere Zehntausend Kilometer anwachsen, ja geradezu explodieren. Auch wenn das Pferdefuhrwerk bis in unsere Tage, wie der Augenschein belegt, unentbehrlich geblieben ist: das Land stieg auf die Eisenbahn um, und es wurde nicht nur noch mehr Getreide in die Exporthäfen der Ostsee und des Schwarzen Meeres und von dort weiter auf die Märkte Europas transportiert, sondern auch Erdöl, bei dessen Ausfuhr Rußland um die Jahrhundertwende alle Konkurrenten auf dem Weltmarkt hinter sich gelassen hatte.

Aber nicht nur auf wirtschaftlichem Gebiet schien Rußland das Odium der Rückständigkeit abzulegen: Auch Kultur und Bildung begannen von der Sache Weniger zu der Vieler zu werden. Vor allem lernte das russische Bauernvolk mit beeindruckendem Tempo innerhalb und außerhalb der Schule lesen und schreiben. Bei der ersten Volkszählung 1897 konnte nur ein Fünftel aller und knapp die Hälfte der städtischen Einwohner lesen und schreiben. Je jünger sie waren und je mehr sie in Städten lebten, desto größer wurde der Anteil der »Alphabetisierten«. Nach der Jahrhundertwende stieg er weiter steil an und tendierte in den Städten auch bei Arbeitern gegen 100%. Natürlich sah das Bild auf dem flachen Land, bei den Frauen und bei den Nationalitäten im Osten und Südosten, vor allem in Mittelasien, anders aus.

Dennoch wurde auch das Dorf von der Schrift erreicht, nicht zuletzt deshalb, weil eine Millionenschar russischer Bauern auf der Suche nach einem halbwegs erträglichen Auskommen regelmäßig zwischen Feld und Fabrik pendelte. Sie mußte nicht nur physisch, sondern auch geistig mobil sein. Den reinen Fabrikarbeiter, der sich schon völlig vom Dorf getrennt hatte oder gar ausschließlich aus der Stadt rekrutierte, gab es erst in bescheidenem Ausmaß. Viel typischer für die russischen Verhältnisse, insbesondere des landwirtschaftlich weniger günstigen Nichtschwarzerde-Zentrums, war vielmehr eine Existenz auf der Grenze zwischen Feld und Fabrik: gab es 1900 schon etwa drei Millionen Arbeiter in Fabriken, Bergbau und Transportwesen, so hieß das nicht, daß nicht ein großer Teil von ihnen periodisch die Stadt verließ, um bei Aussaat und Ernte zu helfen oder gar Arbeitslosigkeit zu überstehen. Zugleich verdingten sich jährlich sieben bis acht Millionen Bauern außerhalb des eigenen Dorfes, sei es als Fabrikarbeiter, in der Haus- und Kleinindustrie oder als Saisonarbeiter in der Landwirtschaft vornehmlich der südöstlichen Gouvernements.

Dem unterschiedlichen Milieu entsprach der Lesestoff: Bauern und Arbeiter lasen amtliche Bekanntmachungen, Fabrikreglements, hier und da auch Erbauungsschriften, in den entstehenden Bildungszirkeln auch Literatur und nicht zuletzt Propaganda der revolutionären Parteien, deren Mit-

Dorfschule, um 1900

glieder und Sympathisanten die Zirkel organisierten. Die traditionell gebildete Gesellschaft, aus der sich die wachsende Zahl der Studenten rekrutierte (darunter um 1900 von 30000 immerhin 1300 Frauen), widmete sich derweilen den sprichwörtlichen »dicken Journalen«, der ständig und nach der Jahrhundertwende sprunghaft zunehmenden Zahl von Tageszeitungen und dem eigentlichen Bildungsgut dieser sozialen Schicht – der Belletristik. Zum Gestirn der Großen, die wie Puschkin, Turgenjew, Tolstoi, Gogol und Dostojewski in die Weltliteratur eingegangen sind, traten als spezifisch russische Autoren etwa der Satiriker Saltykow-Schtschedrin und der Dramatiker Ostrowski, dessen Komödien die Spielpläne der Theater beherrschten: vom »Kleinen Theater« in Moskau bis in die Provinzstädte, zu deren Statussymbolen gegen Ende des 19. Jahrhunderts die Einrichtung eigener Bühnen gehörte.

Zur gleichen Zeit füllten Komponisten wie Tschaikowski, Mussorgski, Borodin und Rimski-Korsakow die Opernhäuser und Konzertsäle mit Werken, die nationales und klassisch-westeuropäisches Erbe verbanden. Das ging nicht ohne Richtungsstreit zwischen klassisch-akademischer und volkstümlich-realistischer Schule (dem sogenannten »Mächtigen Häuflein«) ab. Ähnliches gilt für die Malerei, die seit etwa 1870 noch wesentlich stärker vom Anti-Akademismus der »kritischen Realisten« wie Repin, Surikow, Wereschtschagin und anderen mehr geprägt wurde. Diese Maler, die unter der Bezeichnung »Peredwishniki« (Wanderer) bekannt wurden, haben das Volk, haben Soldaten, Arbeiter und Bauern zum Gegenstand der Kunst gemacht und aktuelle Fragen der Zeit aufgegriffen – wie etwa Repin mit der »Verhaftung des Propagandisten«.

Die Kunst stand um die Jahrhundertwende in voller Blüte, und dazu gehört auch, daß ein Kaufmann und Mäzen wie Paul Tretjakow gerade kritische Realisten sammelte und diese Bilder sowie die Westeuropasammlung seines Bruders einschließlich einer eigens dafür errichteten Kunsthalle 1892 der Stadt Moskau übereignete: ein Geschenk von unschätzbarem Wert. Wer heute die Tretjakow-Galerie besucht, kann vielleicht eine Ahnung davon gewinnen. Er gewinnt womöglich auch den Eindruck, daß in der zeitgenössischen Kunst Rußlands von Dekadenz und Überdruß des Fin de siècle wenig zu bemerken war. Dennoch gab es sie auch, Tschechow hat diese Stimmung in seinen Dramen und Erzählungen vielleicht am ehesten zum Ausdruck gebracht, und Gorki hat ihm manches nachempfunden. Aber typisch ist diese Stimmung für die Verfassung der noch relativ jungen und kleinen bürgerlichen Gesellschaft in Rußland nicht. Es ist vielmehr kein Wunder, daß Rußland im Westen eher die Assoziation einer jungen, kräftigen, zukunftsträchtigen Nation hervorrief, die noch auf dem Wege zu sich selbst war.

Aber Rußland bot auch ein anderes Bild als das eines kraftstrotzenden jungen Riesen, der seine Zukunft noch vor sich hatte. Die Gründerjahre hatten manche Schattenseite nur verdeckt und manches neue Übel erst hervorgebracht, so daß sich das Land schon an der Jahrhundertwende eher als Koloß auf tönernen Füßen darstellte: Bauernunruhen auf den Dörfern und in ganzen Gouvernements; Arbeiterstreiks in Städten und Fabriken; Aufsässigkeit der Semstwa, der Vertretungskörperschaften für die Selbstverwaltung auf Gouvernements- und Kreisebene; besorgte Industrielle, die sich aus dem staatlich organisierten Treibhausklima der neunziger Jahre nun an die rauhe Luft des nur rudimentär entwickelten inneren Marktes gesetzt sahen und den Absatzkrisen durch Massenentlassungen und kartellierte Produktionseinschränkung zu begegnen suchten; eine gebildete Gesellschaft, die dem autokratischen Staat immer weniger Loyalität entgegenbrachte und in deren Mitte sich eine Opposition formierte, die sich als »Befreiungsbewegung« verstand.

Die Intelligenz war das Treibmittel der gesellschaftlichen Gärung; nicht zuletzt Studenten waren es, die sie äußerlich prägten. Studentenunruhen gehörten seit 1899 zum Alltag

Ilja Repin, Kreuzprozession im Kursker Gouvernement, 1880/83, Tretjakow-Galerie Moskau

der Universitätsstädte. Die Beteiligten aufgrund von Sondergesetzen massenweise unter die Soldaten zu stecken, brachte keine Ruhe. Im Gegenteil, das rabiate Vorgehen der Behörden empörte weitere Kreise der Gesellschaft. Von den Semstwa ausgehend, entfaltete sich die »Befreiungsbewegung« und forderte immer drängender die politische Beteiligung gesellschaftlicher Kräfte als Mittel zur Bewältigung der Probleme des Reiches. Die Entfremdung zwischen dem zaristischen Staat und seinen Trägern und der »Gesellschaft« von Herkunft, Bildung und Besitz war derart groß, daß selbst ständige Attentate auf Symbolfiguren des reaktionären Regimes eher auf (»klammheimliche«) Duldung als auf Empörung stießen.

Attentate waren nicht neu in Rußland. Waren es früher Thronfolger und Thronprätendenten gewesen, die ihre Vorgänger und Rivalen hatten aus dem Wege räumen lassen – Alexander I. hatte 1801 noch in dieser Tradition gestanden –, so entwickelte sich seit der Jahrhundertmitte ein revolutionärer Terrorismus, der über Beseitigung seiner Repräsentanten das autokratische System aus den Angeln heben wollte. Diese Erwartung blieb zwar eine – blutige – Illusion, aber sie hielt Fanatisierte und Verzweifelte nicht davon ab, ihr anzuhängen und auch das eigene Leben zum Opfer zu bringen. So erging es etwa den »Narodowolzen« (Angehörige der Partei des »Volkswillens«), die Zar Alexander II. beim siebenten Anlauf 1881 ums Leben brachten: Statt der repräsentativen Volksversammlung, deren Statuten Alexander II. noch am Tage seiner Ermordung unterzeichnet hatte, kam nun der reaktionäre Kurs Alexanders III., statt der Schaffung einer neuen Gesellschaft die Restaurierung der alten; anders ausgedrückt: statt einer »II« eine »III« hinter dem Namen des Monarchen.

Dennoch lebte die Tradition des revolutionären Terrorismus fort und erreichte zu Beginn des 20. Jahrhunderts einen neuen Höhepunkt: Fiel Volksbildungsminister Bogolepow im Februar 1901 noch dem spontanen Racheakt eines unter seiner Ägide von der Universität relegierten Studenten zum Opfer, so gingen weitere Attentate auf das Konto von Mitgliedern der 1901 gegründeten Partei der Sozialrevolutionäre. Ihre von der übrigen Partei getrennt und hochkonspirativ agierende »Kampforganisation« praktizierte den »individuellen Terror« als politisches Kampfmittel. Sie wurde zum Schrecken der Polizei und, mehr noch, der Amtsträger: Im April 1902 ermordet wurde Innenminister Sipjagin, im Juli 1904 sein Nachfolger Plehwe, der von vielen als »letzte Karte« angesehen wurde, die das Regime im Kampf um die innere Stabilität des Reiches noch auszuspielen habe, im Februar 1905 Großfürst Sergei Alexandrowitsch, Generalgouverneur von Moskau, Onkel des Zaren und verhaßter Reaktionär – eine blutige Reihe, zu der auch der im Juni 1904 von einem finnischen Nationalisten ermordete Generalgouverneur von Finnland, Bobrikow, gehörte.

Von weiten Teilen der »Gesellschaft« wurden die Terrorakte der Sozialrevolutionäre als etwas begriffen, das nur den Staat, die »anderen« betraf und als Ausdruck der Krise angesehen, in die die Unbelehrbarkeit und hartnäckige Rückwärtsgewandtheit des Regimes das Land geführt hatte.

Die Vertreter der Reaktion waren sich der Krise, die in der »Gesellschaft« wie im Volk gärte, wohl bewußt, sie wußten auch, daß allein mit Polizei, Militär und Ausnahmezustand (»Verschärfte Bewachung«), in den jährlich immer mehr Gouvernements versetzt wurden, die Gärung nicht zu stoppen war. Man hatte seit Anfang der neunziger Jahre einige

Der letzte Zar: Nikolaus II. mit der Zarin

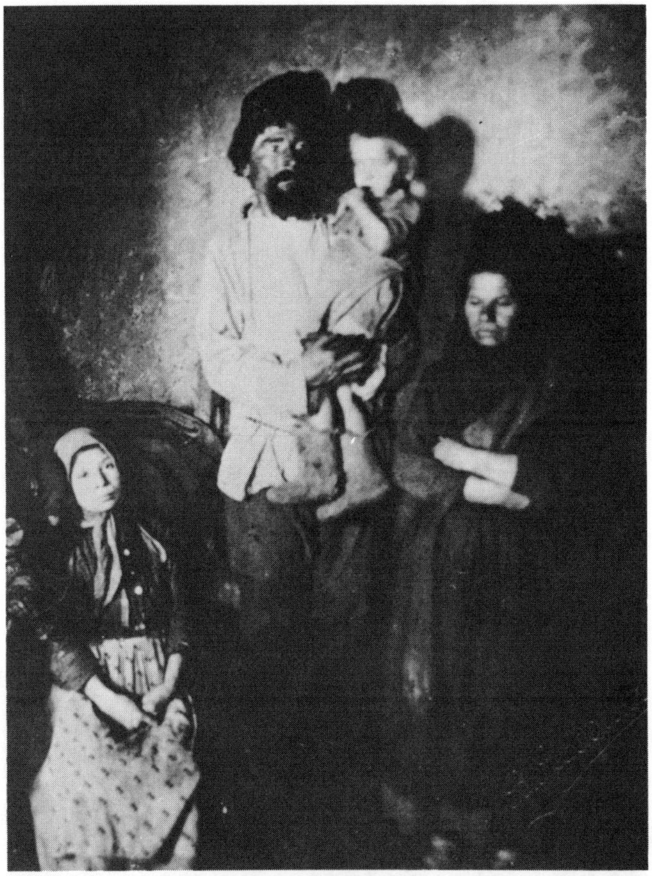

Bauernfamilie im Wolgagebiet, um 1900

Schritte unternommen, um die neue soziale Frage zu steuern, die sich mit dem Ausbruch der industriellen Revolution auch in Rußland ergab: Begrenzung des Arbeitstages auf maximal elfeinhalb Stunden, Anfänge eines Unfallschutzes in Form von Hilfs- und Pensionskassen. Aber alles blieb halbherzig. Koalitions- und Streikrecht kam andererseits nicht in Frage, weil jede Form von Selbstorganisation in der Gesellschaft als Eingriff in die Befugnisse des Staates aufgefaßt wurde. So verfiel man auf Vorschlag des Chefs der Moskauer Geheimpolizei, Subatow, auf das Experiment des »Polizeisozialismus«: Seit 1901 wurden Gewerkschaften zugelassen, die unter Schutz und Lenkung Geheimpolizei unpolitische, nur gegen die Arbeitergeber gerichtete Forderungen der Arbeiter vertreten sollten.. Das Experiment ging schief – nicht zuletzt weil die Arbeiter derart positiv reagierten, daß die Kanalisierung unmöglich wurde.

Im Grunde paßte der Reaktion die ganze Richtung nicht, in die die Industrialisierung seit 1890 führte: der »jüdische Kapitalismus«, der zum Schaden des staatstragenden Gutsbesitzes begünstigt wurde; der Arbeiter, der die Unverschämtheit besaß, die Verhältnisse selbst ändern zu wollen und zu dessen Anwalt sich revolutionäre Parteien machten – seit 1897 der jüdische »Bund« in Polen, seit 1898 beziehungsweise 1903 die Sozialdemokraten, seit 1901 die Sozialrevolutionäre; der ausländische Rentier und Bankier, der auf Staatskosten in Rußland Gewinne machen, das Land überfremden und dazu noch in kolonialer Abhängigkeit halten könne. Ein gefährliches Argument, das weniger auf wirtschaftliche Vernunft als auf den Großmachtstolz einer militärisch-feudalen Adelsgesellschaft zielte. Sie hatte das Ohr des Zaren. Doch »Rußland ist nicht China!« konnte der Architekt der russischen Industrialisierung, Finanzminister Witte, vor dem Hintergrund der Hochkonjunktur um die Jahrhundertwende seinen Kritikern noch entgegenhalten.

Ihn hielt die Vision in Bann, Rußland werde bald seinen Großmachtanspruch wirtschaftlich untermauern und dann selbst koloniale Abhängigkeit ausnutzen können. Die Kolonie, die ihm vorschwebte, lag im Hinterhof Rußlands: China. Aber die russische Fernostpolitik wurde von Abenteurern gemacht, die den Krieg mit Japan fahrlässig, in hochmütiger Ignoranz und ungehemmter Selbstüberschätzung heraufbeschworen. Der wegen seiner Warnungen kurz vor Kriegsbeginn verabschiedete Kriegsminister Kuropatkin bezeichnete diese Clique um den Staatssekretär Besobrasow treffend als »Bande politischer Hochstapler«. Der eigentlich zuständige Außenminister wurde völlig übergangen; der Urheber des russischen Wirtschaftsimperialismus in Fernost, Finanzminister Witte, konnte die Geister, die er gerufen hatte, nicht bändigen. Er wurde nicht zuletzt wegen seiner Mahnungen zur Besonnenheit ebenfalls vor Kriegsbeginn verabschiedet.

Das russische Staatsschiff war mithin von den tauglicheren Lotsen verlassen. Es ging schon bald symbolisch auf Grund. Der im Februar 1904 von Japan ausgelöste Krieg war für Rußland ein einziges Desaster. Das Landheer konnte das im Dezember 1904 aufgegebene Port Arthur nicht entsetzen und wurde im März 1905 bei Mukden vernichtend geschlagen. Die Ostseeflotte fuhr monatelang um die halbe Welt, versenkte dabei irrtümlich einige englische Fischerboote an der Doggerbank, versagte aber in der Konfrontation mit dem eigentlichen Gegner und wurde im Mai 1905 in der Straße von Korea bei Tsushima selbst versenkt.

Demonstrationen und Unruhen 1905 in Petersburg und Moskau

Die äußeren Folgen dieser Politik waren schnell beigelegt: Schon im September 1905 wurde dank amerikanischer Vermittlung Frieden geschlossen. Weit bedeutender waren jedoch die inneren Folgen, die der Krieg zwar nicht verursacht, aber ausgelöst hatte. Denn jetzt geriet das Reich erst vollends in jene Krise, die die reaktionäre Bürokratie bis dahin mit harter Hand zu unterdrücken gesucht hatte. Der »kleine siegreiche Krieg« mit Japan, von dem sich Innenminister Plehwe, einer seiner Befürworter, Entlastung an der inneren Front versprochen hatte, bewirkte angesichts der militärischen Schlappen das genaue Gegenteil: Zunächst meldete sich der Semstwo-Liberalismus mit der Forderung nach einer Parlamentarischen Regierung zu Wort. Bankett-Kampagnen, die das geltende Versammlungsverbot unterliefen, waren auch gesellschaftlich der Ort, an dem die eher gemäßigten Forderungen an die Adresse der Autokratie gerichtet wurden. Sehr bald aber machte sich die demokratische Intelligenz der Universitäten und akademischen Berufe zum Wortführer der »Befreiungsbewegung«. Insbesondere der Petersburger »Blutsonntag« vom Januar 1905, an dem die Polizei mehrere hundert Arbeiter erschoß, die unter Führung des Priesters Gapon friedlich demonstrierten und eine Bittschrift übergeben wollten, war das Signal für die Intelligenz, sich stärker um die Arbeiterschaft zu bemühen. Unter Führung der Intelligenz, die sich in Berufsverbänden organisierte, wurde vorübergehend eine geschlossene antiautokratische Opposition aus sehr heterogenen Kräften gebildet. Sie reichte von adligen Gutsbesitzern aus den Semstwa über Fabrikanten, Akademiker und Freiberufler bis zur Arbeiterschaft, von konservativen Liberalen bis zu den gemäßigten Sozialisten.

Die Spaltung dieser Front war zu erwarten. Sie kam, als die Regierung durch ihre Konzessionen – vor allem das »Oktobermanifest« von 1905, das bürgerliche Freiheiten und

Folgen des Moskauer Aufstandes. Dezember 1905.
Послѣдствія возстанія въ Москвѣ. Декабрь 1905.
Баррикада въ Оружейномъ пер.
Barrikaden in der Oruscheinaja-Strasse.

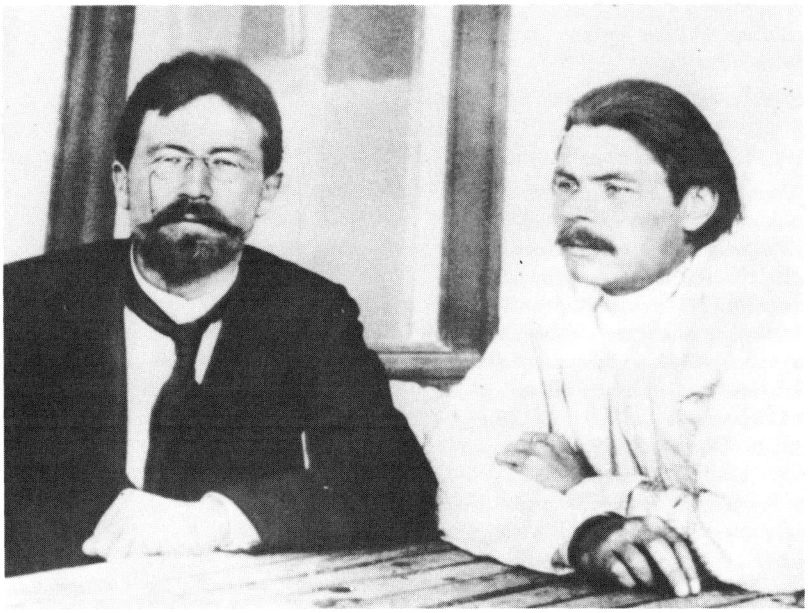

Anton Tschechow und Maxim Gorki: 1899 in Jalta

Frühes Polizeifoto Lenins

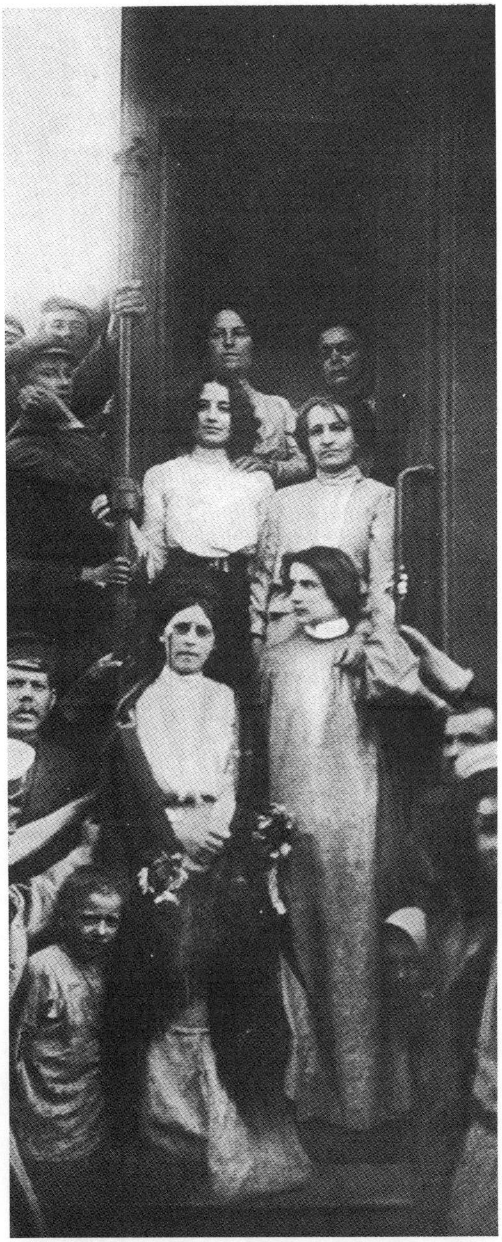

Russische Sozialistinnen auf dem Weg in die Verbannung nach Sibirien, 1905

eine Volksvertretung mit gesetzgebender Kompetenz zusagte – die gemäßigteren Teile der Opposition befriedigte, während die Radikalisierung der Arbeiterschaft und der Bauern selbst auf weniger gemäßigte Teile der Opposition abschreckend wirkte. Hatte die Intelligenz noch den landesweiten Generalstreik im Oktober 1905 mitinitiiert und -organisiert und hatten private Arbeitgeber und städtische Selbstverwaltungen die Streikenden durch Lohnfortzahlung noch unterstützt, solange es um politische Forderungen ging, so schieden sich nach dem Oktobermanifest die Geister. Als die Arbeiter und der Petersburger Arbeiterrat (Sowjet) unter Leo Trotzki (Lenin kehrte erst im November 1905 aus dem Schweizer Exil nach Rußland zurück) als Präsident darangingen, den Achtstundentag zu erzwingen, wußten die Arbeitgeber ihre Interessen zu wahren: durch Aussperrung zwangen sie die Arbeiter in die Knie. Die Regierung ihrerseits konnte den Arbeiterrat im Dezember ohne Probleme verhaften lassen. Der wenige Tage später von den Vertretern aller sozialistischer Parteien im Moskauer Arbeiterrat ausgerufene »bewaffnete Aufstand« wurde nur halbherzig durchgeführt, weil man sich, allein gelassen, der eigenen Schwäche bewußt war, vielleicht auch der eigenen Rhetorik nicht recht traute. Der Aufstand blieb in Petersburg wie im übrigen Rußland selbst bei Arbeitern ohne Resonanz, so daß mit diesem Aufbäumen auch die soziale Revolution relativ leicht niedergeschlagen wurde.

Viele Liberale, die in Opposition zur Autokratie standen, hatten in den Ereignissen von 1905 auch die Grenzen der Gemeinsamkeit dieser Opposition drastisch vor Augen geführt bekommen. Die Massen waren wichtig, solange sie als Basis für liberale Forderungen gegenüber dem Zarismus dienten. Darüber hinaus jedoch wollte man nicht mit ihnen gehen. Überhaupt wollten die bürgerlich-liberalen Kräfte den Kampf gegen die Autokratie von nun an lieber von der Straße weg in das im Mai 1906 gewählte Parlament, die »Duma«, verlegen. Der Kampf für die Erweiterung der im Oktober 1905 erstrittenen Konzessionen sollte sich schon sehr bald in einen Kampf um ihre Erhaltung verwandeln.

Anton Tschechow

DREI SCHWESTERN

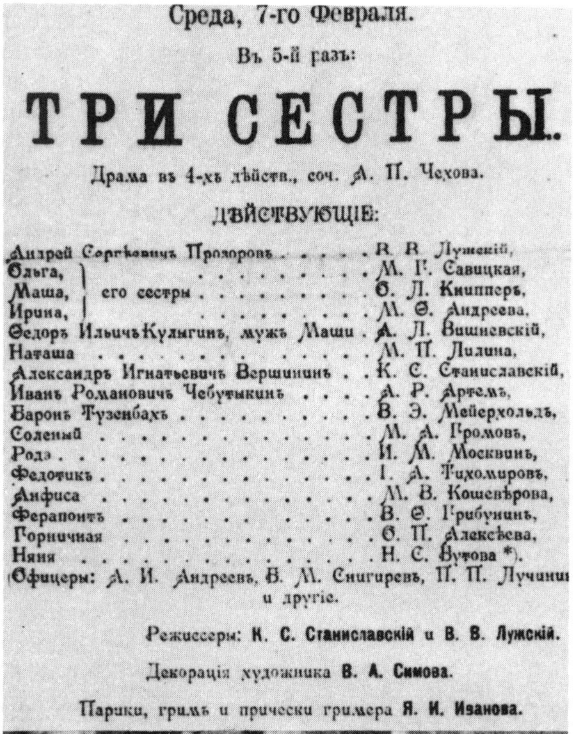

Среда, 7-го Февраля.

Въ 5-й разъ:

ТРИ СЕСТРЫ.

Драма въ 4-хъ дѣйств., соч. А. П. Чехова.

ДѢЙСТВУЮЩІЕ:

Андрей Сергѣевичъ Прозоровъ	В. В. Лужскій,
Ольга, его сестры	М. Г. Савицкая,
Маша, его сестры	О. Л. Книпперъ,
Ирина, его сестры	М. Ѳ. Андреева,
Ѳедоръ Ильичъ Кулыгинъ, мужъ Маши	А. Л. Вишневскій,
Наташа	М. П. Лилина,
Александръ Игнатьевичъ Вершининъ	К. С. Станиславскій,
Иванъ Романовичъ Чебутыкинъ	А. Р. Артемъ,
Баронъ Тузенбахъ	В. Э. Мейерхольдъ,
Соленый	М. А. Громовъ,
Родэ	И. М. Москвинъ,
Федотикъ	І. А. Тихомировъ,
Анфиса	М. В. Кошевѣрова,
Ферапонтъ	В. Ѳ. Грибунинъ,
Горничная	О. П. Алексѣева,
Няня	Н. С. Бутова *).

(Офицеры: А. И. Андреевъ, В. М. Снигиревъ, П. П. Лучинин[…]
и другіе.

Режиссеры: **К. С. Станиславскій** и **В. В. Лужскій.**

Декорація художника **В. А. Симова.**

Парики, гримъ и прически гримера **Я. И. Иванова.**

Am 31.1.1901 wurde am Moskauer Künstlertheater Tschechows Drama »Drei Schwestern« uraufgeführt, der Theaterzettel und Szenenfotos sind erhalten

… Sie schweigen, Aleksandr Ignatjič?

Veršinin Ich weiß nicht. Ich möchte Tee. Ein halbes Leben für ein Glas Tee! Seit heute morgen habe ich nichts gegessen…

Čebutykin Irina Sergeevna!

Irina Was ist?

Čebutykin Kommen Sie her. Venez ici. *Irina geht und setzt sich an den Tisch.* Ich kann ohne Sie nicht sein. *Irina legt eine Patience.*

Veršinin Ja nun? Wenn es keinen Tee gibt, dann lassen Sie uns wenigstens philosophieren.

Tuzenbach Gut. Worüber?

Veršinin Worüber? Lassen Sie uns ein bißchen träumen… zum Beispiel, von dem Leben, wie es nach uns sein wird, in zweihundert, dreihundert Jahren.

Tuzenbach Ja nun? Nach uns wird man in Luftballons fliegen, andere Jacketts tragen, vielleicht einen sechsten Sinn entdecken und ihn ausbilden, aber das Leben wird bleiben wie es ist, mühevoll, geheimnisvoll und glücklich. Auch in tausend Jahren wird der Mensch seufzen: »Ach, das Leben ist schwer!« – und zugleich wird er, genau wie heute, Angst vor dem Tode haben und nicht sterben wollen.

Veršinin *nach einigem Überlegen* Wie soll ich es Ihnen sagen? Mir scheint alles auf der Erde muß sich allmählich verändern und verändert sich bereits vor unseren Augen. In zweihundert, dreihundert, oder erst in tausend Jahren – es geht nicht um den Zeitraum – wird ein neues, ein glückliches Leben beginnen. Teilnehmen werden wir an diesem Leben natürlich nicht, aber wir leben jetzt dafür, wir arbeiten, ja, und leiden wir schaffen es, dieses Leben – und nur darin liegt das Ziel unseres Daseins und, wenn Sie so wollen, unser Glück.

Maša *lacht leise.*

Tuzenbach Was haben Sie?

Maša Ich weiß nicht. Ich lache schon den ganzen Tag, schon seit heute früh.

Veršinin Ich habe mit der Schule dort aufgehört wie Sie, auf der Akademie war ich nicht; ich lese viel, aber ich kann die Bücher nicht auswählen und lese vielleicht ganz und gar nicht das, was ich sollte, aber je länger ich lebe, desto mehr will ich wissen. Meine Haare werden allmählich grau, ich bin fast schon ein Greis, aber ich weiß wenig, ach, wie wenig! Aber dennoch scheint mir, die Hauptsache, das Wichtigste weiß ich, weiß ich ganz bestimmt. Und wie gern möchte ich Ihnen beweisen, daß es für uns das Glück nicht gibt, nicht geben kann und nicht geben wird… Wir müssen nur arbeiten und arbeiten, das Glück – das wird erst unseren fernen Nachkommen zuteil. *Pause.* Wenn nicht ich, so wenigstens die Nachkommen meiner Nachkommen.

Fedotik und Rodé erscheinen im Saal; sie setzen sich und fangen leise zur Gitarre an zu singen.

Tuzenbach Ihrer Meinung nach darf man vom Glück nicht einmal träumen! Aber wenn ich nun glücklich bin!

Veršinin Nein.

Tuzenbach *schlägt die Hände zusammen und lacht* Wir verstehen uns offenbar nicht. Ja, wie soll ich Sie überzeugen?

Maša *lacht leise.*

Tuzenbach *droht ihr mit dem Finger* Lachen Sie nur! *Zu Veršinin.* Nicht nur in zweihundert oder dreihundert, sondern sogar in einer Million von Jahren wird das Leben so bleiben, wie es war; es verändert sich nicht, es

bleibt beständig, seinen eigenen Gesetzen folgend, auf die Sie keinen Einfluß haben oder die Sie zumindest nie erkennen werden. Die Zugvögel, Kraniche zum Beispiel, fliegen und fliegen, und welche Gedanken immer, große oder kleine, durch ihre Köpfe ziehen mögen, sie werden fliegen und nicht wissen, wozu und wohin. Sie fliegen und werden fliegen, welche Philosophen auch immer unter ihnen auftauchen werden; und sollen die philosophieren, was sie wollen, wenn sie nur fliegen können...

Maša Aber es hat doch einen Sinn?

Tuzenbach Einen Sinn... Da, es schneit. Was hat das für einen Sinn? *Pause.*

Maša Mir scheint, der Mensch muß glauben, oder er muß nach einem Glauben suchen, sonst ist sein Leben leer, leer... Leben und nicht wissen, wozu die Kraniche fliegen, wozu die Kinder geboren werden, wozu die Sterne am Himmel sind... Entweder man weiß, wozu man lebt, oder es ist alles Quatsch, Blablabla. *Pause.*

Veršinin Trotzdem, schade, daß die Jugend vorbei ist...

Maša Bei Gogol heißt es: Langweilig ist es, auf dieser Welt zu leben, meine Herrschaften!

Tuzenbach Und ich sage Ihnen: Schwer ist es, mit Ihnen zu streiten, meine Herrschaften! Ach hol Sie doch der Teufel...

Čebutykin *liest Zeitung* Balzac wurde in Berdičev getraut.

Irina *fängt leise an zu singen.*

Čebutykin Das muß ich mir direkt aufschreiben. *Schreibt es auf.* Balzac wurde in Berdičev getraut. *Liest Zeitung.*

Irina *legt Patience, nachdenklich* Balzac wurde in Berdičev getraut.

Tuzenbach Die Würfel sind gefallen. Wissen Sie, Marija Sergeevna, ich werde meinen Abschied einreichen.

Maša Davon habe ich gehört. Und kann dem nichts Gutes abgewinnen. Ich mag keine Zivilisten.

Tuzenbach Ist doch egal... *Steht auf.* Ich bin häßlich, was bin ich schon für ein Offizier? Ach, das ist doch alles egal, im übrigen... Ich werde arbeiten. Wenigstens einen Tag in meinem Leben so arbeiten, daß man abends nach Hause kommt, vor Erschöpfung ins Bett fällt und sofort einschläft. *Geht in den Saal.* Arbeiter haben sicher einen festen Schlaf!

Fedotik *zu Irina* Eben habe ich in der Moskovskaja bei Pyžikov Buntstifte für Sie gekauft. Und dieses Messerchen hier...

Irina Sie sind es gewohnt, mich wie ein kleines Mädchen zu behandeln, aber ich bin doch schon erwachsen... *Nimmt die Buntstifte und das Messerchen entgegen, freudig.* Wie reizend!

Fedotik Mir habe ich auch ein Messer gekauft... sehen Sie, hier... eine Klinge, noch eine Klinge, noch eine, das ist zum Ohrensaubermachen, das ist eine kleine Schere, das ein Nagelreiniger...

Rodé *laut* Doktor, wie alt sind Sie?

Čebutykin Ich? Zweiunddreißig. *Gelächter.*

Fedotik Jetzt zeige ich Ihnen eine andere Patience... *Legt eine Patience.*

Der Samovar wird hereingebracht; Anfisa um den Samovar herum; ein wenig später kommt Nataša und macht sich ebenfalls am Samovar zu schaffen; Solënyi kommt und setzt sich, nachdem er alle begrüßt hat, an den Tisch.

Veršinin Ein Wind ist das heute!

Maša Ja. Ich habe den Winter satt. Ich habe schon vergessen, wie der Sommer aussieht.

Irina Die Patience geht auf, ich sehe es schon. Wir ziehen nach Moskau.

Fedotik Nein, sie geht nicht auf. Sehen Sie, die Acht liegt vor der Pique. Zwei. *Lacht.* Sie werden also nicht nach Moskau ziehen.

Čebutykin *liest Zeitung* Zizichar. Da wüten die Pocken.

Anfisa *geht zu Maša* Maša, komm Tee trinken, Matuška. *Zu Veršinin.* Bitte sehr, Euer Hochwohlgeboren... verzeihen Sie, Batjuška, ich habe Ihren Namen vergessen... (...)

Maša Glücklich, wer nicht bemerkt, ob gerade Winter ist oder Sommer. Ich glaube, in Moskau wäre mir das Wetter vollkommen gleichgültig...

Veršinin Neulich las ich das Tagebuch eines französischen Ministers, im Gefängnis geschrieben. Der Minister war wegen des Panamaskandals verurteilt. Mit welcher Begeisterung, Verzückung er die Vögel erwähnt, die er in seinem Kerkerfenster sieht und die er früher, als Minister, nie bemerkt hatte. Jetzt natürlich, wo er wieder in Freiheit ist, bemerkt er die Vögel nicht mehr. So werden auch Sie Moskau gar nicht mehr bemerken, wenn Sie erst dort leben. Es gibt für uns das Glück nicht und wird es nicht geben, wir wünschten es uns nur.

Reinhard Kühnl

DER WEG IN DEN KRIEG

August 1914: Mit Blumensträußen am Gewehr und von fröhlichen Bräuten begleitet, marschieren die Landser in den Krieg

»Seit fünfundzwanzig Jahren rüstet ganz Europa in bisher unerhörtem Maß. Jeder Großstaat sucht dem anderen den Rang abzugewinnen in Kriegsmacht und Kriegsbereitschaft ... Gibt es denn keinen Ausweg aus dieser Sackgasse als durch einen Verwüstungskrieg, wie die Welt noch keinen gesehen hat? Ich behaupte: Die Abrüstung und damit die Garantie des Friedens ist möglich ...«

(Friedrich Engels, 1893)

I.

Seit es Klassengesellschaften gibt, hatten die Herrschenden die staatlichen Gewaltmittel nicht nur nach innen angewandt, um das einfache Volk zu fleißiger Arbeit und zum Gehorsam anzuhalten, sondern auch nach außen: gegen andere Völker und Staaten, um ihre Verfügungsgewalt über Arbeitskräfte, Rohstoffe und Reichtümer noch zu vermehren. Dieses »Recht auf Kriegführung« (ius ad bellum) war nach der herrschenden Völkerrechtslehre ein selbstverständliches Attribut staatlicher Souveränität.

Dennoch bedeutete die Durchsetzung des Kapitalismus auch in der Frage Krieg – Frieden eine neue Qualität. Einerseits erzeugte dieser Kapitalismus neue Antriebskräfte für Rüstung und Krieg. Da jedes Kapital bei Strafe des eigenen Untergangs genötigt ist, Profit zu erzielen und zu maximieren, sich also im Konkurrenzkampf durchzusetzen, ist der Zwang zur Expansion Überlebensbedingung. So wurden die internationalen Beziehungen in wachsendem Maße vom Konkurrenzkampf um neue Rohstoffe, Exportmärkte, Arbeitskräfte und Kapitalanlagesphären bestimmt. Dafür wurden nun aber – mit fortschreitender Industrialisierung und Modernisierung auch der Kriegstechnik – in enorm verstärktem Maße die Massen der Bevölkerung gebraucht: schon für die Produktion der Waffen (und die damit verbundenen Entbehrungen), dann aber besonders für die Kriegführung selbst.

Andererseits hatten die Massen mit der Französischen Revolution von 1789 die Bühne der Geschichte betreten und mit der Arbeiterbewegung sich als organisiert handelndes Subjekt konstituiert. Wenn man also das Volk weiterhin als Material für Kriegführung be- und vernutzen wollte, waren neue Methoden der Massenbeeinflussung erforderlich.

II.

In der zweiten Hälfte des 19. Jahrhunderts beschleunigte sich der Wettlauf der großen kapitalistischen Staaten um die Eroberung der Welt. Und am Ende des 19. Jahrhunderts war schließlich der gesamte Erdball einschließlich des riesigen Afrika unterworfen und verteilt. Wer nun territorial noch weiter expandieren wollte, mußte also den Kampf um eine Neuverteilung der Welt aufnehmen. Das aber bedeutete Krieg.

Diese Tendenz zum Krieg zwischen den kapitalistischen Mächten war freilich zunächst nicht die bestimmende. Denn für einige Jahrzehnte hatte man alle Hände voll zu tun, die Völker in Asien und Afrika niederzuwerfen und niederzuhalten. Angesichts der Tatsache, daß diese Völker ein Vielfaches der Bevölkerung der »Mutterländer« zählten, war dafür äußerste Brutalität erforderlich. In der Tat haben sich in dieser Hinsicht Briten und Franzosen, Belgier und Holländer, Portugiesen, Spanier und Deutsche nicht viel vorzuwerfen. Und auch die USA zeigten bei der Eroberung

der Philippinen (1898–1901), daß sie in bezug auf Kampfmethoden auf der Höhe der Zeit waren.

So dominierte zunächst der Wille zur Verständigung mit den Konkurrenten – zumal der Kuchen ja so groß erschien, daß sich jeder für längere Zeit davon mästen konnte. 1878 arrangierten sich die Großmächte beim Berliner Kongreß dahingehend, daß auf dem europäischen Kontinent das bestehende Gleichgewicht zu wahren sei und daß die von Rußland, der Türkei und Österreich-Ungarn unterdrückten Balkanvölker Ruhe zu halten hätten. 1884/85 erzielten vierzehn Mächte in Berlin einen Ausgleich über die Beherrschung des Kongogebietes (»Kongo-Konferenz«). Und 1899 einigten sich Großbritannien und Frankreich über ihre Besitzverhältnisse im Sudan und in Ägypten (»Faschoda-Krise«).

III.

Verträge fixieren unter kapitalistischen Bedingungen ein jeweils bestehendes Stärkeverhältnis. Das aber änderte sich von den achtziger Jahren an rapide – und damit schwand die Bereitschaft zum Stillhalten und zur Einhaltung der Verträge. Das erst 1871 zur nationalen Einheit gelangte Deutschland entfaltete nun seine gewaltigen Expansionspotenzen und erreichte in der Industrieproduktion noch vor der Jahrhundertwende den ersten Platz in Europa. Wo aber war Raum für diesen Expansionsdrang, da die Welt doch bereits vollständig verteilt war? Sicherlich: mit ökonomischen Mitteln, durch Exportoffensiven in den halbwegs offenen Räumen (wie Lateinamerika) war einiges zu machen, und ein paar Krümel an afrikanischem Kolonialland fielen vom Tisch der Reichen auch ab. Aber eine Lösung für die enorme Diskrepanz zwischen wachsenden Expansionsdrang und fehlenden Expansionsmöglichkeiten war dies alles natürlich nicht. Über fast 400 Millionen Menschen verfügte Großbritannien in seinen Kolonien (bei einer eigenen Bevölkerungszahl von 45 Millionen), über 56 Millionen verfügte Frankreich (bei einer eigenen Bevölkerungszahl von 40 Millionen) – das Deutsche Reich aber besaß kaum 12 Millionen (bei einer eigenen Bevölkerungszahl von 65 Millionen). Also mußte die Forderung nach einem »Platz an der Sonne« laut und lauter erhoben und notfalls mit den Mitteln militärischer Gewalt durchgesetzt werden.

Für das Deutsche Reich als eine Kontinentalmacht stand dabei die Erringung der Hegemonie auf dem Kontinent zunächst im Vordergrund – obgleich starke Kräfte auch auf die sofortige Eroberung eines afrikanischen Kolonialreichs drängten. Jedenfalls sollte zunächst eine Expansion in Richtung Südosten eingeleitet (»Bagdad-Bahn«), die Machtstellung Frankreichs möglichst gebrochen und die Rußlands reduziert werden. Die Expansion nach Südosten wurde im Bündnis mit Österreich-Ungarn und der Türkei in Angriff genommen, die beide hofften, auf diese Weise ihre morschen Vielvölkerstaaten noch weiter aufrechterhalten zu können.

Die besitzenden Kolonialmächte aber waren nicht gewillt, eine Neuverteilung der Welt auf ihre Kosten zuzulassen. Der hungrige Imperialismus traf auf eine geschlossene Abwehrfront des saturierten Imperialismus, der seinen Besitzstand zu verteidigen entschlossen war – aber im Ernstfall natürlich auch gegen eine Erweiterung, vor allem auf Kosten des türkischen Großreiches, nichts einzuwenden hatte.

Nachdem Wirtschaft und Militär den Krieg sorgfältig vorbereitet hatten, schlug der deutsche Imperialismus im Sommer 1914 los. Als Vorwand diente die Ermordung des österreichischen Thronfolgers in Serajewo. Die Kriegs- und Annexionsziele des deutschen Großkapitals ebenso wie der Reichsregierung geben höchst anschaulich Auskunft darüber, warum und wozu der Krieg geführt wurde. Für diese Expansionsziele wurden Millionen von Menschen auf die Schlachtfelder und in den Tod getrieben.

IV.

Wie aber konnte es den Herrschenden gelingen, daß diese Menschenmassen das mit sich machen ließen? In der Tat war dies eine ideologische Leistung, an der jahrzehntelang gearbeitet worden war und an der der gesamte ideologische

Apparat sich beteiligt hatte: die traditionellen ideologischen Instrumente wie Kirchen, Schulen und Universitäten ebenso wie die »modernen« Mittel der Massenmobilisierung wie Kolonialverein, Flottenverein und Alldeutscher Verband – in anderen Ländern hatten sie andere Namen –, die Reservistenvereine und Turnvereine ebenso wie Presse und bürgerliche Parteien.

So waren Ideologien im Massenbewußtsein besonders der bürgerlichen Schichten verankert worden, die Krieg und Imperialismus legitimierten als »Recht des Stärkeren« oder gar als »Kulturauftrag«. Der Sozialdarwinismus, der gewissermaßen spontan aus der kapitalistischen Alltagserfahrung entspringt, war verschärft worden zum Rassismus, zur Lehre, daß die Natur nun einmal Menschen unterschiedlicher Qualität geschaffen habe und daß es das gute Recht der Höherwertigen sei, die Minderwertigen zu beherrschen. Und die »Minderwertigen«, das waren eben jene Völker, die es zu unterjochen galt: für die Westmächte also die farbigen, für den deutschen Imperialismus aber auch die slawischen Völker.

Das Feindbild aber betraf natürlich auch die Konkurrenten, gegen die gegebenenfalls der Krieg zu führen war. So schürten die Herrschenden in Deutschland vor allem den Franzosen- und den Russenhaß. Der Feind – das war der ganz andere, der Unberechenbare, der zugleich Minderwertige und Gefährliche. Angst wurde geschürt, und doch zugleich Hoffnung erweckt auf den großen Sieg, auf die Lösung aller sozialen Probleme durch Imperialismus. Und obwohl man jahrzehntelang ein maßloses Überlegenheitsbewußtsein genährt hatte, wurde doch der eigene Angriffskrieg dem Volk als Verteidigung gegen einen heimtückischen Feind präsentiert: Noch in seiner Kriegsrede am 6. August 1914, als die Aggression der deutschen Armeen bereits in vollem Gange war, rief der deutsche Kaiser aus: »Mitten im Frieden überfällt uns der Feind«.

V.

Die ideologische Offensive der herrschenden Klassen hatte Erfolg. Zwar hatte die mächtig erstarkte Arbeiterbewegung in allen Ländern den Kampf gegen den Krieg in ihren Programmen verankert; zwar hatte die II. Internationale auf ihren Kongressen noch 1907 und 1912 entsprechende Beschlüsse gefaßt. Zwar hatten sich auch bürgerliche Kräfte für Frieden und Völkerverständigung engagiert: 1889 hatten sich in Paris die Vertreter von etwa 100 Friedensgesellschaften zusammengefunden; 1898 war in Turin der pazifistische Internationale Studentenverband, 1892 in Deutschland die Deutsche Friedensgesellschaft gegründet worden, die bis 1914 10 000 Mitglieder (in hundert Ortsgruppen) organisiert und im Mai 1914 eine eigene Frauenorganisation gebildet hatte.

Im entscheidenden Moment aber waren sie nicht handlungsfähig. Die Führung der Arbeiterbewegung ließ sich in die Kriegspolitik einbinden: Während noch Ende Juli in den deutschen Städten Hunderttausende gegen den Krieg demonstriert hatten, stimmte die sozialdemokratische Reichstagsfraktion am 4. August den Kriegskrediten zu – in der Hoffnung, als Gegenleistungen Reformen zu erlangen, aber auch in der Überzeugung, daß der militärische Sieg für alle Deutschen Gewinn bringen werde. So blieben die zum Kampf gegen den Krieg bereiten Arbeiter ohne Führung und damit ohne organisierte Handlungsfähigkeit. Die schwachen pazifistischen Kräfte des Bürgertums waren ohnehin auf Meinungsbildung und nicht auf praktisches Handeln gerichtet, und die Sozialdemokratie galt ihnen, solange marxistisch orientiert, nicht als akzeptabler Bundesgenosse. Nun, im August 1914, gingen sie gänzlich unter in einer Woge nationalistischer Trunkenheit, die die bürgerlichen Schichten ergriff. Die herrschenden Klassen in Frankreich und Großbritannien andererseits konnten darauf hinweisen, daß sie tatsächlich von den »deutschen Barbaren« überfallen und zur Verteidigung gezwungen worden seien.

Die Technik der Massenvernichtung erklomm neue Höhen: Maschinengewehre und Geschütze konnten mit ihrer Feuerkraft nun weit größere Menschenmengen in viel kürzerer Zeit umbringen, als dies im letzten Krieg 1870/71 möglich gewesen war. Auch aus der Luft und unter Wasser konnte der Feind nun angegriffen werden. Mit dem Einsatz von Giftgas wurde ebenfalls eine neue Dimension der Kriegführung erschlossen. Die Erfindung von Bombenflugzeugen machte auch alle Versuche des Völkerrechts hinfällig, zwischen Kämpfenden und Nichtkämpfenden (»Kombattanten« und »Nichtkombattanten«) zu unterscheiden und die Kriegführung auf die Kämpfenden zu begrenzen. Die Tendenz zum »totalen Krieg« war bereits deutlich erkennbar – auch in dem Sinne, daß das gesamte Wirtschafts-, Geistes- und Menschenpotential des Landes für den Krieg mobilisiert wurde.

Vier Jahre dauerte der Massenmord auf den Schlachtfeldern. 10 Millionen Menschen wurden umgebracht. Die für all das verantwortlichen Kräfte aber konnten sich – mit der Ausnahme von Rußland – dennoch auch nach dem Krieg an der Macht halten. Die Folgen hatten die Völker fünfundzwanzig Jahre später zu tragen: in einem zweiten großen Krieg.

Auch die Postkarten-Industrie macht mobil

Autorenverzeichnis

Peter Altenberg * 1859 in Wien, † 1919. Schriftsteller, typischer Wiener Kaffeehausdichter, entdeckt und gefördert von Karl Kraus. Wurde bekannt mit seinem ersten Buch »Wie ich es sehe« (1896). Weitere Werke: »Was der Tag mir zuträgt« (1900), »Neues Altes« (1912), »Mein Lebensabend« (1919).

Gerhard Armanski * 1942 in Franken. Sozialwissenschaftler und Schriftsteller. Veröffentlichte: »Die kostbarsten Tage des Jahres. Tourismus: Ursachen, Formen, Folgen« (Bielefeld 1986), »Wir Geisterfahrer e.V. Lust und Last am Automobil« (Bielefeld 1986).

Walter Benjamin * 1892 in Berlin, † 1940 in Port Bou. Literat, Rezensent, Übersetzer, Philosoph.

Bernd Bonwetsch * 1940 in Berlin. Osteuropa-Historiker an der Ruhr-Universität Bochum.

Wilfried von Bredow * 1944 in Heinrichsdorf. Professor für Politikwissenschaft. Publizierte u.a.: »Deutschland – ein Provisorium?« (West-Berlin, 1985), gemeinsam mit R. H. Brocke, »Krise und Protest. Ursprünge und Elemente westeuropäischer Friedensbewegung« (Opladen 1987). Am Fin de siècle gefällt ihm »das Landleben, wie Heinrich Wolfgang Seidel es in seinen Briefen beschreibt, die er als junger Vikar an seine Eltern schrieb«, ihm mißfällt, »daß die Leute damals Wilhelm Raabe für überholt ansahen.«

Karl Clausberg, Dr. * 1938 in Eisenach/Thüringen. 1957 Abitur an der Hamburger ›Gelehrtenschule des Johanneums‹; danach Ingenieurausbildung & Segelfliegerei; jobbte als Bademeister u.a.m., fuhr zur See; Studium der Kunstgeschichte in Hamburg und London, Promotion in Wien. Seither Alleinunterhalter & universitärer Wanderschausteller, Textemacher & Computeradept. Buchveröffentlichungen u.a.: »Zeppelin – Die Geschichte eines unwahrscheinlichen Erfolges« (München 1979); »Kosmische Visionen. Mystische Weltbilder von Hildegard von Bingen bis heute« (Köln 1980). Fin de siècle, pro und contra: »Das Fin de siècle fasziniert und stößt ab mit seiner Mischung von historischer Fortschrittsgläubigkeit & tiefsitzendem Unbehagen – da sind zu viele Errungenschaften & Katastrophen unserer gegenwärtigen Endzeit vorbereitet worden, als daß es einen unberührt lassen könnte.«

Walter Fähnders, Dr. phil. habil. * 1944 in Nordhorn, Privatdozent für Neuere deutsche Literatur an der Universität Osnabrück. Publizierte zuletzt: »Anarchismus und Literatur. Ein vergessenes Kapitel deutscher Literaturgeschichte zwischen 1890 und 1910« (1987).

Dieter Fricke * 1927 in Frankfurt/Oder. Professor an der Friedrich-Schiller-Universität Jena. Buchpublikationen u.a.: »Handbuch zur Geschichte der deutschen Arbeiterbewegung 1869–1917«, 2 Bde., (Berlin/DDR 1987). Ltd. Herausgeber des »Lexikon zur Parteiengeschichte«, 4 Bde., (Leipzig 1983–1986).

Georg Fülberth * 1939 in Darmstadt. Hochschullehrer. Publizierte u.a.: »Leitfaden durch die Geschichte der Bundesrepublik« (Köln 1987); »Neustadt im Odenwald in den letzten sieben Jahrzehnten seiner Selbständigkeit 1900–1971« (Michelstadt 1987). »Fin de siècle *positiv*: Das neue Denken in Naturwissenschaft und Musik. Anton Čechov. Rudolf Hilferding (›Das Finanzkapital‹, 1910). Die Jugendjahre meiner Großeltern. Fin de siècle *negativ*: Der Imperialismus.«

Hermann Glaser * 1928 in Nürnberg. Nach dem Studium der Germanistik, Geschichte, Anglistik und Philosophie zunächst im Lehramt; seit 1964 Schul- und Kulturdezernent der Stadt Nürnberg; arbeitet als Schriftsteller. Publikation u.a.: »Sigmund Freuds Zwanzigstes Jahrhundert. Seelenbilder einer Epoche« (München 1976).
Zum Fin de siècle: »Es gefällt seine Ambivalenz, es mißfällt seine Kulturheuchelei.«

Oskar Maria Graf * 1894 in Berg (Starnberger See), † 1967 in New York. Bäcker, später Schriftsteller. Bekannteste Werke: »Wir sind Gefangene«, »Bolwieser«, »Anton Sittinger«.

Bernd Greiner, Dr. * 1952 in Pirmasens. Politologe, Historiker. Mitarbeiter der »Hamburger Stiftung für Sozialgeschichte des 20. Jahrhunderts.« Veröffentlichte: »Politik am Rande des Abgrundes? Amerikanische Außen- und Militärpolitik im Kalten Krieg« (Heilbronn 1986); »Kuba-Krise« (Nördlingen 1988). Zum Fin de siècle: »Damals gab es noch Utopien – leider, wie so oft, von der Realität grausam verdrängt.«

Hans Hautmann * 1943 in Wien. Universitätsprofessor am Institut für Neuere Geschichte und Zeitgeschichte in Linz. Buchveröffentlichungen u.a.: »Geschichte der Rätebewegung in Österreich 1918–1924« (Wien – Zürich 1987); gemeinsam mit Rudolf Hautmann: »Die Gemeindebauten des Roten Wien 1919–1934« (Wien 1980). Fin de siècle *positiv*: »Daß damals die Herrschenden ihre Endzeit ahnten«; *negativ*: »daß diese Endzeit noch immer andauert.«

Hermann Hofer * 1938 in Bern, Professor für Romanische Philologie in Marburg. Bücher über Mercier, Nodier, Barbey. Mitherausgeber der Zeitschrift »Lendemains« und der »Correspondance générale« von Barbey d'Aurevilly. Spezielle Arbeitsgebiete: Literatur und Musik, der Faschismus in der französischen Literatur. Das Charakteristische am Fin de siècle: »Seine schöne Zweideutigkeit und gefährliche Doppelbödigkeit, seine Vorwegnahme unserer Moderne.«

Minna Kautsky * 1837 in Graz, † 1912 in Berlin. Schauspielerin, später Schriftstellerin, befreundet mit Mehring, Liebknecht und Luxemburg. Thematisierte als eine der ersten die Probleme der Arbeiterklasse und der sozialistischen Bewegung, auch in bezug auf die Frauenfrage (»Victoria«, 1889, »Helene«, 1894).

Annegret Jürgens-Kirchhoff, Dr. * 1941 in Bremen. Kunstwissenschaftlerin und Kunstpädagogin. Publizierte: »Technik und Tendenz der Montage in der bildenden Kunst des 20. Jahrhunderts.« (Gießen 1978).

Reinhard Kühnl, Prof. Dr. * 1936 in Schönwerth. Seit 1971 Professor für Politologie in Marburg. Von ihm sind zahlreiche Buch- u. Zeitschriftenpublikationen erschienen, insbesondere zum Thema Faschismus.

Jürgen Kuczynski * 1904 in Elberfeld. Wirtschaftswissenschaftler. Publikationen u.a.: »Die Geschichte der Lage der Arbeiter unter dem Kapitalismus« (40 Bände); »Studien einer Geschichte der Gesellschaftswissenschaften« (10 Bände).
Was gefällt ihm am Fin de siècle? »Die Blüte der Naturwissenschaften und der Schönen Literatur.« Die Kehrseite: »Die Dekadenz der wirtschaftenden Großbourgeoisie und die Verschlechterung der Lage der Arbeiter.«

Mechthild Leutner * 1948 in Silbach, Sinologin und Historikerin, Hochschulassistentin an der FU Berlin. Veröffentlichte zur neueren chinesischen Geschichte u.a. »Geschichtsschreibung zwischen Politik und Wissenschaft. Zur Herausbildung der chinesischen marxistischen Geschichtswissenschaft in den 30er und 40er Jahren.« (1982), und als Mithrsg.: »Der lange Marsch zur Emanzipation. Neuere Literatur zur Situation und Rolle der Frauen in China« (1987).

Heinrich Mann * 1871 in Lübeck, † 1950 in Santa Monica (Kalifornien). Wichtigste Werke: »Im Schlaraffenland« (1900), »Professor Unrat« (1905), »Der Untertan« (1918) sowie »Jugend und Vollendung des Königs Henri Quatre« (1935/38).

Joachim Petsch * 1939 in Lübeck. Studium der Kunstgeschichte, Hochschullehrer an der Ruhr-Universität Bochum.
Veröffentlichte gemeinsam mit Wiltrud Petsch: »Bundesrepublik – eine Neue Heimat? Städtebau und Architektur nach '45« (Berlin-West 1983) und »Kunst im Dritten Reich. Architektur. Plastik. Malerei. Alltagsästhetik« (Köln 1987).

Wiltrud Petsch-Bahr * 1945 in Bensberg. Studierte Kunstgeschichte und arbeitet jetzt als freie Publizistin. Publikationen: »Hermann Muthesius.« In: Baumeister. Architekten. Stadtplaner. Biographien zur baulichen Entwicklung Berlins (Berlin-West 1987) und gemeinsam mit Joachim Petsch »Bundesrepublik – eine Neue Heimat?«. W. und J. Petsch über ihren Bezug zum Fin de siècle: »Uns interessiert die Umbruchsituation. Alle architektonischen und städtebaulichen Leitbilder und -motive, die Deutschland im 20. Jahrhundert bestimmen sollten, sind hier angelegt.«

Hermann Peter Piwitt * 1935 in Hamburg. Studium der Soziologie und Literatur. Lebt als freier Schriftsteller in Hamburg. Publizierte u.a.: »Rothschilds«; »Die Gärten im März«; »Der Granatapfel«. Zum Fin de siècle: »Mich interessiert die auffällige Ähnlichkeit mit dem zwanzigsten Jahrhundert.«

Franziska zu Reventlow * 1871 in Husum, † 1918 in Muralto (Tessin). Münchner Bohemienne. 1903 erschien ihr erster (autobiografischer) Roman »Ellen Olestjerne«. Weitere Werke: »Der Geldkomplex«, »Herrn Dames Aufzeichnungen« und »Von Paul zu Pedro«.

Felix Semmelroth * 1949 in Kassel. Studierte Anglistik, Politologie und Soziologie. Dozent der Anglistik an der TH Darmstadt. Buchveröffentlichungen: »Die künstlerische Objektivation des psychisch deformierten Individuums bei George Meredith«; »Oskar Wilde: Der Dandy als Artist«. Ihm gefällt am Fin de siècle: »Das Verzögern des Endes.« Es mißfällt: »Die Borniertheit der Mittelklasse.«

Heinz P. Siebold * 1950 in Enkenstein/Baden. Realschullehrer. Journalist und Redakteur bei der DVZ/tat. Publizierte (mit Kurt Faller): »Neofaschismus – Dulden? Verbieten? Ignorieren? Bekämpfen? Antifaschistisches Arbeitsbuch«; (Frankfurt 1986).

Michael Springer * 1944 in Salzburg. Physiker und Schriftsteller. Publikationen u.a.: »Was morgen geschah« (Hamburg 1979); »Leonardos Dilemma« (Hamburg 1986).

Uwe Timm, Dr. phil. * 1940 in Hamburg. Studierte Philosophie und Germanistik. Veröffentlichte u.a.: »Morenga« (1978), »Der Schlangenbaum« (1986).

Anton Pawlowitsch Tschechow * 1860 in Taganrog, † 1904 in Badenweiler. Arzt, Schriftsteller, schrieb vor allem Erzählungen, Novellen, Theaterstücke, u.a.: »Die Möve«, »Drei Schwestern« und »Der Kirschgarten«.

Manfred Wagner, Prof. Dr. * 1944 in Amstetten (Niederösterreich). Hochschulprofessor. Kulturhistoriker mit Schwerpunkt Musik und bildende Kunst. Publizierte u.a.: »Geschichte der österreichischen Musikkritik in Beispielen« (Tutzing 1979), »Anton Bruckner – eine Monographie« (Mainz 1983). Fin de siècle *positiv*: »Soziale Utopie, Aufhebung von Autonomie und Funktionalismus, Aufbruchstimmung«. *Negativ*: »Präfaschistoide Haltung, Wiederholungszwänge«.

Ingeborg Weber-Kellermann, Dr. phil. * 1918 in Berlin. Professorin für Europäische Ethnologie. Publikationen u.a.: »Das Weihnachtsfest« (1987), »Das Landleben im 19. Jahrhundert« (München 1987).
Ihr Interesse am Fin de siècle: »Es gefällt mir der Aufbruch einer neuen Generation und Geistigkeit, der sich gegen das ständische Repräsentationsbedürfnis und den Muff der Gründerzeit richtete. Es mißfällt mir die geschmäcklerische Morbidität vieler Verhaltensweisen und kultureller Zeichen des sogenannten Jugendstils.«

Was drin ist und *was fehlt*

1890

25. 1. Der Reichstag lehnt die von Reichskanzler Otto von Bismarck eingebrachte Vorlage über die Verlängerung des Sozialistengesetzes auf unbestimmte Zeit ab.

20. 3. Otto von Bismarck wird als Reichskanzler und preußischer Ministerpräsident entlassen. Sein Nachfolger wird General Leo Graf von Caprivi.

1892

28. 4. *Alfred Krupp führt auf dem Schießplatz in Meppen in Gegenwart von Kaiser Wilhelm II. ein 215 Kilo schweres Geschoß vor, das, von einer 24-cm-Kanone abgefeuert, 20 Kilometer weit fliegt.*

1893

26. 2. Das soziale Drama »Die Weber« von Gerhard Hauptmann wird als »private Veranstaltung« der Freien Bühne Berlin uraufgeführt.

1894

28. / 29. 3. 34 Frauenvereine gründen den »Bund deutscher Frauenvereine« unter dem Vorsitz von Auguste Schmidt.

1896

Januar In München wird die illustrierte Wochenschrift »Jugend« gegründet, die sich für einen neuen Stil in der Buchgestaltung einsetzt. Nach ihr wird die in der Kunst einsetzende Reformbewegung »Jugendstil« genannt.

4. 4. *Albert Langen und Thomas Theodor Heine gründen in München die politisch-satirische Wochenschrift »Simplicissimus«.*

1. 7. *Der Reichstag billigt das Bürgerliche Gesetzbuch (BGB). Es tritt am 1. Januar 1900 in Kraft.*

1897

14.11. Ein deutsches Geschwader besetzt die chinesische Halbinsel Kiautschou.

1898

6. 3. China verpflichtet sich, die Halbinsel Kiautschou auf 99 Jahre an das Deutsche Reich zu verpachten.

1899

28. 3. Der Reichstag nimmt mit großer Mehrheit das 1. Flottengesetz an. Damit beginnt das deutsch-englische Wettrüsten zur See.

12. 2. *Das Deutsche Reich kauft von Spanien die Karolinen, die Marianen und die Palau-Inseln und gliedert sie Deutsch-Neuguinea an.*

1900

11. 1. *Der Reichstag berät die Rentenfrage; anwesend sind zehn Mitglieder.*

16. 1. *Im Burenkrieg zeichnet sich die militärische Überlegenheit der Briten ab.*

25. 1. *In China wird der neunjährige Prinz Put-Sing a[illegible] Nachfolger de[illegible]sers Kuang-h[illegible] eingesetzt.*

23. 2. *Der Priv[illegible]dozent (Physiker) Martin Leo Arons wird wegen Mitgliedschaft in der SPD aus seinem Arbeitsverhältnis entlassen.*

6. 3. † Gottlieb Daimler, deutscher Ingenieur und Automobilkonstrukteur.

9. 3. Petitionen an den deutschen Reichstag fordern die Zulassung der Frauen zur Immatrikulation an den Universitäten und zu den Staatsprüfungen.

30. 4. *Die österreichische Gräfin Gabriele Wartensleben promoviert als erste Frau an der Universität Wien zum Doctor Philosophiae.*

31. 5. Kaiserliches Edikt in China, das den »Bund der Boxer« bei Todesstrafe verbietet.

19. 7. *Einweihung der Pariser Metro.*

1.12. *Allgemeine Volkszählung im Deutschen Reich.*

1901

27. 2. *Erste Friedenskonferenz zur Beendigung des Burenkrieges verläuft ergebnislos, Buren beharren auf Autonomie.*

6. 3. *Attentat auf Kaiser Wilhelm in Bremen.*

21. 5. Albert Einstein beginnt seine Arbeit als Hilfslehrer am Technikum in Winterthur.

24. 6. *Erste Ausstellung des spanischen Malers Picasso in Paris.*

31.10. *Der »Reichsanzeiger« dementiert die kaiserliche Drohung, Majestät werden alles kurz und klein schlagen, wenn der Zolltarif am Widerstand der Parteien scheiterte.*

4.11. *Die Jugendbewegung »Wandervögel« formiert sich.*

2.12. *King Camp Gilette meldet Rasierapparat mit auswechselbaren Klingen zum Patent an.*

1902

16. 1. *Die Türkei erteilt Deutschland die Konzession für den Bau der Bagdadbahn. Sie soll von Konyna bis Bagdad führen.*

13. 3. *Der Maler und Zeichner Wilhelm Busch feiert seinen 70. Geburtstag.*

31. 5. *Ende des Burenkrieges durch den Frieden von Vereeniging. Die burischen Republiken werden britische Kronkolonie.*

15.11. *Der »Vorwärts« bringt in dem Beitrag »Krupp auf Capri« Enthüllungen über Krupps angebliche Verfehlungen gegen § 175 (Homosexualität). Es wird Verleumdungsklage erhoben.*

18.12. »Nachtasyl«, Drama von Maxim Gorki, am Moskauer Künstlertheater uraufgeführt.

1903

31. 1. *Der Reichsrat genehmigt in zweiter Lesung das Gesetz über die gewerbliche*

Kinderarbeit (Beschränkung der Arbeitszeit).

14. 12. Erster, erfolgloser Flugversuch von Wilbur Wright.

1904

2. 1. Die Hereros erheben sich in Deutsch-Südwestafrika; sie schließen Okahandja und Windhuk ein und zerstören die Eisenbahnbrücke bei Osona.

25. 2. Die Hereros werden zwischen Omaruru und Waterberg, bei Othjshinanapa, geschlagen.

8. 4. *Entente zwischen Großbritannien und Frankreich über Schlichtung kolonialer Streitigkeiten; die »Entente cordial« ist damit begründet.*

28. 7. Der russische Minister des Inneren, Plewe, wird auf der Fahrt zum Warschauer Bahnhof von einem Anarchisten getötet.

8. 8. *Ende des großen Aufstandes der Petroleumarbeiter in Boryslaw (Österreich-Ungarn). Die Arbeiter setzen erfolgreich eine Kürzung ihrer Arbeitszeit und die Verbesserung der hygienischen Verhältnisse durch.*

1905

22. 1. Der Priester Georgij Gapon führt eine Volksmenge vor den Winterpalast in Petersburg: Beginn der Revolution in Rußland (»Blutsonntag«).

24. 1. Zaristischer Erlaß: Errichtung einer Militärdiktatur in Petersburg.

7. 6. Künstlerbund »Die Brücke« wird gegründet.

13. 10. Auf Initiative der Buchdrucker bildet sich in Petersburg der erste Arbeitersowjet. Vizevorsitzender ist Leo Trotzki.

3. 12. Auflösung des Petersburger Sowjets: Die Führer werden verhaftet.

1906

21. 1. Wahlrechtsdemonstrationen in Berlin gegen das Dreiklassenwahlrecht in Preußen.

27. 5. *VfB Leipzig wird durch einen 2:1 Sieg gegen 1. FC Pforzheim in Nürnberg Deutscher Fußballmeister.*

26. 6. Erstes Grand-Prix-Rennen: 104 km langer Dreieckskurs bei Le Mans.

27. 10. *Der Publizist Maximilian Harden deckt homosexuellen Skandal um den Berliner Stadtkommandanten Kuno Graf Moltke auf. Auch Philipp Fürst zu Eulenburg und Hertefeld, Mitglied des preußischen Uradels, wird sexueller »Verfehlungen« bezichtigt. Die »Eulenburg-Affäre« weitet sich zu einem Skandal aus.*

2. 11. Der russische Revolutionär Leo Davidowitsch Trotzki wird lebenslang nach Sibirien verbannt.

26. 12 *Uraufführung des ersten Spielfilms mit einer Dauer von mehr als einer Stunde in Melbourne: »The Story of the Kelly Gang«.*

1907

16. 6. Zar Nikolaus II. löst die Duma auf.

18. 8. *Erste internationale sozialistische Frauenkonferenz findet in Stuttgart statt.*

5. 10. *Preußischer Kultusminister erlaubt Einführung des Biologieunterrichts in den Oberklassen der höheren Lehranstalten.*

1908

14. 11. Albert Einstein hält seine erste Vorlesung über Strahlentheorie vor drei Hörern.

1910

14. 2. 50000 Berliner nehmen an einer Wahldemonstration für die Einführung des freien, gleichen, direkten und geheimen Wahlrechts in Preußen teil.

30. 11. Das Finanzministerium gibt bekannt, daß das Deutsche Reich über 4,9 Milliarden Mark Schulden hat.

1911

17. 3. *In China tritt das Gesetz zum Verbot des Opiumrauchens in Kraft.*

28. 6. *Wegen unerträglicher Hitze wird die Sitzung des preußischen Abgeordnetenhauses vertagt.*

31. 7. Der Unterricht in den ungarischen Schulen soll vom neuen Schuljahr an ausschließlich in deutscher Sprache stattfinden.

9. 10. Ausbruch von Unruhen in verschiedenen Städten Chinas. Zum »Schutz der deutschen Staatsbürger« entsendet die deutsche Regierung die Kanonenboote »Tiger« und »Vaterland« nach Hankau.

13. 10. Die kaiserliche chinesische Regierung kündigt eine demokratische Verfassung an. Der Adel soll in Zukunft von der Politik ausgeschaltet werden.

21. 11. *Suffragetten schlagen bei Demonstrationen in London Fensterscheiben in Ministerien, Klubs und Zeitungsredaktionen ein.*

1912

17. 4. *Totale Sonnenfinsternis in Deutschland.*

5. 5. Die Parteizeitung der Bolschewisten, die »Prawda«, erscheint zum ersten Mal.

25. 6. *Den Zigeunern wird in Preußen verboten, »in Horden auf öffentlichen Straßen und Wegen« zu reisen.*

1913

16. 8. Die amerikanische »Ford Motor Company« macht erste Versuche mit einer Montagebahn (Fließband). Durch sie kann die Produktion pro Beschäftigtem um das Vierfache gesteigert werden.

20. 9. *Hugo Haase und Friedrich Ebert werden auf dem Parteitag der Sozialdemokraten in Jena zu Parteivorsitzenden gewählt.*

5. 11. Zunahme der Arbeitslosigkeit in Deutschland. Mit Beginn des Novembers werden 443000 Arbeitslose gezählt. Die Zahl der offenen Stellen beträgt 276000.

20. 11. *Kaiser Wilhelm II. verbietet den Offizieren, in Uniform Tango zu tanzen.*

1914

5. 3. Erhöhung des britischen Militärhaushaltes um 625000 auf 29 Millionen Pfund.

19. 6. Die französische Nationalversammlung bewilligt Rüstungsanleihen in Höhe von 800 Millionen Francs.

28. 6. Ermordung des österreichischen Thronfolgers Franz Ferdinand in Sarajevo.

23. 7. Ultimatum Österreich-Ungarns an Serbien. Wien drängt auf österreichische Mitwirkung an der Untersuchung des Sarajewo-Attentats.

28. 7. Österreichische Kriegserklärung an Serbien.

29. 7. Rußland befiehlt Mobilmachung seiner Armee.

31. 7. Deutsches Ultimatum an Rußland und Frankreich.

1. 8. Frankreich macht mobil. Deutschland erklärt Rußland den Krieg.

2. 8. Deutsche Truppen besetzen Luxemburg.

3. 8. Deutsche Kriegserklärung an Frankreich. Einmarsch deutscher Truppen in Belgien.
Der Erste Weltkrieg hat begonnen.

Sach-, Personen- und Ortsregister